Mes tout premiers pas

avec mon ordinateur portable

FIRST
> Interactive

SERVANE HEUDIARD

Mes tout premiers pas avec mon ordinateur portable,
5e édition pour Windows 7

60, rue Mazarine
75006 Paris – France
Tél. 01 45 49 60 00
Fax 01 45 49 60 01
Courriel : firstinfo@efirst.com
Internet : www.editionfirst.fr

ISBN : 978-2-7540-3826-3
Dépôt légal : mars 2012
Imprimé en France par IME, 3 rue de l'Industrie, 25112 Baume-Les-Dames

Mise en page : Catherine Kédémos

Table des matières

Chapitre 3 — Clics et programmes : il va y avoir de l'action !

Chapitre 4 — Faites ami-ami avec le clavier

Chapitre 5 — Gardez le contenu de votre portable à l'œil

Chapitre 6 — Mettez-vous en quatre pour votre portable

Chapitre 7 — Partez en balade sur l'Internet

Chapitre 8 — Communiquez facilement grâce aux courriels

Chapitre 9 — Prenez une pause en images et en musique

Chapitre 10 — Repoussez les limites de votre portable

Allez droit au but avec les 10 tâches essentielles de ce livre

Difficile de faire un choix parmi toutes les techniques que vous apprendrez dans ce livre et qui vous permettront d'obtenir le meilleur de votre portable. Mais une chose est sûre : vous n'irez nulle part si vous ne maîtrisez pas au moins les tâches listées dans le tableau ci-dessous !

Pour savoir comment...	... rendez-vous en page...
Utiliser judicieusement la batterie	128
Démarrer un programme	49
Cliquer et double-cliquer	47
Taper des lettres minuscules et majuscules	80
Accéder à vos documents, chansons et vidéos	105
Copier vos photos sur votre portable	180
Installer un nouveau programme	197
Visiter un site Web	147
Envoyer et recevoir des courriels	166 et 169
Protéger votre portable	133 et 140

Chapitre

1

Entrez dans le monde des portables

L'univers des ordinateurs portables est si varié qu'il serait dangereux de vous y aventurer sans d'abord prendre le temps de faire connaissance avec ces machines. Un peu comme si vous démarriez une nouvelle voiture sans avoir examiné son tableau de bord au préalable !

Ainsi, à la fin de ce chapitre, vous saurez, entre autres :

→ Distinguer les différents types de portables

→ Identifier les principaux composants d'un portable

→ Acheter le portable idéal

Un portable plutôt qu'un fixe

Entre un ordinateur de bureau résolument massif et un ordinateur portable à la silhouette fluette, avec un design souvent séduisant, votre cœur ne balancera pas longtemps : le portable possède tellement d'avantages !

- **Mobile.** Après avoir installé un ordinateur de bureau, n'espérez surtout pas le faire bouger d'un millimètre. En revanche, vous pouvez demander à votre ordinateur portable de vous suivre au bout du monde ! En effet, léger et compact, il ne requiert pas d'être branché sur le secteur pour fonctionner. Vous pouvez donc l'utiliser tout aussi bien pour regarder vos photos allongé dans un transat sur votre terrasse que pour échanger des courriels depuis une chambre d'hôtel à Singapour.
- **Silencieux.** Certes, un ordinateur de bureau ne rechignera jamais à diffuser vos CD musicaux, mais vous risquez bien de devoir subir régulièrement le ronflement de son ventilateur en bruit de fond. Alors qu'avec votre ordinateur portable, vous profitez à 100 % de vos morceaux.
- **Réactif.** Oubliez les nombreux branchements indispensables pour faire fonctionner un ordinateur de bureau et le démarrage un peu longuet de ce type de machine : avec votre ordinateur portable, tout démarre au quart de tour !

L'ordinateur portable possède bien quelques inconvénients, mais ils sont très largement compensés par ses immenses avantages.

À croire que le portable incarne la machine idéale ! Mais personne n'est parfait… Ce type d'ordinateur souffre de deux inconvénients majeurs.

- À performances égales, un portable coûte environ 20 % plus cher qu'un ordinateur fixe, alors qu'il possède une durée de vie plus courte. En effet, sa batterie s'use assez vite.

  Mais surtout, à cause de la miniaturisation et du confinement de ses composants internes, un portable se révèle nettement plus fragile et beaucoup moins facile à réparer qu'un modèle de bureau. Pourtant, c'est bien lui qui, de par ses déplacements répétés, se retrouve exposé à des chocs et des environnements pas nécessairement très propres : le monde à l'envers !

- Un portable manque très nettement d'ergonomie : l'écran et le clavier sont extrêmement proches, et vous ne pouvez pas éloigner le premier sans vous retrouver trop loin du second. Par ailleurs, exception faite des grands portables, ces ordinateurs possèdent un clavier dont les touches sont petites et très serrées.

Dans la cour des grands… et des petits

Certes, l'univers des portables est loin d'être aussi disparate que des marchés comme celui des vélos, car il y a vraiment un monde entre un Vélib et un coursier engagé dans le Tour de France ! Mais il n'en demeure pas moins extrêmement varié. Des modèles imposants de plusieurs kilos aux machines poids plume, chaque consommateur est donc certain de trouver un portable adapté à ses besoins.

- **Un *transportable* pour remplacer un ordinateur de bureau.** Avec leur grand écran d'au moins 17 pouces et leur clavier semblable à un clavier indépendant, les *transportables* s'adressent aux utilisateurs qui recherchent une machine très puissante et polyvalente, mais qui ne veulent pas s'embarrasser d'un ordinateur fixe encombrant. La motivation d'un tel achat n'est donc pas du tout la mobilité, et heureusement, car avec un poids d'au moins 3 kg (sachant qu'il flirte même parfois avec les 6 kg !) et une autonomie généralement inférieure à 2 heures, ce type de portable n'est vraiment pas fait pour les voyages !

- **Un *portable* « classique » pour allier efficacité et mobilité.** Ces ordinateurs constituent vraiment le portable par excellence. En effet, d'une taille raisonnable avec un écran d'environ 14 pouces et d'un poids tout à fait acceptable avec leurs 2,5 kg maximum, ils offrent de surcroît une autonomie appréciable de plusieurs heures, le tout pour un prix abordable : l'idéal pour profiter pleinement de l'informatique mobile sans exploser votre budget !

Transportable

Netbook

Du transportable imposant et sédentaire au netbook ultracompact et prêt à vous suivre partout, il y a vraiment un monde… de portables ! Mais si vous en recherchez un nomade, fonctionnel et à un prix abordable, optez sans hésiter pour un portable « classique ».

- **Un *ultraportable* pour une grande liberté… et un porte-monnaie bien garni.** Avec leur écran de taille moyenne (généralement entre 12 et 13 pouces), leur poids inférieur à 2 kg et leur grande autonomie (souvent entre 4 et 8 heures), ces portables vous offrent une machine vraiment nomade et performante aussi bien pour effectuer des tâches bureautiques et naviguer sur l'Internet que profiter du multimédia. Mais en contrepartie, ces petits bijoux de technologie coûtent relativement cher et ne sont pas assez ergonomiques pour permettre de travailler dessus plusieurs heures d'affilée.

- **Un *netbook* comme ordinateur d'appoint ultra mobile.** Avec leur tout petit écran (souvent moins de 11 pouces), leur poids plume (entre 600 g et 1,5 kg pour la plupart) et leur autonomie de plusieurs heures supérieure à celle d'un ultraportable, ces machines n'ont qu'une puissance limitée et manquent totalement d'ergonomie. Mais elles se révèlent vraiment idéales comme second ordinateur, car pour un prix tout à fait raisonnable, elles vous permettent de garder accès à l'Internet, à vos courriels et à vos documents lors de vos déplacements et de vos vacances.

- **Une *tablette* pour rester connecté en voyage.** Très en vogue en ce moment, ces portables coûteux se présentent effectivement comme une tablette d'une dizaine de millimètres d'épaisseur, dont presque toute la surface est occupée par un écran tactile d'une taille généralement comprise entre 7 et 10 pouces. Dépourvus de clavier physique, ils sont évidemment très légers (souvent moins de 800 g), mais limités en termes de puissance et de fonctionnalités. Ne comptez donc pas en faire votre ordinateur principal. Mais si vous cherchez un outil ultra léger et compact pour profiter de l'Internet, et consulter vos photos et vidéos lors de vos déplacements, vous ne trouverez pas mieux !

Avec sa taille mannequin et son côté très design, la tablette sait se rendre irrésistible. Mais si vous craquez, ne comptez pas en faire votre ordinateur principal !

COUP DE POUCE !

Un portable, oui, mais Mac ou PC ?

Le monde des ordinateurs, et donc des portables, est scindé en deux, avec d'une part les *PC*, et d'autre part les *Mac*. Exclusivement fabriqués par la société Apple, les premiers sont toujours commandés par le programme *Mac OS*, alors que les seconds sont conçus par divers fabricants, comme Dell ou HP, et dirigés pour la plupart par le système *Windows* (voire *Android* pour de nombreuses tablettes).

Les PC portables équipés de Windows étant les plus répandus, il seront l'unique sujet de ce livre. Mais cela ne doit pas vous empêcher de jeter un œil aux portables d'Apple, les *MacBook* (en photo ci-contre), ni de craquer pour une tablette comme ordinateur d'appoint si votre budget le permet !

Compact mais prêt à tout

Mieux vaut avoir une tête bien faite que la grosse tête : votre portable l'a très bien compris, et malgré sa taille réduite, il réunit tous les composants essentiels d'un ordinateur.

- **L'écran.** Aussi appelé *dalle* et bien blotti dans le *capot* de votre portable, il affiche les informations transmises par celui-ci, les outils dédiés à son contrôle, ainsi que vos programmes et ce que vous créez ou consultez avec eux. Certains portables sont équipés d'un écran tactile, qui permet donc d'interagir directement avec la machine. Et selon que vous prévoyez d'utiliser le vôtre à des fins plutôt bureautiques (pour taper des documents, par exemple) ou multimédias (notamment pour regarder des DVD), vous pourrez choisir entre un écran 4/3 classique ou un format 16/10 (aussi appelé *wide*), proche du 16/9 cinématographique.

En voyant le peu de place qu'occupent les composants fondamentaux d'un portable, on se demande pourquoi les ordinateurs de bureau restent aussi encombrants !

- **L'unité centrale.** Cachée dans la base de votre portable, elle constitue véritablement le moteur de votre machine, puisqu'elle en regroupe tous les composants internes. Cela explique d'ailleurs la présence de « fentes », de boutons et de prises sur les parties latérales de votre portable : il faut bien permettre à tout ce petit monde de communiquer avec l'extérieur !

- **Le clavier.** Perché sur la base de votre portable, il réunit toutes les touches indispensables pour taper du texte, transmettre des informations à l'ordinateur et effectuer différents réglages. Parfois viennent s'y ajouter quelques boutons, notamment pour contrôler le volume. Vous percerez tous les secrets du clavier au chapitre 4.

- **Le dispositif de pointage.** Même s'il est totalement plat et figé au bas du clavier, ce dispositif est le parfait équivalent de la souris dodue et baladeuse des ordinateurs. En effet, grâce à son *pavé tactile* (surface sensible) et ses boutons, il vous permet de déplacer le *pointeur* (petite flèche blanche conçue pour la manipulation des éléments affichés à l'écran) et de *cliquer* pour exécuter des commandes, notamment. Nous verrons tout cela en détail au chapitre 3.

Les acteurs de l'ombre

Votre portable serait évidemment beaucoup moins séduisant si sa machinerie interne était visible. Pourtant, c'est bien grâce à tous ces dispositifs dissimulés sous le clavier qu'il fonctionne ! Alors, sortons trois des plus importants d'entre eux de l'ombre quelques minutes : ils l'ont bien mérité !

- **Le processeur.** Cette puce électronique (un peu du genre de celle de votre carte bleue, mais dans une version nettement plus performante) peut être comparée au cerveau de votre portable : elle effectue des milliards de calculs par seconde et transmet des instructions en conséquence à l'ordinateur. Pour que votre portable soit à la hauteur, son processeur doit être rapide et puissant, sans toutefois consommer trop d'énergie.

- **Le disque dur.** Ce dispositif stocke durablement toutes les informations indispensables au fonctionnement de votre portable, vos programmes, ainsi que vos documents, photos, chansons, *etc.* En effet, son contenu est intégralement préservé quand vous éteignez votre ordinateur. Vous le retrouvez donc à chaque fois que vous rallumez votre machine. Ouf !

- **La mémoire.** Drôle de nom pour un dispositif qui oublie absolument tout son contenu dès que vous éteignez votre portable ! En effet, celui-ci stocke en mémoire uniquement les informations dont il a besoin au moment où vous l'utilisez, afin de fonctionner plus rapidement (exactement comme lorsque vous laissez sur votre bureau les documents dont vous vous servez actuellement au lieu de les remettre systématiquement dans une pochette dans un tiroir). Mais encore une fois, ce n'est que temporaire : tout ce qui n'aurait pas été recopié de la mémoire sur le disque dur avant l'extinction de votre machine s'envole en fumée !

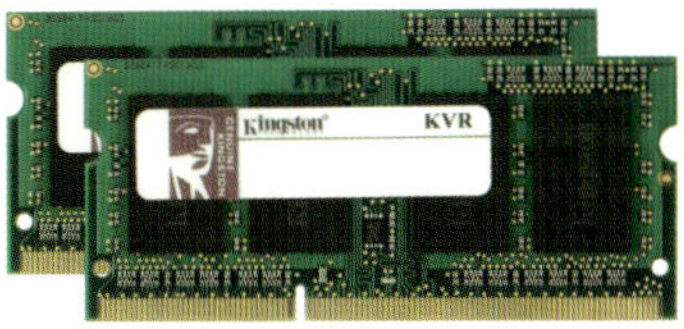

Ne nous enfonçons pas davantage dans les entrailles de votre portable (inutile de vous inonder de jargon technique !) et intéressons-nous maintenant à un autre trio sans lequel votre portable peut tout à fait fonctionner, mais qui rendra votre expérience informatique beaucoup plus agréable !

- **Un lecteur optique**, c'est-à-dire tout simplement un *lecteur/graveur de DVD* pour lire des CD et des DVD, et y *graver* (copier) des chansons, photos ou autres. On en distingue deux grands types : les *Dual* (aussi appelés *DVD+/-RW*) et les *Blu-Ray*. Les premiers lisent et gravent toutes les catégories classiques de CD et DVD (détaillées dans le « Coup de pouce » qui suit) et conviennent donc bien aux tâches bureautiques et au multimédia « standard » ; en revanche, les seconds s'adressent d'abord aux fans de multimédia, puisqu'ils peuvent lire et enregistrer des vidéos numériques (mais en contrepartie, ils sont plus onéreux…).

  Seulement, n'espérez pas l'impossible : avec leur taille de guêpe, aucune tablette et pratiquement aucun netbook ne possèdent de lecteur optique. Mais dans ce second cas, vous pouvez acheter un modèle externe que vous brancherez sur l'ordinateur (bien pratique pour installer un nouveau programme, par exemple !).

COUP DE POUCE !

Choisissez le bon disque !

Les appellations génériques *CD* et *DVD* recouvrent plusieurs types de disques.

- **Les CD-ROM et DVD-ROM** correspondent aux CD et DVD qui renferment déjà des informations quand vous les achetez et dont vous ne pouvez pas modifier le contenu, comme les CD audio et les DVD de films.
- **Les CD-R, les DVD-R et les DVD+R** sont dits *enregistrables*, car vous les achetez vierges, mais ne pouvez ensuite y copier des informations qu'une seule fois ; pas de seconde chance ni de possibilité de modifier le contenu gravé !
- **Les CD-RW, les DVD-RW et les DVD+RW** sont qualifiés, eux, de *réinscriptibles*, car vous les achetez vierges, également, mais pouvez ensuite en modifier le contenu à loisir, soit en y ajoutant de nouvelles informations, soit en en supprimant.

Ne vous souciez pas de la différence entre les DVD-R ou RW et les DVD+R ou RW, née d'une bataille de fabricants, car chaque lecteur optique actuel lit aussi bien les « - » que les « + ». En revanche, notez qu'il existe des DVD « simple couche » et des « double couche » : les premiers stockent des informations sur une seule face, alors que les seconds en enregistrent sur les deux, offrant donc une capacité de stockage deux fois plus importante.

- **Les DVD Blu-Ray** constituent une catégorie un peu à part, car ils s'utilisent avec un lecteur spécial, compatible avec cette technologie du Blu-Ray. Celle-ci leur permet de stocker des informations en haute définition et d'offrir ainsi une qualité d'image et de son exceptionnelle ; et en prime, ces disques possèdent une capacité d'enregistrement très importante.

- **Un lecteur de cartes.** Cet appareil permet de lire les *cartes mémoire* (petits supports de stockage rectangulaires et très fins) de dispositifs comme les appareils photo numériques et les baladeurs MP3. Finis les branchements pour transférer vos clichés sur votre portable ou copier de la musique depuis votre ordinateur sur votre baladeur : il suffit d'insérer la petite carte dans le lecteur ! Mais attention, beaucoup de ces appareils n'acceptent que certains types de cartes.

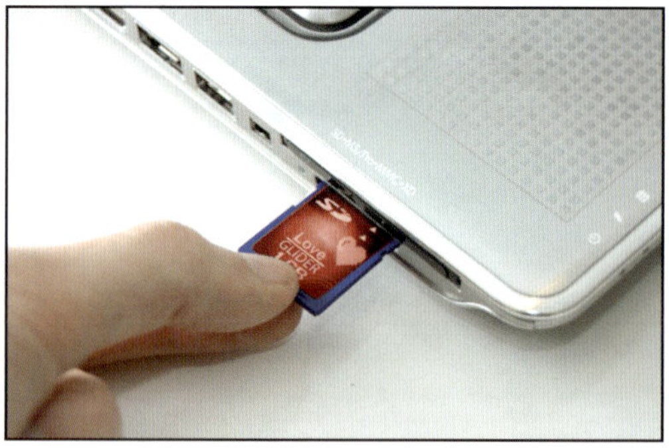

- **Une webcam.** Cette minicaméra permet d'envoyer les images de ce qu'elle filme en temps réel sur n'importe quel ordinateur relié à l'Internet. La plupart des portables en intègrent une embarquée dans la partie supérieure du capot. De la sorte, si vos enfants en possèdent une, eux aussi, vous pouvez échanger des messages en vous voyant mutuellement, même s'ils habitent à des milliers de kilomètres de chez vous. convivialité maximale !

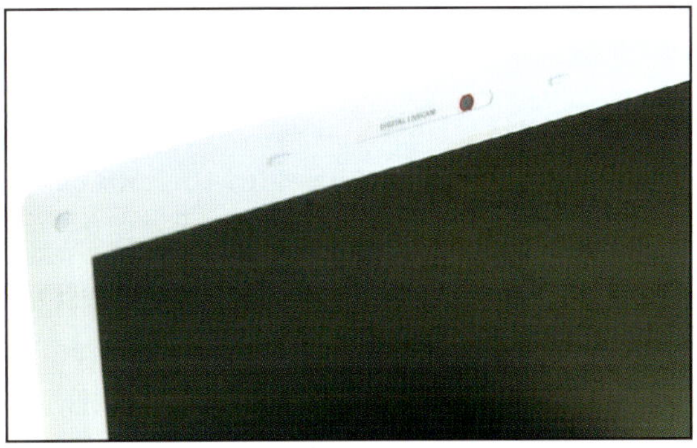

Objectif communication

Ce n'est pas parce qu'il cherche à être le moins encombrant possible que votre portable souhaite se couper du monde extérieur. Bien au contraire ! Pour vous rendre encore plus service, il comporte de nombreuses prises (techniquement appelées *connexions* ou *ports*) où vous pouvez brancher une imprimante, un scanner, une souris, ou que sais-je. De quoi lui conférer aisément de nouvelles fonctionnalités ! Voici les prises que tout bon portable se doit de posséder.

- **Plusieurs ports USB.** Identifiée par l'icône , cette connexion est absolument essentielle et fondamentale, que dis-je, totalement indispensable ! En effet, c'est elle qui vous sert à brancher la plupart des appareils (souris, disque dur externe, appareil photo numérique, *etc.*). D'où la nécessité d'en posséder plusieurs pour ne pas avoir à retirer systématiquement un dispositif dès que vous voulez en connecter un autre. Quelle galère, sinon !

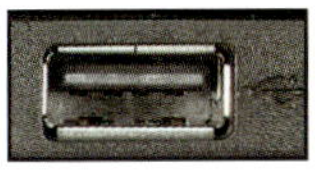

- **Une connexion Wi-Fi.** Permettant de relier des appareils entre eux non pas par des fils, mais par le biais d'ondes électromagnétiques, le Wi-Fi (prononcé « ouifi » et symbolisé par l'icône ) se révèle absolument incontournable pour vous connecter à l'Internet en toute liberté chez vous, chez un ami, dans un lieu public, comme une gare, ou dans un hôtel.

- **Des sorties et entrées audio.** Connexions classiques s'il en est, elles n'en demeurent pas moins incontournables pour brancher un casque ou un micro sur votre portable. Et si vous n'exigez pas parmi elles une sortie de type *S/PDIF*, vous ne pourrez pas bénéficier d'un son numérique…

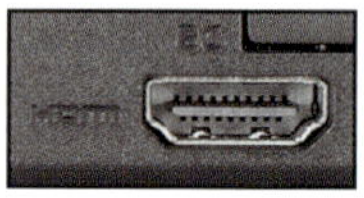

- **Une connexion HDMI.** Après le son, l'image… Sans une connexion de ce type, impossible de visionner les images numériques en haute définition d'un lecteur Blu-Ray, d'un téléviseur HD ou d'une console de jeu !

- **Un port VGA.** En vous permettant de brancher un écran d'ordinateur indépendant sur votre portable, ce port se révèle idéal pour profiter d'une image de taille acceptable si vous possédez un netbook et un écran classique.

- **Un port RJ-45.** Identifié par l'icône, il vous servira, entre autres, à relier un autre ordinateur à votre portable.

COUP DE POUCE !

Offrez de nouvelles connexions à votre portable

Pour vous permettre de brancher des appareils pour lesquels votre portable ne possède pas de connexion adéquate, beaucoup de fabricants équipent leurs machines d'un *connecteur Express Card*. Celui-ci est conçu pour accueillir une *Express Card*, petite carte électronique dotée de connexions spécifiques, que vous ajoutez alors ainsi à l'ordinateur.

Par exemple, si vous voulez transférer les vidéos de votre caméscope numérique sur votre portable alors que celui-ci ne possède pas de port *FireWire* (aussi appelé *IEEE1394* ou *DV*, et identifié par l'icône), vous pouvez brancher une Express Card équipée d'un tel port dans le connecteur Express Card, puis utiliser son port FireWire comme si celui-ci était intégré à l'ordinateur. Malin !

Soyez un acheteur avisé

Étant donné la diversité de l'offre, acheter un portable n'est pas une mince affaire. Voici donc quelques conseils pour ne pas vous tromper.

1. **Identifiez bien vos besoins** : recherchez-vous un ordinateur plutôt sédentaire ou nomade ? Envisagez-vous juste de passer de bons moments sur l'Internet ou en regardant vos photos et de taper quelques documents de temps ou temps, ou avez-vous l'intention de vous lancer à corps perdu dans le multimédia ?

2. **Ciblez le type de portable le mieux adapté** : ne craquez pas pour un ultraportable avec un écran de taille moyenne et un clavier très condensé si vous voulez en faire votre ordinateur de travail quotidien à la maison. Et à l'inverse, n'investissez pas dans un transportable si vous cherchez une machine à emmener en week-ends et en vacances.

3. **Listez les caractéristiques techniques de votre portable idéal** : casser votre tirelire pour une formule 1 si vous prévoyez essentiellement d'utiliser l'Internet serait aussi regrettable que vous limiter à une machine d'entrée de gamme pour faire du montage vidéo ou pratiquer des jeux en 3D.

   Globalement, si vous avez besoin d'un portable pour de la bureautique classique, vous pouvez vous contenter d'un processeur bicœur, d'un disque dur de 160 *Go* (c'est-à-dire Giga-octets, ou encore milliards d'octets, l'*octet* étant une unité de mesure de base des informations en informatique), de 2 Go de mémoire et d'une *carte graphique* intégrée (cette carte électronique assure l'affichage de tout ce qui apparaît à l'écran). En revanche, pour profiter pleinement du multimédia, il vous faudra un processeur multi-cœur, un disque dur d'au moins 300 Go, 3 Go de mémoire et une carte graphique indépendante.

4. **Ne lésinez pas sur la qualité de la batterie** : celle-ci est vraiment le nerf de la guerre, car elle détermine directement l'autonomie de votre portable, même si d'autres éléments interviennent, comme la puissance de votre ordinateur et les tâches que vous réalisez. Une batterie de 6 cellules suffit amplement pour des activités bureautiques. Mais visez directement 9 cellules si vous voulez plonger au cœur du multimédia ou disposer d'une autonomie de plusieurs heures (jusqu'à 7 ou 8 avec un ultraportable !).

Dans un portable voué à se déplacer souvent, la batterie est un composant crucial. Alors, si vous souhaitez de longues heures d'autonomie, exigez une batterie de 9 cellules !

5 **N'hésitez pas à prendre une extension de garantie** : même si les commerçants essaient très souvent de vous vendre en plus une extension de garantie dont vous n'avez que faire, elle s'avère cette fois tout à fait justifiée dans le cas d'un portable, car ces machines sont fragiles et risquent davantage de tomber en panne qu'un ordinateur fixe.

6 **Comparez avant d'acheter** : après avoir identifié les principales caractéristiques de votre futur portable et trouvé plusieurs modèles susceptibles de vous convenir, consultez des bancs d'essai dans des magazines et sur des sites Web génériques ou spécialisés en informatique, comme 60 millions de consommateurs `www.60millions-mag.com`, Que Choisir `www.quechoisir.org`, `01Net` `www.01net.com` ou `ConfigsPC` `www.configspc.com`. Ensuite, interrogez des comparateurs de prix tels que `Kelkoo` `www.kelkoo.fr`, `Tous les prix` `www.touslesprix.com` ou `I-comparateur` `www.i-comparateur.com`.

7 **Achetez sur le Web** : une fois que vous avez choisi un portable spécifique, l'idéal est de le tester dans un « vrai » magasin pour évaluer notamment la qualité de son écran et de la convivialité de son clavier, mais de l'acquérir sur le Web pour bénéficier de tarifs avantageux. Je vous conseille, entre autres, des sites comme `LDLC` `www.ldlc.com`, `Matériel.net` `www.materiel.net` ou `Rue du Commerce` `www.rueducommerce.fr`. Et si vraiment vous avez des réticences (injustifiées…) à acheter en ligne, ne vous rabattez surtout pas sur une grande surface, car ces enseignes proposent souvent des portables de moindre qualité à des prix plutôt élevés.

En achetant votre portable le Web, vous êtes sûr de ne pas dépenser un centime de trop, car vous pouvez à la fois comparer les prix de plusieurs enseignes en quelque secondes et bénéficier de promotions permanentes !

✓ TESTEZ-VOUS !

Avez-vous retenu les trois mots essentiels de ce chapitre ?

1

UN NETBOOK

D'après vous, s'agit-il…

- **a** D'un type d'ordinateur portable très petit et léger ?
- **b** D'un livre publié uniquement en version numérique sur l'Internet ?
- **c** D'un magazine mensuel consacré aux ordinateurs portables ?

2

LE DISQUE DUR

D'après vous, s'agit-il…

- **a** Du support qui permet à l'écran de certains ordinateurs portables de pivoter à 360 degrés ?
- **b** D'un mini disque qui garde une trace de toutes vos activités sur votre ordinateur portable ?
- **c** Du principal dispositif de stockage d'un ordinateur portable ?

3

Un port USB

D'après vous, s'agit-il…

- **a** D'un type de connexion extrêmement répandu sur les ordinateurs portables actuels ?
- **b** D'un support amovible accrochable à l'écran d'un ordinateur portable ?
- **c** D'un port où accostent régulièrement des bateaux livrant du matériel informatique ?

Réponses : 1 : a, 2 : c, 3 : a

Chapitre

2

Mettez votre portable au travail

Prêt à mettre les gaz ? Alors suivez-moi ! Car il est essentiel de partir sur les bons rails, tant pour ce qui concerne la batterie que pour votre futur complice Windows 7.

Ainsi, à la fin de ce chapitre, vous saurez, entre autres :

- Mettre en route votre portable
- Vous repérer dans l'environnement de Windows 7
- Surveiller le niveau de charge de la batterie

Déroulez le tapis rouge

C'est le grand jour : votre portable vient d'arriver à la maison ! Pour qu'il s'y sente bien et qu'il devienne votre serviteur dévoué, vous devez prendre le temps de l'installer confortablement.

Commencez donc par le sortir précautionneusement de son carton, dans un endroit propre et sec, et vérifiez que vous possédez bien tout ce que prévoit votre facture. En plus de l'ordinateur lui-même, vous devriez notamment trouver une batterie (sauf si elle est déjà installée), un chargeur (pour donner de l'énergie à la batterie), de la documentation papier et des CD et/ou DVD (pour réinstaller des programmes en cas de problème).

Cela fait, essayez de conserver les cartons quelques semaines, au cas (fort improbable…) où vous devriez retourner votre portable au SAV.

Après avoir sorti votre portable de son carton, vous n'avez globalement qu'à charger sa batterie pour le rendre opérationnel. Cool !

COUP DE POUCE !

Sachez trouver l'information

De plus en plus de fabricants préfèrent vous fournir toutes les informations relatives à l'utilisation et au dépannage de votre ordinateur dans un document informatique plutôt que gâcher du papier vous livrant des manuels dans 4 ou 5 langues. Bonne idée !

Pour lire ce document, vous devez alors utiliser *Adobe Reader*, programme gratuit, généralement présent sur votre portable : *double-cliquez* sur l'*icône* de ce document (souvent appelé « Manuel de l'utilisateur ») sur le *bureau* (trois notions et concepts qui vous seront tout à fait familiers après le chapitre 3), et le précieux manuel apparaîtra à l'écran dans Adobe Reader.

TOUT PREMIERS PAS

Préparez votre portable

1 Peu importe les déplacements que vous imposerez ensuite à votre portable : au départ, vous devez lui octroyer deux heures d'immobilité sur un support plat et stable, près d'une prise de courant. Après avoir trouvé cet endroit adéquat et sans ouvrir votre ordinateur, retournez celui-ci. S'il n'y a aucun logement vide et si le carton de livraison ne contenait pas de batterie, celle-ci est déjà installée. Belle aubaine !

Sinon, examinez la forme, les encoches et les connecteurs de la batterie, et comparez-les à la configuration du logement vide à l'arrière du portable. Repérez le sens d'installation de la batterie, puis insérez celle-ci comme il convient, en l'inclinant au départ à 45°. Quand elle est bien en place, un petit clic retentit : fermez alors le loquet de sécurité qui empêchera l'éjection inopinée de la batterie.

2 En principe, la batterie est assez chargée à l'origine pour permettre à votre portable de fonctionner seul pendant plusieurs dizaines de minutes. Mais pour prolonger sa durée de vie au maximum, mieux vaut la charger complètement avant d'allumer votre ordinateur pour la première fois.

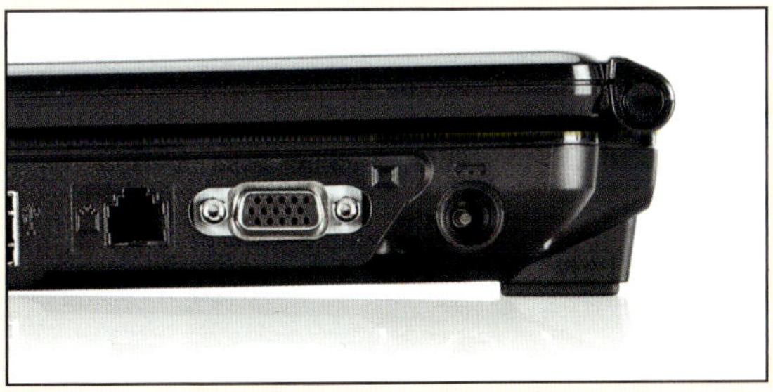

Munissez-vous donc du chargeur. Généralement, ce « boîtier » possède un câble électrique fixé à demeure et est livré avec un câble d'alimentation indépendant : branchez alors le premier sur une prise ronde de votre portable, identifiée par le symbole 🔌 ou ⎓, et reliez le second au chargeur, d'une part, et au secteur, d'autre part.

3 Le témoin de charge de la batterie s'allume. Sur certains portables, il reste allumé pendant presque tout le chargement, clignote quand la batterie est quasiment pleine et s'éteint à la fin du chargement ; sur d'autres, il demeure rouge pendant tout le chargement et devient vert ou bleu une fois que la batterie est pleine. Pour savoir à quoi vous devez vous attendre, consultez le manuel d'utilisation de votre ordinateur.

Une fois la batterie rassasiée (au bout d'une bonne heure, environ), débranchez le chargeur de l'ordinateur et de la prise de courant, et rangez-le dans un endroit sec et tempéré.

Mettez les gaz

Puisque la batterie est pleine d'énergie, profitons-en ! Et n'essayez surtout pas d'économiser ses forces en laissant votre portable branché sur le secteur : vous iriez exactement à l'encontre de l'objectif recherché. En revanche, pour ce premier lancement, installez-vous dans un endroit propre, tempéré et bien éclairé, où vous n'aurez pas à déplacer votre ordinateur. En effet, bouger un portable allumé n'est jamais sans risque pour ses composants internes.

TOUT PREMIERS PAS

Allumez votre portable

1 Ouvrez le capot de votre portable et inclinez l'écran un peu plus que la position parfaitement verticale. Ensuite, pour bénéficier d'un éclairage optimal et limiter la fatigue oculaire, orientez la machine de telle sorte que l'écran se retrouve à peu près perpendiculaire à la source lumineuse principale de la pièce. Par exemple, en pleine journée, ne vous placez surtout pas dos ni face à la fenêtre, mais de côté.

2 Et maintenant, en route ! Enfoncez brièvement le bouton de mise en marche, toujours marqué du symbole ⏻ et généralement situé au-dessus du clavier, voire sur le côté de la base.

3 L'écran noir fait place à une succession d'informations et de messages, et souvent, votre portable redémarre au moins une fois automatiquement. Patientez gentiment pendant que tout se met en place, mais sans vous éloigner, car à plusieurs reprises, un panneau rectangulaire, appelé *boîte de dialogue*, vous demandera des renseignements, comme votre nom et l'heure.

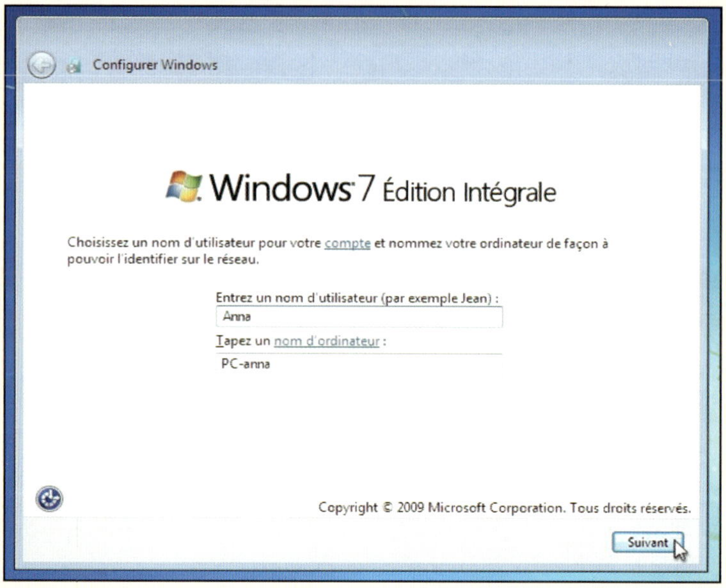

À chaque fois, *tapez* les informations réclamées ou *sélectionnez* les options requises, et passez à l'étape d'après en *cliquant* sur un bouton du type **Suivant**. (Si nécessaire, faites un petit détour par les chapitres 3 et 4 pour arriver à vos fins avec le clavier et/ou le dispositif de pointage.) À cette occasion, acceptez obligatoirement le *contrat de licence*, c'est-à-dire les conditions d'utilisation de *Windows 7* (ce programme ultra puissant aux commandes de votre ordinateur) ; sinon, vous ne pourrez pas utiliser votre machine !

4 Votre portable poursuit son petit bonhomme de chemin et, enfin, l'image se fige définitivement sur une grande photo ou illustration occupant tout l'écran, avec quelques imagettes dans sa partie supérieure gauche et une longue barre tout en bas : vous voilà dans Windows 7 !

Mais il arrive qu'un grand panneau de bienvenue vienne lui voler la vedette pour présenter succinctement votre portable et vous proposer diverses options. Bien que l'intention soit louable, fermez-le en cliquant sur le bouton X dans son angle supérieur droit, car nous partirons ensemble à la découverte de Windows 7.

5 Avant, néanmoins, nous allons régler la luminosité de l'écran ; car si l'image est trop foncée ou trop claire, elle occasionnera une fatigue oculaire qui risque au final d'entraîner des maux de tête.

Dirigez-vous donc vers la partie inférieure gauche du clavier et repérez la touche **Fn** (ces deux lettres sont généralement inscrites en couleur). Ensuite, localisez les deux touches marquées des symboles ☼▼ ou ☼▲ (voire ☼+ ou ☼-), dessinés dans la même couleur que la touche **Fn**. Enfoncez cette dernière et, sans la relâcher, appuyez autant de fois que nécessaires sur la touche ☼▼ ou ☼▲, selon que vous voulez augmenter ou réduire la luminosité ; une fois que l'écran est bien lisible, relâchez la touche **Fn**.

COUP DE POUCE !

Adaptez le volume aux circonstances

Posséder un ordinateur que vous utilisez dans différents environnements implique, bien sûr, de pouvoir ajuster la luminosité de son écran à l'éclairage ambiant. Mais pas seulement ! Si vous regardez un DVD dans un train avec un casque, par exemple, vous allez nécessairement limiter le volume pour ne pas mettre vos oreilles à mal. Pour ce faire, deux solutions :

- si l'un des bords de votre portable comporte une petite molette pour le réglage du son, tournez-la dans le sens requis, simplement ;
- sinon, recherchez deux touches marquées de symboles colorés du type 🔊 et 🔈 sur le clavier ; après les avoir localisées, appuyez sur la touche **Fn** et, sans la relâcher, enfoncez autant de fois que nécessaires la touche 🔊 ou 🔈, selon que vous voulez élever ou abaisser le volume ; quand vos oreilles sont satisfaites, relâchez la touche **Fn**.

Chapitre 2

Prenez vos marques

Vous avez sûrement apprécié le bel environnement haut en couleurs dans lequel vous êtes arrivé après le démarrage de votre portable. Le courant a donc toutes les chances de bien passer avec celui qui vous accompagnera en permanence lors de vos activités sur votre portable : *Windows 7*. Une chance, car ce super programme joue un double rôle absolument fondamental !

D'une part, il veille à ce que tous les matériels et programmes de votre ordinateur collaborent harmonieusement, accomplissant quantité de tâches de gestion en coulisses ; par exemple, c'est grâce à lui qu'un appui sur la touche **B** produit bien un *b*, et non un *f* ou un *a*. D'autre part, il reste votre serviteur dévoué à chaque instant, exécutant toute action que vous lui demandez depuis le clavier ou avec le dispositif de pointage ; d'ailleurs, pour aller au-devant de vos désirs, il vous livre même de nombreux programmes pour vous balader sur l'Internet, créer des documents, regarder des DVD, *etc.* !

COUP DE POUCE !

D'un Windows 7 à l'autre

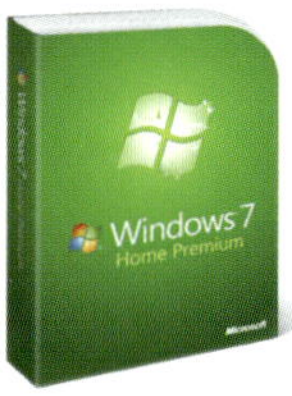

Windows est un programme né en 1985. Autant dire qu'il a connu bien des améliorations depuis ! Différentes versions se sont donc succédé jusqu'à aujourd'hui, où Windows 7 a remplacé *Windows Vista*.

Mais Windows 7 lui-même se décline en plusieurs éditions, comme une voiture proposée dans trois ou quatre gammes : toutes possèdent un noyau de base commun et se différencient ensuite par certaines spécificités. Ainsi, l'Édition Starter, conçue pour les netbooks, possède un nombre restreint de fonctionnalités et ne donne donc pas accès à tous les outils décrits dans ce livre. Pour suivre ce dernier dans de bonnes conditions, vous devez posséder l'Édition Familiale Premium ou l'Édition Intégrale, version ultra complète de Windows 7. Si votre portable est neuf, vous disposez sans doute de l'Édition Familiale Premium, la plus répandue. Donc tout va bien !

Cela étant dit, ne vous attendez pas à trouver « Windows 7 » souvent cité dans ce livre. Car même s'il sera toujours question de cette version du produit, je ne parlerai presque toujours que de « Windows ».

Bref, vous l'aurez compris : Windows 7 est un programme ultra performant qu'il vous faudra absolument apprivoiser et dompter pour obtenir le meilleur de votre portable. Et pour y parvenir, pas de secret : vous devez d'abord vous y repérer. Commençons donc sans attendre notre petit tour d'horizon. En fait, la grande image qui occupe tout l'écran depuis le dernier « Tout premiers pas » constitue le *bureau* de Windows 7 ; dessus se sont invitées quelques *icônes*, en haut à gauche, et la *barre des tâches*, tout en bas.

Commandant en chef de votre portable, le programme Windows 7 vous offre un cadre de travail tout aussi esthétique et convivial que pratique et efficace.

Le bureau

Le *bureau* correspond au grand fond imagé ou coloré qui constitue l'arrière-plan de l'environnement de Windows 7. Tous les programmes que vous ouvrez s'affichent au-dessus de lui, le masquant donc plus ou moins, voire complètement ; mais il revient sur le devant de la scène dès que vous fermez les programmes. Exactement comme lorsque vous posez des feuilles sur votre « vrai » bureau en bois ou en métal, et que vous rangez tous ces papiers dans un tiroir le soir venu.

Les icônes

Une *icône* est une petite image qui représente soit un événement qui vient de se produire, soit un élément comme un programme ou un document, auquel elle offre très souvent un accès direct par le biais d'un clic simple ou double. Les icônes sont si utiles que vous en croiserez à tout instant dans Windows 7.

Par exemple, en haut à gauche du bureau figure une icône indéracinable, nommée **Corbeille**, qui matérialise un outil de votre portable appelé en toute logique… la *Corbeille*. Celle-ci conserve tous les éléments (documents, chansons, photos, *etc.*) que vous supprimez sur votre ordinateur ; vous pouvez l'ouvrir directement en double-cliquant sur son icône.

Icône d'un document personnel

Icône de la Corbeille (pour accéder aux éléments supprimés sur votre ordinateur)

Icône du programme l'Explorateur (pour accéder au contenu de votre ordinateur)

Icône du programme Adobe Reader (pour lire un type de document particulier, appelé PDF)

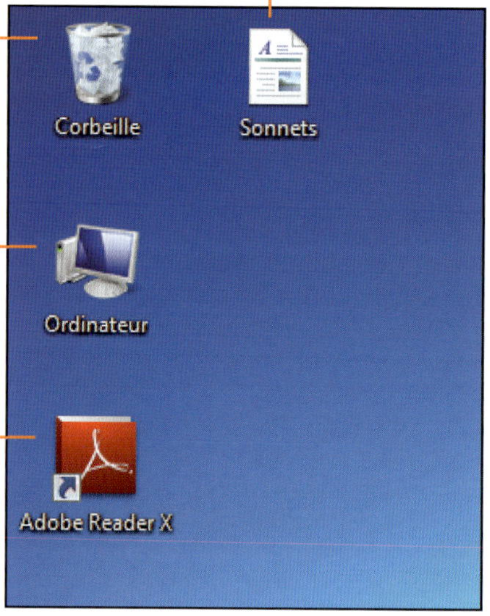

Vous ne trouverez pas d'outil plus joli et pratique que les icônes pour vous informer et vous permettre d'ouvrir des programmes ou déclencher certaines actions.

La barre des tâches

Longue barre semi-transparente située au bas du bureau et s'étendant sur toute la largeur de celui-ci, la *barre des tâches* ne crève pas l'écran… mais elle ne le quitte jamais non plus, puisqu'elle reste visible même quand des programmes sont ouverts. Heureusement, car vous en aurez sans cesse besoin ! En effet, elle se compose de deux zones essentielles pour votre quotidien informatique, précédées d'un bouton tout aussi fondamental.

La barre des tâches porte bien son nom, car elle n'a vraiment pas le temps de chômer : passer 10 minutes sans y jeter un œil ou cliquer sur l'un de ses composants est une gageure !

- **Le bouton Démarrer** : rond comme une bille et marqué du joli logo Windows, il débute la barre des tâches. Une position amplement méritée, puisqu'il vous permet de plonger au cœur de votre portable. En effet, c'est grâce à lui que vous affichez le *menu* ***Démarrer***, grand panneau qui donne accès à tous les programmes, documents, images, *etc.* stockés sur votre ordinateur et que vous découvrirez au chapitre 3.

- **La zone centrale** commence par trois icônes qui corresponde chacune à un programme que vous pouvez alors démarrer d'un simple clic. Des icônes supplémentaires apparaissent au fur et à mesure que vous ouvrez d'autres programmes, vous permettant du coup de basculer dans n'importe lequel d'entre eux d'un banal petit clic ; mais ces icônes là prennent la poudre d'escampette dès que vous fermez ces programmes. Nous y reviendrons en détail au chapitre 3.

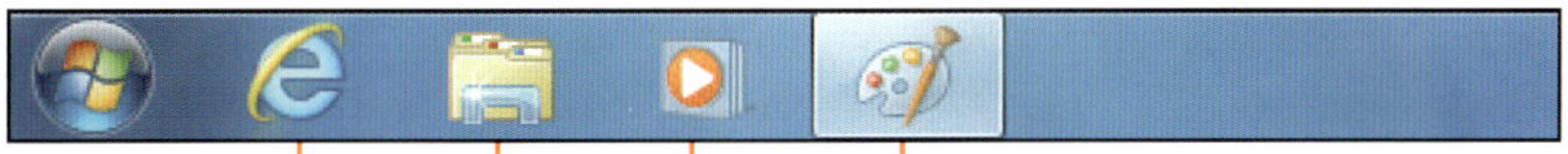

La barre des tâches met vraiment un point d'honneur à vous faciliter la vie en proposant un accès supersonique à trois programmes phares, et à tout autre programme démarré en plus.

- **La zone de notification** est bien plus importante que ne le laisse penser sa position complètement à la fin de la barre des tâches. En effet, elle informe sur les activités en cours sur votre portable, fournit la date et l'heure, donne l'alerte en cas d'événement spécial et permet souvent d'agir directement depuis ces icônes. Par exemple, grâce à l'icône , vous savez si le son est coupé ou non, et pouvez régler le volume ; et en voyant l'icône , vous savez que la sécurité de votre ordinateur est menacée et pouvez intervenir depuis cette icône pour corriger l'anomalie.

  Au-delà d'un certain nombre, Windows masque certaines icônes pour ne pas encombrer la barre des tâches ; mais vous pouvez toujours y accéder en cliquant sur la petite flèche blanche, orientée vers le haut , au début de la zone de notification.

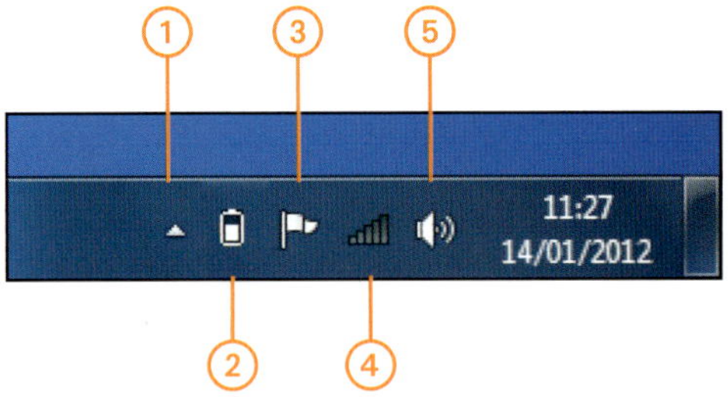

1. Flèche pour accéder aux icônes masquées
2. Icône indiquant le niveau de charge de la batterie
3. Icône informant que votre ordinateur est correctement protégé contre les menaces potentielles
4. Icône témoignant que votre ordinateur est connecté à l'Internet en Wi-Fi
5. Icône pour régler le volume

La zone de notification a beau être reléguée tout au bout de la barre des tâches, elle est extrêmement précieuse, puisqu'elle vous informe, vous alerte et vous permet d'agir !

COUP DE POUCE !

Montrez patte blanche

Après le démarrage de votre ordinateur, vous entrez dans Windows 7 sans payer le moindre droit d'entrée. Chouette ! Mais si vous ne voulez pas vous retrouver à la porte, vous devez *activer* ce programme, c'est-à-dire l'enregistrer auprès de Microsoft. Sinon, il cessera de fonctionner au bout de quelques semaines.

Cette procédure permet à Microsoft de lutter contre le piratage de son produit. En effet, si vous dupliquez le CD de Windows et si vous donnez cette copie à un ami, celui-ci pourra installer le programme, mais pas l'activer, car cette version de Windows 7 aura déjà été enregistrée. Implacable !

Souvent, les vendeurs d'ordinateurs effectuent l'activation. Sinon, à vous de jouer ! Mais si vous voulez le faire dès maintenant, jetez d'abord un œil au chapitre 3 pour vous familiariser avec divers composants de l'environnement de Windows dont vous aurez besoin ici.

Une fois « dans le bain », munissez-vous de la *clé de produit*, long code composé à la fois de lettres et de chiffres, qui garantit l'unicité de votre version de Windows ; cette clé figure sur un autocollant apposé soit directement sur votre ordinateur, soit sur la pochette du CD d'installation.

Cela fait, cliquez sur le bouton **Démarrer** au début de la barre des tâches, puis sur **Ordinateur** dans la partie droite du *menu* ***Démarrer***. Ensuite, cliquez sur le bouton **Propriétés système** dans la partie supérieure de la *fenêtre* qui s'ouvre, puis sur **Activez Windows maintenant** au bas de la nouvelle fenêtre qui s'affiche. Et pour finir, conformez-vous aux instructions données à l'écran : vous pouvez activer Windows 7 par téléphone ou, si vous disposez déjà d'une connexion Internet, par l'intermédiaire de cette dernière.

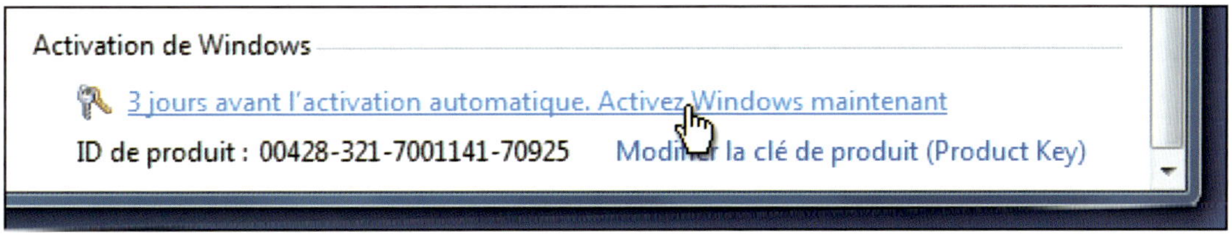

Gardez la batterie à l'œil

Dès que vous allumez votre portable sans l'avoir branché sur le secteur, sa batterie commence à se vider. L'autonomie dont vous disposez alors dépend des activités que vous pratiquez. Par exemple, elle diminue beaucoup plus vite si vous participez à un jeu en 3D que si vous tapez une lettre. Mais aucun calcul ne permet de connaître exactement la durée d'utilisation possible.

Quoi qu'il en soit, vous devez absolument éviter l'extinction brutale de votre portable faute d'énergie, car vous risqueriez de perdre une partie de votre travail en cours. Pour cela, gardez toujours un œil sur l'icône dans la zone de notification de la barre des tâches.

Quand elle est totalement blanche, la batterie est pleine. Mais au fur et à mesure que celle-ci se vide, le remplissage de l'icône baisse. Et quand cette dernière devient ou, pis encore, , vous n'avez plus que quelques minutes d'autonomie devant vous. Si vous voulez continuer à utiliser votre portable, vous devez donc le brancher immédiatement sur le secteur (l'icône devient alors : quel caméléon !).

Malheureusement, parfois, vous serez tellement absorbé par vos activités que vous en oublierez de vérifier le niveau de charge de charge de la batterie. C'est pourquoi Windows a prévu une petite piqûre de rappel : quand la batterie est presque vide, il vous alerte en affichant un message juste au-dessus de l'icône . Parfois même, un bip retentit et se répète jusqu'à ce que vous ayez branché votre portable sur le secteur ou que vous l'ayez éteint. Ouf !

Pour ne pas vous retrouver brutalement devant un portable inerte et risquer de perdre des informations que vous étiez en train de taper, vérifiez souvent le niveau de charge de la batterie.

COUP DE POUCE !

Ne sollicitez pas la batterie inutilement

Si vous restez une dizaine de minutes sans utiliser du tout ni le dispositif de pointage ni le clavier, vous vous retrouverez brutalement dans le noir complet, car votre portable est réglé pour arrêter le fonctionnement de certains composants, dont l'écran, au bout d'un certain temps d'inactivité : techniquement, il se met *en veille*. Généralement, ce changement d'état est aussi signalé par l'allumage ou le changement de couleur d'un témoin lumineux situé au-dessus du clavier ou sur le côté de la base.

Bien sûr, l'objectif est de limiter la consommation d'énergie de votre ordinateur et d'économiser ainsi la batterie. Nous reviendrons plus en détail sur la mise en veille au chapitre 6. Pour l'instant, sachez que vous pouvez « réanimer » votre portable en enfonçant brièvement une touche du clavier ou, si cela ne suffit pas, en appuyant sur le bouton d'alimentation ; si l'écran indique alors le nombre de programmes ouverts et votre nom, cliquez sur l'icône devant celui-ci pour retrouver votre environnement de travail.

TESTEZ-VOUS !

Avez-vous retenu les trois mots essentiels de ce chapitre ?

1

D'après vous, s'agit-il...

- **a** Du nom de l'ingénieur qui a inventé les netbooks ?
- **b** Du programme livré avec votre portable pour taper des documents ?
- **c** Du programme ultra performant qui commande votre portable et exécute vos instructions ?

2

D'après vous, s'agit-il...

- **a** Du support rigide sur lequel vous pouvez poser une tablette pour l'orienter à 135 degrés ?
- **b** Du support technique que vous pouvez appeler 24H/24 en cas de problème avec votre portable ?
- **c** De la grande image qui occupe toute la surface de l'écran et constitue votre arrière-plan permanent ?

3

D'après vous, s'agit-il...

- **a** De la longue barre située au bas du bureau et depuis laquelle vous pouvez à la fois accéder aux programmes de votre ordinateur et vous informer ?
- **b** De la baguette aimantée située sur le bord de votre portable et où vous pouvez placer des magnets pense-bête ?
- **c** De la barre verticale qui indique le niveau de sollicitation de la batterie ?

Réponses : 1 : c, 2 : c, 3 : a

Chapitre

3

Clics et programmes : il va y avoir de l'action !

Que vous vouliez envoyer un courriel, taper un document ou écouter un CD audio, vous devez ouvrir le programme adéquat et y exécuter les commandes qui déclencheront l'action attendue. Impossible, alors, de laisser le dispositif de pointage sur la touche !

Ainsi, à la fin de ce chapitre, vous saurez, entre autres :

→ Pointer et cliquer avec le dispositif de pointage

→ Démarrer des programmes et manipuler leurs fenêtres

→ Éteindre votre portable

Chapitre 3

Une souris fixe mais hyperactive

Que le *dispositif de pointage* de votre portable soit extra plat, nul n'en doute. Mais raplapla, en aucun cas ! Car même s'il n'a ni les rondeurs ni la mobilité d'une vraie souris, il est tout aussi compétent qu'elle. En effet, lui aussi vous permet d'exécuter des commandes de programmes et de manipuler « visuellement » des objets à l'écran.

Pour cela, il agit en parfaite unisson avec le *pointeur*. Ce petit symbole qui se présente le plus souvent sous les traits d'une flèche blanche indique la commande, l'objet ou autre sur lequel vous allez agir avec le dispositif de pointage ; et il se déplace à l'écran là où vous l'emmenez avec ce dispositif.

Mais regardez sur le bureau de Windows : vous verrez forcément ce drôle d'énergumène ! Car figurez-vous qu'il change souvent d'apparence : tout dépend de la tâche en cours. Par exemple, il devient un gros I majuscule quand il survole un texte et un anneau bleu lorsque Windows exécute une lourde tâche qui le rend momentanément sourd à vos demandes.

Pointeur classique sur le bureau

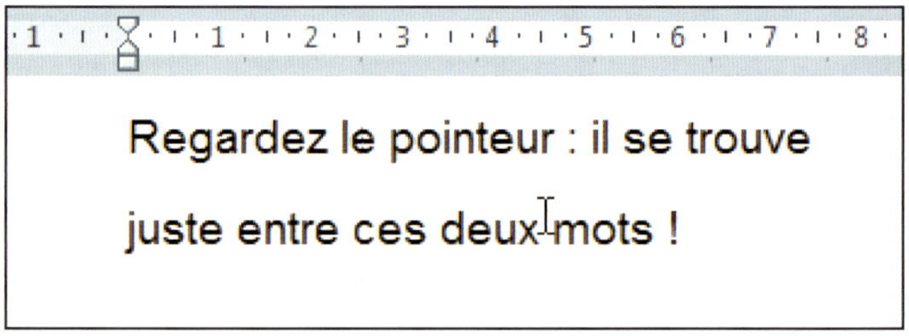

Pointeur au-dessus d'un texte dans un document

Le pointeur est aussi discret qu'indispensable, car si vous ne le localisez pas avant de pointer ou de cliquer, vous allez au-devant de désagréables surprises !

Cela étant, le pointeur n'a qu'un seul chef auquel il obéit aveuglément : le dispositif de pointage. Et pour transmettre ses ordres, celui-ci utilise à la fois son *pavé tactile* (surface sensible aussi appelée *Touchpad*) et ses boutons.

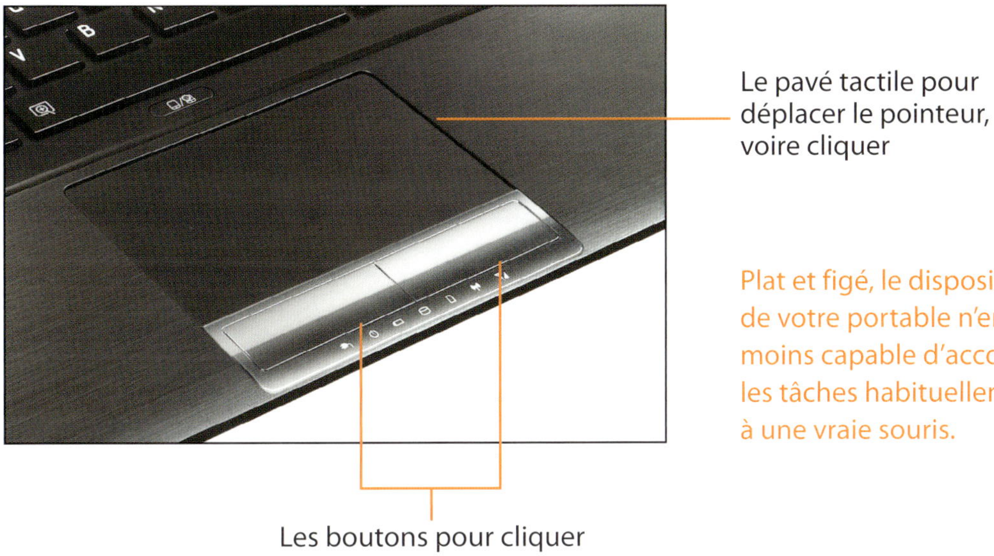

Plat et figé, le dispositif de pointage de votre portable n'en demeure pas moins capable d'accomplir toutes les tâches habituellement dévolues à une vraie souris.

Dans un premier temps, je vous invite à caresser ce pavé dans le sens du poil pour *pointer* un élément : une action aussi élémentaire que fondamentale, puisque vous n'avez qu'à amener le pointeur sur cet élément à l'écran pour obtenir en retour de précieuses informations sur l'objet pointé en faisant apparaître un encadré appelé *infobulle*, qui indique le nom ou le rôle de l'élément. Essayons !

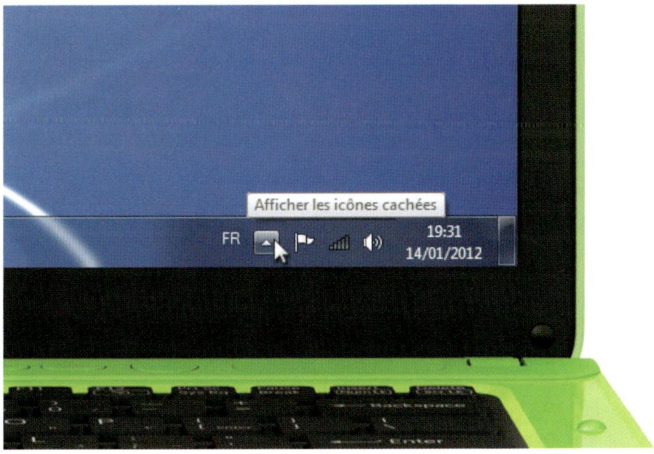

Tapies dans l'ombre de nombreuses icônes, les infobulles n'attendent qu'un petit pointage pour vous renseigner sur la fonction de ces imagettes.

TOUT PREMIERS PAS

Pointez pour vous informer

1 Pour éviter les mauvaises surprises, comme la manipulation imprévue d'un élément, localisez toujours le pointeur à l'écran avant d'accomplir la moindre action depuis le dispositif de pointage. Et quand vous ne le trouvez pas, effleurez juste le pavé tactile en scrutant l'écran, car il n'est pas rare que le pointeur s'éclipse momentanément quand vous ne le sollicitez pas.

Ensuite, posez doucement votre index sur le pavé tactile et, sans appuyer, faites-le glisser dans la direction vers laquelle vous voulez déplacer le pointeur. Si celui-ci se trouve très loin de sa destination, répétez votre « glissade » (contrôlée !) autant de fois que nécessaires, en relevant et reposant délicatement votre index à chaque fois.

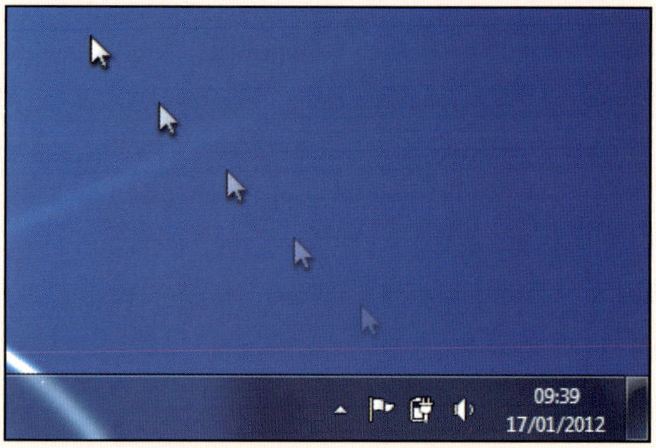

Par exemple, sur mon bureau présenté ci-contre, le pointeur attend sagement en haut à gauche de la zone de notification de la barre des tâches. Comme je souhaite l'emmener sur l'icône de témoin de charge de la batterie dans la zone de notification, je dois faire glisser mon doigt vers le bas et la droite.

2 Dès que le pointeur se trouve à destination, en l'occurrence au-dessus de l'icône, relevez votre index et observez : au bout de quelques instants, une infobulle vous confirme que votre portable est branché sur le secteur et indique le temps d'autonomie disponible. Pointage réussi ! Mais pour vous entraîner, je vous invite vivement à pointer d'autres éléments de la zone de notification, puis à emmener le pointeur en voyage sur des icônes du bureau.

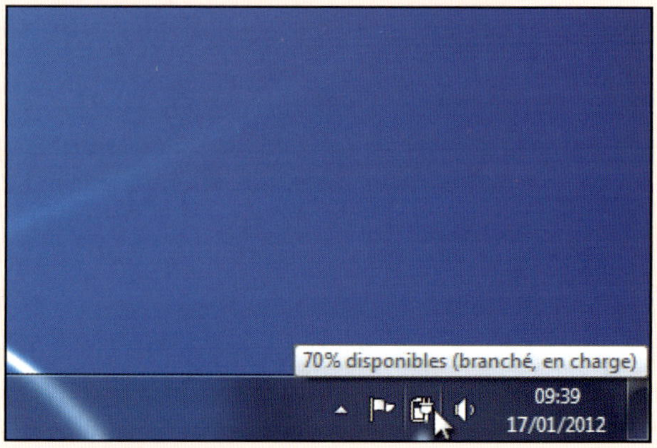

D'un clic à l'autre

Puisque vous savez maintenant mener le pointeur à la baguette, vous êtes fin prêt pour faire le grand saut des *clics* ! Pour cela, vous allez principalement utiliser les deux boutons du dispositif de pointage, duo qui, ô surprise, permet d'effectuer trois types de clics ! Commençons par faire les présentations, puis vous passerez à l'action en plongeant au cœur des programmes. Mais dans la théorie comme dans la pratique, n'oubliez jamais qu'avant d'enfoncer le moindre bouton, vous devez positionner le pointeur sur l'élément sur lequel vous voulez cliquer.

- **Cliquer**. Ce *clic* est le plus basique et le plus employé, tant et si bien que l'on ellipse une partie de son nom, puisqu'il devrait s'appeler en toute logique le « clic gauche ». En effet, il consiste à enfoncer brièvement le bouton *gauche* du dispositif de pointage, ou à tapoter une fois doucement sur le pavé tactile. Il sert essentiellement à exécuter des commandes et à *sélectionner* des éléments, c'est-à-dire à les « baliser », en quelque sorte, pour indiquer à Windows ou au programme en cours que vous allez les manipuler.

- **Double-cliquer**. Pour réussir un *double clic*, vous devez absolument mettre le turbo. En effet, cette action consiste à enfoncer et relâcher deux fois de suite *très vite* le bouton gauche du dispositif de pointage, ou à tapoter deux fois *très rapprochées* sur le pavé tactile. Si vous êtes trop lent, Windows considère que vous avez effectué deux clics distincts ; vous n'obtenez alors pas le résultat escompté, à savoir le plus souvent l'ouverture d'un élément comme un programme ou un document depuis son icône.

- **Cliquer du bouton droit**. Le *clic droit* consiste, sans surprise, à enfoncer brièvement le bouton droit du dispositif de pointage. Il permet presque toujours d'afficher une liste de commandes en rapport direct avec l'élément, appelée *menu contextuel*.

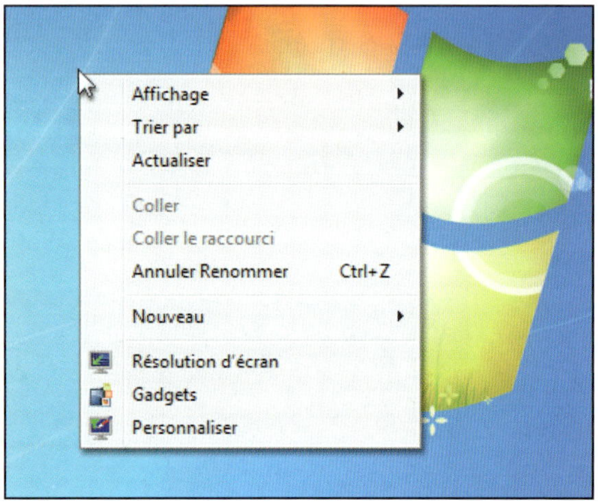

Menu contextuel du bureau

COUP DE POUCE !

Des dispositifs de pointage multifonctions

Beaucoup de dispositifs de pointage intègrent quelques composants très intéressants en plus du traditionnel pavé tactile et des deux boutons gauche et droit classiques. Par exemple, certains comportent des boutons supplémentaires, tandis que d'autres arborent une zone de défilement sur le pavé tactile pour parcourir le contenu des *fenêtres* de programmes (composant que vous découvrirez dans la suite de ce chapitre). Il existe même des dispositifs dotés d'icônes sur leur pavé qui offrent un accès direct à des outils ou programmes courants.

Comme il n'existe pas de standard en la matière, vous devez consulter le manuel d'utilisation de votre portable pour savoir comment vous servir de son dispositif de pointage.

TOUT PREMIERS PAS

Cliquez pour démarrer et fermer un programme

1 Pour vos premiers clics, voyons les choses en (très !) grand en ouvrant un programme depuis le *menu* **Démarrer**. Comme nous l'avons vu au chapitre 2, celui-ci donne accès à tous les programmes présents sur votre portable. Et où faut-il cliquer pour l'afficher ? Sur le bouton **Démarrer** ! Alors, en faisant doucement glisser votre index sur le pavé tactile, amenez le pointeur sur ce bouton tout rond au début de la barre des tâches et cliquez ; autrement dit, enfoncez puis relâchez le bouton gauche du dispositif de pointage.

2 Le menu **Démarrer** entre en scène ! Un peu intimidant, non ? Mais comme ce grand panneau est rigoureusement organisé, vous en ferez vite votre ami !

En effet, chaque intitulé textuel constitue une commande. Certaines démarrent un élément (un programme, le plus souvent) dès que vous cliquez dessus, tandis que d'autres affichent une autre liste de commandes (un *sous-menu*) ; ces commandes dont dépendent des sous-menus se reconnaissent à la petite flèche orientée vers la droite ▶, qui précède ou suit leur nom, ou à l'icône devant leur nom.

Cette organisation « en cascade » préserve la lisibilité du menu **Démarrer** et évite qu'il s'accapare au moins la moitié de l'écran. Mais cliquez sur **Tous les programmes**, en bas à gauche, et vous comprendrez ! En d'autres termes, amenez le pointeur sur cette commande en faisant glisser votre doigt sur le pavé tactile, puis enfoncez brièvement le bouton gauche du dispositif de pointage.

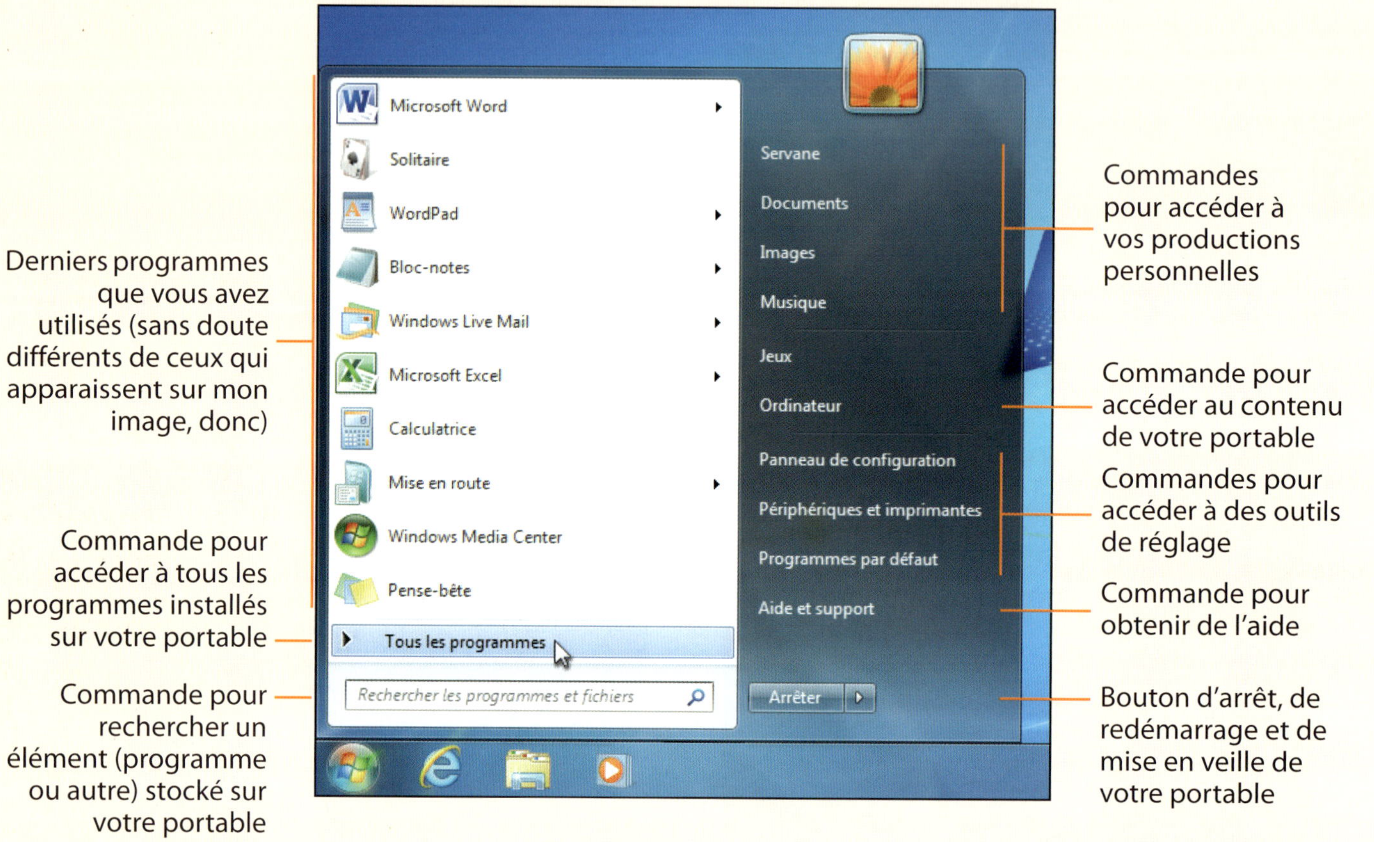

3 Comme prévu, une nouvelle liste de commandes s'affiche. Celles qui sont précédées d'une icône qui leur est propre démarrent aussitôt le programme associé, tandis que celles associées à l'icône 📁 déroulent un sous-menu de commandes : cliquez sur **Accessoires** pour en avoir la preuve ! Mais pour varier les plaisirs, oubliez les boutons et placez le pointeur sur ladite commande en faisant glisser votre index sur le pavé tactile, puis tapotez une fois sur ce dernier.

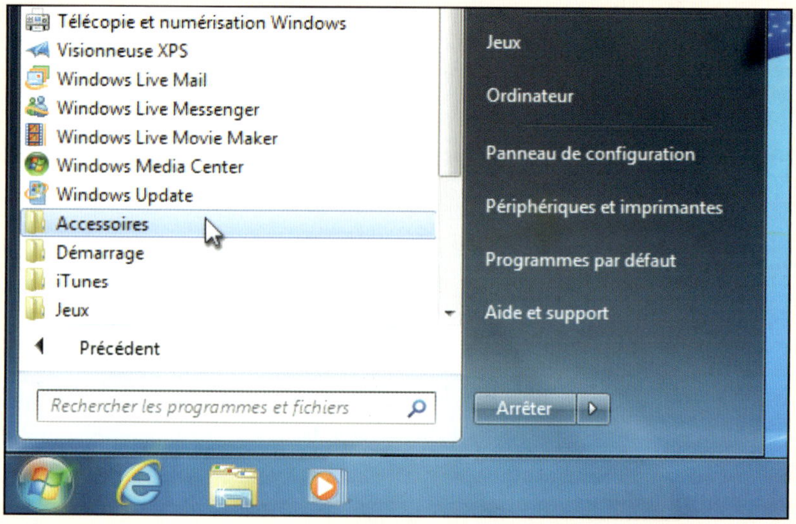

4 Et voici encore de nouvelles commandes : le menu **Démarrer** est décidément plein de ressources ! Mais puisque vous avez compris son principe de fonctionnement et que vous maîtrisez le clic sur le bout de l'index, allons maintenant droit au but : vers le bas de la liste, cliquez sur **Paint**.

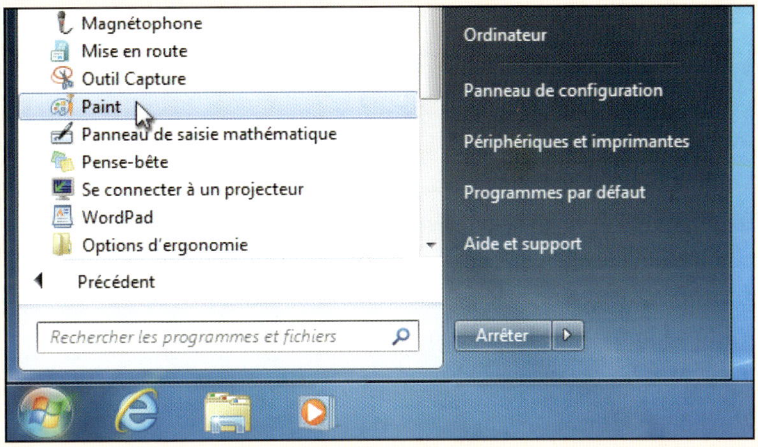

5 Le programme de dessin *Paint* prend ses aises sur le bureau. Techniquement, le panneau rectangulaire dans lequel il est apparu s'appelle une *fenêtre* : un élément omniprésent dans Windows, puisque chaque programme possède la sienne ! D'ailleurs « Windows » signifie « fenêtres » en anglais…

Et comme je vous l'avais expliqué au chapitre 2, l'ouverture de Paint a également fait apparaître une nouvelle icône dans la barre des tâches.

Tout à l'heure, nous examinerons les fenêtres de près, et vous verrez comment les manipuler. Mais dans l'immédiat, fermez Paint en cliquant sur le bouton  dans l'angle supérieur droit du programme. Sans demander leur reste, sa fenêtre et son icône disparaissent !

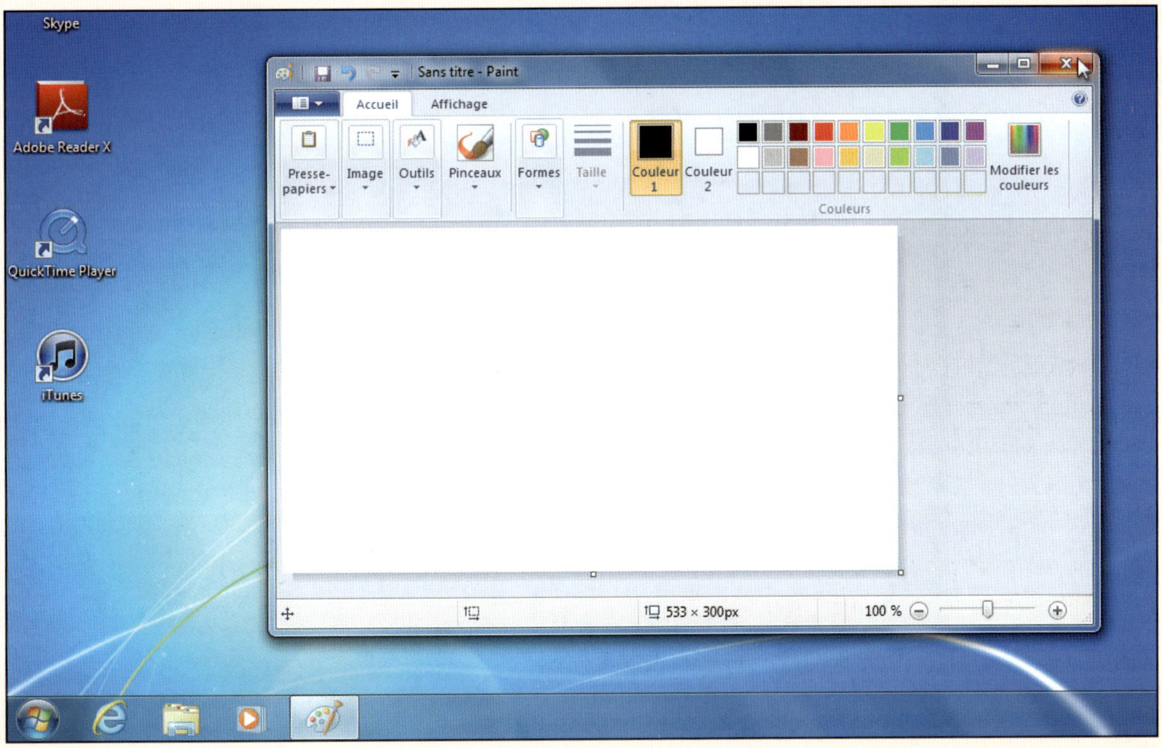

COUP DE POUCE !

Prenez les raccourcis

La technique de démarrage que nous venons de voir permet d'ouvrir absolument n'importe quel programme présent sur votre portable. Mais elle n'est pas forcément la plus conviviale ni la plus rapide…

- Pour **démarrer un programme associé à une icône au début de la barre des tâches**, cliquez sur cette imagette, simplement.
- Pour **démarrer un programme dont vous ne parvenez pas à localiser la commande**, cliquez sur le bouton **Démarrer**, puis tapez les deux ou trois premières lettres du programme qui vous intéresse dans la zone **Rechercher les programmes et fichiers**, en bas à gauche. (Par exemple, essayez **ma** pour ouvrir ce formidable jeu qu'est le Mahjong en deux temps trois mouvements !) Quelques secondes plus tard, une liste des programmes, documents, images, *etc.* qui commencent par les lettres tapées apparaît : cliquez sur le programme convoité, et c'est gagné !
- Pour **démarrer conjointement un élément consulté récemment au sein d'un programme et ce programme lui-même**, cliquez sur le bouton **Démarrer**, pointez le nom du programme dans la partie gauche du menu **Démarrer** (qui répertorie les derniers programmes utilisés) et cliquez sur le document, l'image ou autre à consulter. Le programme démarre alors et affiche directement l'élément demandé.

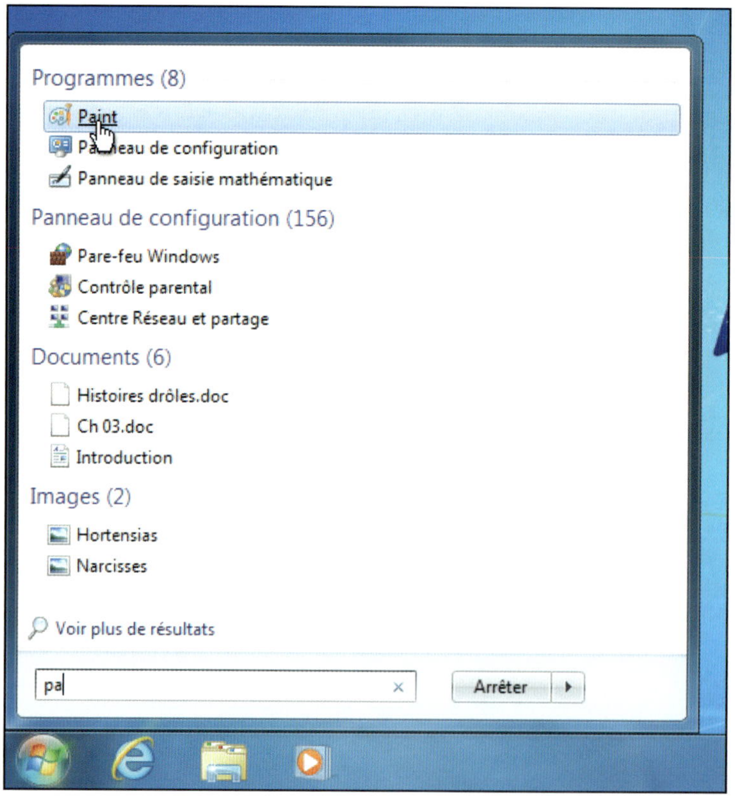

TOUT PREMIERS PAS

Double-cliquez pour ouvrir un élément

1 Après ces quelques clics d'échauffement, passons la vitesse supérieure avec le double clic. Car lui aussi permet d'ouvrir des éléments ! Il suffit le plus souvent de double-cliquer sur leur icône. Voyons cela avec celle de la Corbeille, située dans la partie supérieure gauche du bureau !

En faisant juste glisser votre doigt sur le pavé tactile, commencez donc par amener le pointeur sur cette icône. Quand elle se pare d'un cadre translucide, double-cliquez ; autrement dit, enfoncez puis relâchez deux fois de suite très vite le bouton gauche du dispositif de pointage.

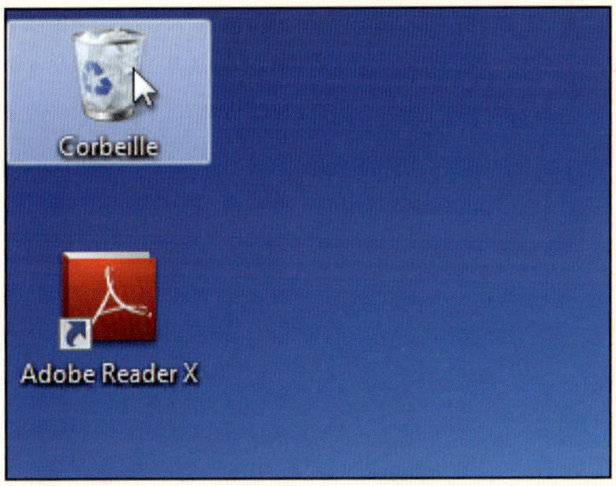

Comme Paint tout à l'heure, la Corbeille apparaît sur le bureau dans une fenêtre ; malgré un air de ressemblance indéniable, celle-ci affiche un contenu radicalement différent de la fenêtre du programme de dessin : ce que je vous avais dit semble bien se confirmer…

Un changement à noter aussi du côté de la barre des tâches, puisque la deuxième icône , associée à l'*Explorateur* (programme qui permet d'accéder au contenu de votre portable et, donc, de la Corbeille, comme vous l'apprendrez au chapitre 5), s'est dotée d'un cadre translucide : elle indique ainsi que le programme correspondant est ouvert.

Mais enfin, je vous décris avec force détails une situation dans laquelle vous ne vous trouvez peut-être pas du tout. Car si vous avez été trop lent dans votre double clic, Windows l'a interprété comme deux clics distincts. Du coup, pas de fenêtre à l'horizon : seul le nom « Corbeille » a changé, puisqu'il figure désormais dans un encadré, comme surligné en bleu. Dans ce cas, appuyez sur la touche **Echap** dans l'angle supérieur gauche du clavier et, quand l'icône de la Corbeille a retrouvé son apparence initiale, double-cliquez de nouveau dessus à la vitesse grand V !

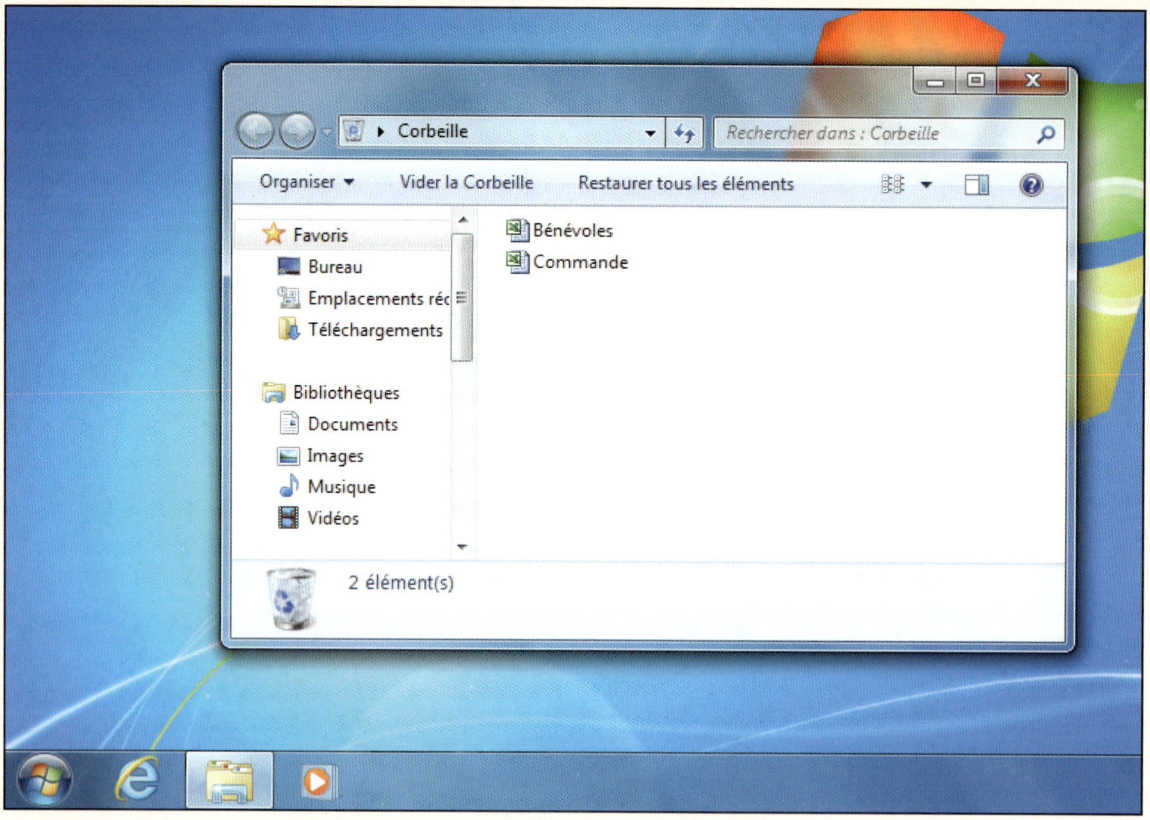

TOUT PREMIERS PAS

Cliquez du bouton droit pour gagner du temps

1 Vous rappelez-vous le nom des fidèles associés des clics droits ? Les *menus contextuels*, effectivement ! Mais attention, tous les éléments visibles à l'écran ne fonctionnent pas avec un tel menu : certains malchanceux en sont privés. Par ailleurs, tous les menus contextuels ne se valent pas : il y a les « classiques »… et les *jump lists*. Celles-ci correspondent à des menus contextuels dynamiques et évolués, associés aux icônes des programmes présentes au début de la barre des tâches.

Mais pourquoi ne pas en afficher une dès maintenant ? En faisant glisser votre index sur le pavé tactile, amenez le pointeur sur l'icône de l'Explorateur, actuellement dotée d'un cadre translucide, puisque la Corbeille est ouverte. Une miniature de la fenêtre de celle-ci apparaît : pour l'instant, elle n'a certes pas de réel intérêt, puisque la Corbeille est bien visible ; mais quand vous aurez plusieurs programmes à l'écran, vous apprécierez de pouvoir vous appuyer sur ces miniatures pour vous assurer que vous ne vous trompez pas d'icône.

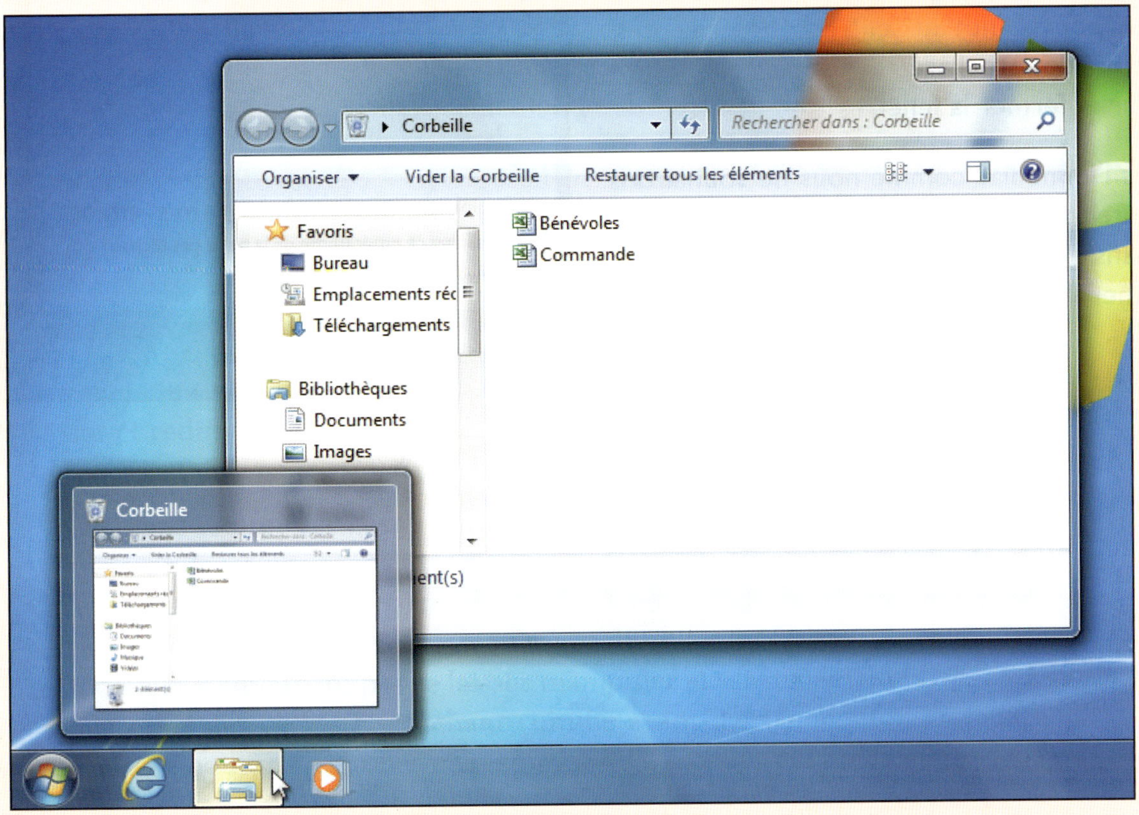

Fenêtre agrandie au maximum

Fenêtre flottante

Le glisser-déposer est vraiment une technique idéale pour adapter la configuration des fenêtres de vos programmes à vos besoins… à condition que celles-ci soient flottantes !

TOUT PREMIERS PAS

Déplacez une fenêtre

1 Vous aurez souvent besoin de déplacer des fenêtres, notamment pour accéder à une icône du bureau qu'elles masqueraient ou pour afficher côte à côte des programmes que vous voulez consulter simultanément. Alors, profitons du fait que la fenêtre de la Corbeille soit toujours ouverte et flottante sur le bureau depuis le « Tout premiers pas » précédent pour découvrir comment procéder.

En faisant glisser votre doigt sur le pavé tactile, amenez le pointeur sur la barre située tout en haut de cette fenêtre (la *barre de titre*).

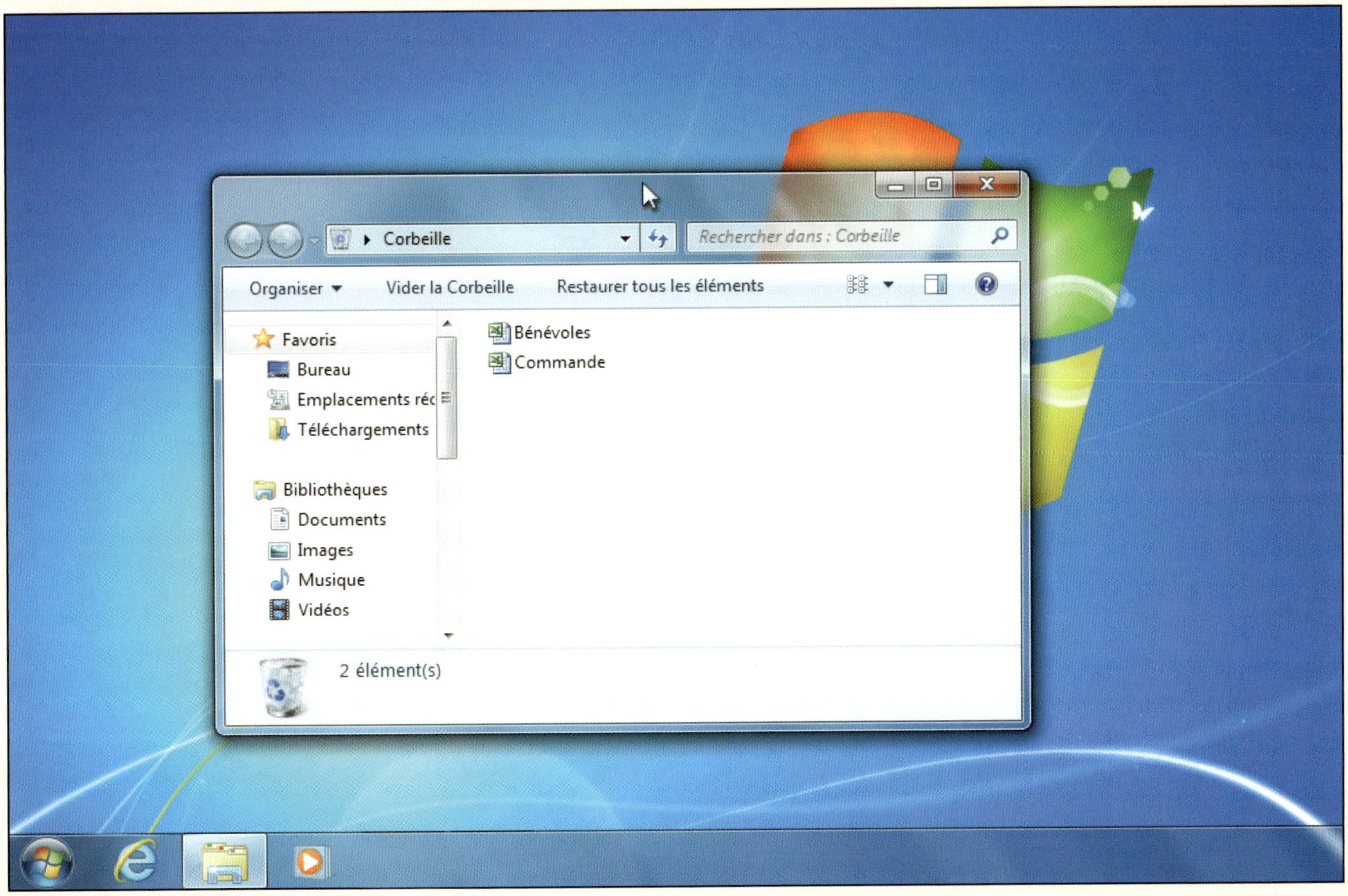

2 Enfoncez le bouton gauche du dispositif de pointage et, sans le relâcher, faites glisser un autre doigt sur le pavé tactile, dans la même direction que celle dans laquelle vous voulez déplacer la fenêtre ; une fois celle-ci à destination, relevez vos deux doigts : objectif atteint !

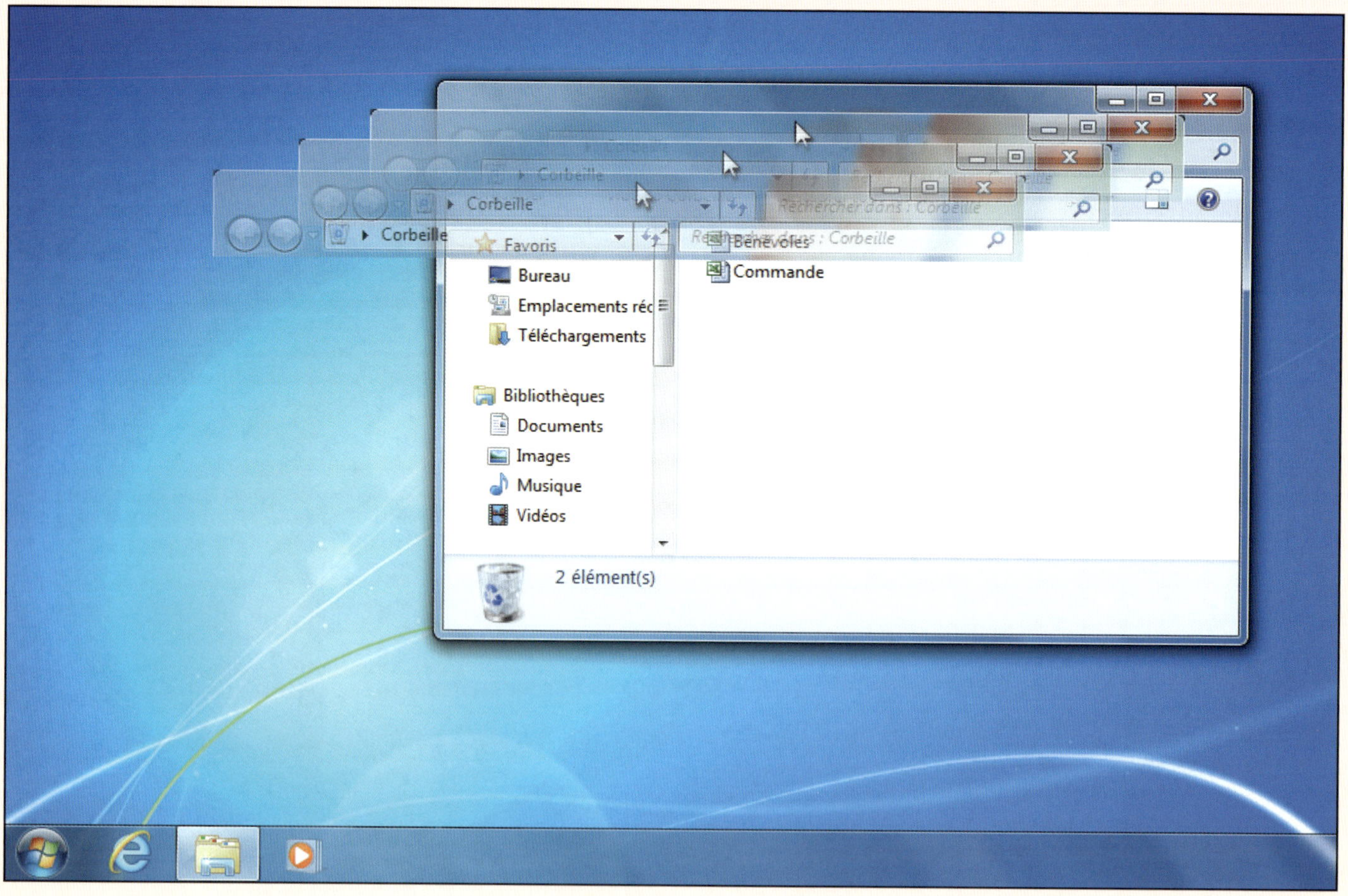

TOUT PREMIERS PAS

Changez la taille d'une fenêtre

1 Il est souvent opportun d'adapter la taille d'une fenêtre à la quantité de contenu qu'elle renferme. Par exemple, vous aurez tout intérêt à afficher à sa taille maximale une fenêtre qui présente une page Web très longue, mais rien ne justifiera de telles dimensions pour un programme dans lequel vous taperez juste un petit document. Windows a donc prévu plusieurs techniques pour vous permettre d'effectuer facilement les ajustements nécessaires.

Seulement, puisque vous êtes là pour parfaire votre maîtrise du glisser-déposer et que la fenêtre de la Corbeille est flottante, commençons par un redimensionnement manuel. En faisant glisser votre doigt sur le pavé tactile, amenez le pointeur sur l'angle supérieur droit de la fenêtre ; quand il devient ⤢, enfoncez le bouton gauche du dispositif de pointage et, sans le relâcher, faites glisser un autre doigt sur le pavé tactile vers le haut et la droite, ou le bas et la gauche, selon que vous voulez agrandir ou réduire la fenêtre. Une fois celle-ci à la taille souhaitée, relevez vos deux doigts.

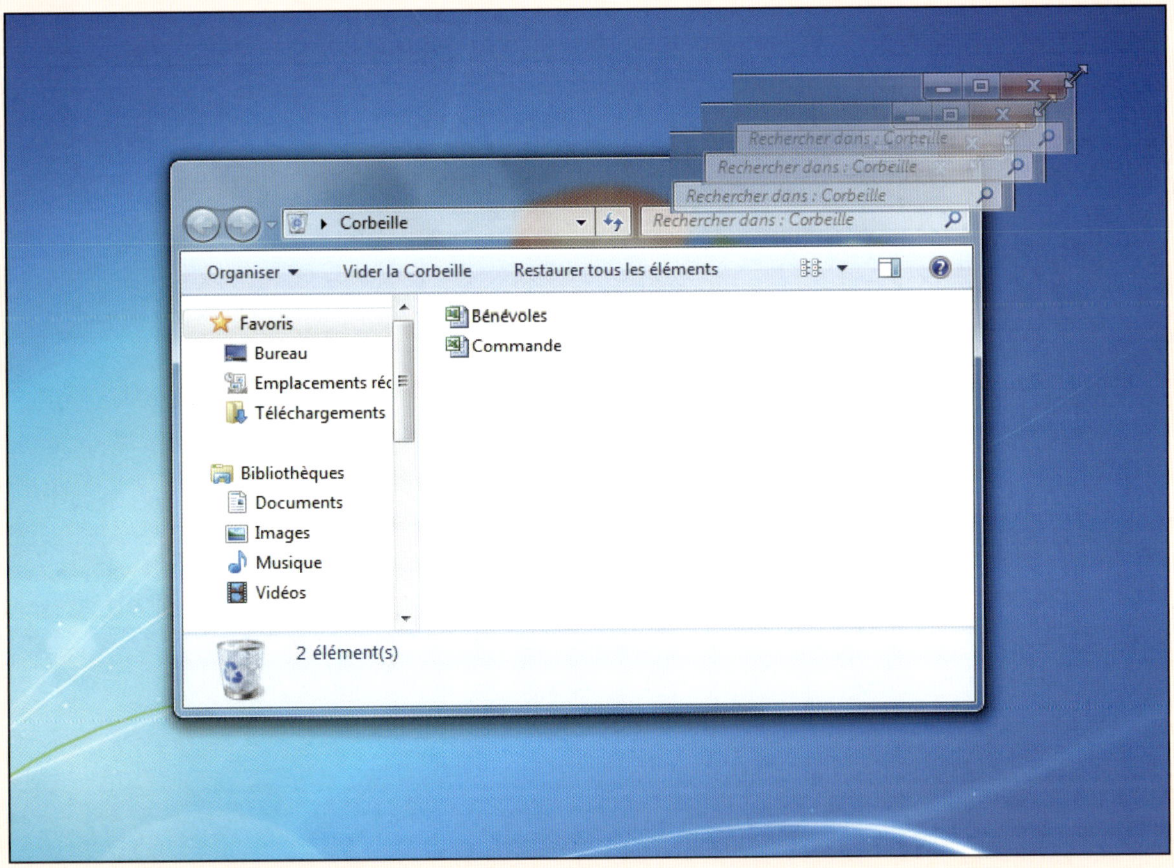

2 La fenêtre adopte sa nouvelle taille et laisse donc apparaître plus ou moins de contenu qu'avant, selon que vous l'avez agrandie ou réduite. Mais ne nous arrêtons pas en si bon chemin et agrandissons la fenêtre au maximum : c'est si facile ! Cliquez sur l'avant-dernier bouton de sa barre de titre : .

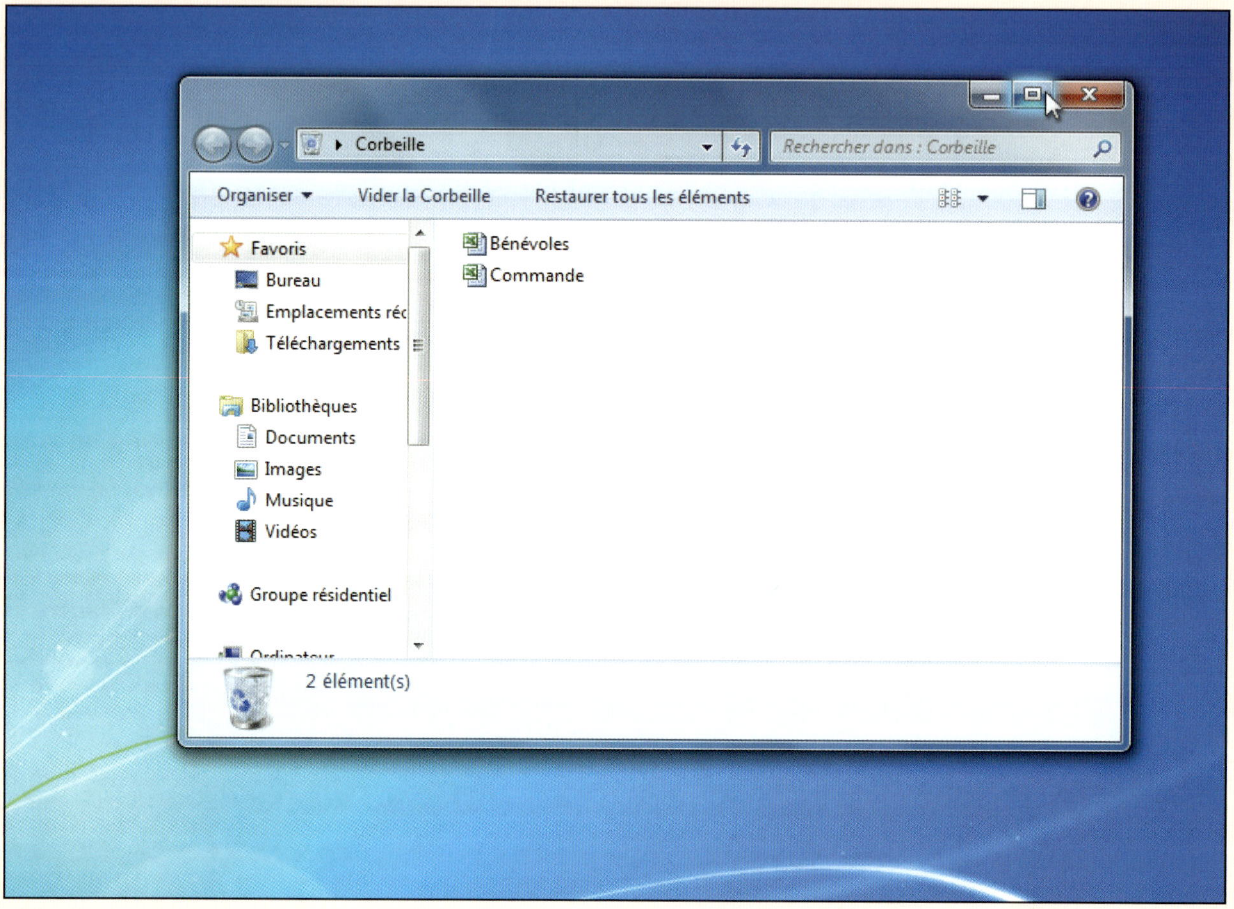

3 La fenêtre de la Corbeille investit tout l'écran, laissant donc apparaître un maximum de son contenu. Mais ne lui laissons pas le temps d'attraper la grosse tête et rendons-la de nouveau flottante. Cliquez une nouvelle fois sur l'avant-dernier bouton de sa barre de titre, devenu entre temps .

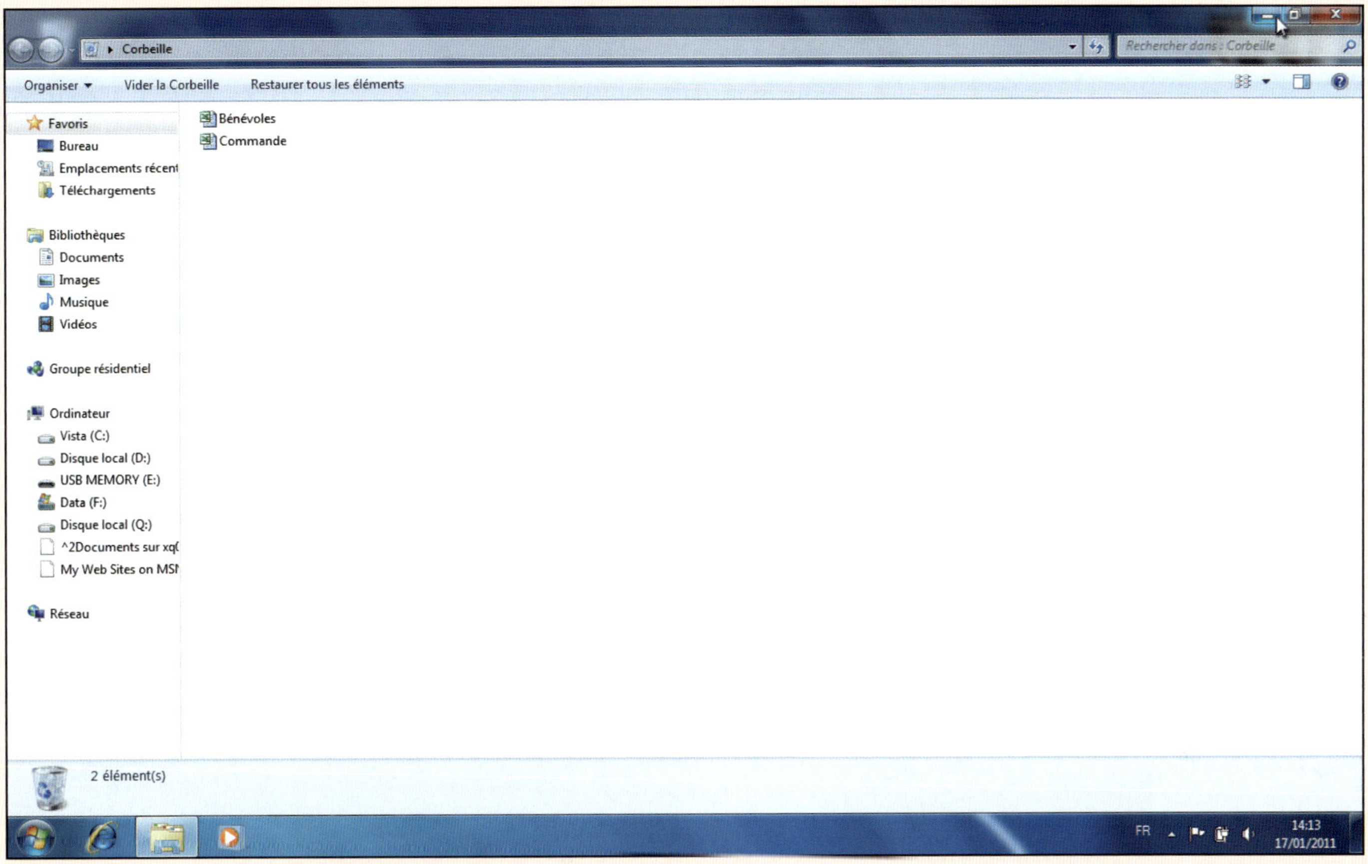

COUP DE POUCE !

D'un petit déplacement à un grand redimensionnement

Le glisser-déposer a encore quelques tours dans son sac pour la manipulation de fenêtres. Par exemple, il permet de changer leur taille en les déplaçant !

- Pour **agrandir une fenêtre au maximum**, glissez-déposez sa barre de titre tout en haut de l'écran.
- Pour **octroyer la moitié gauche ou droite du bureau à une fenêtre**, glissez-déposez la barre de titre de cette dernière sur le côté gauche ou droit de l'écran. Cette technique est vraiment idéale pour comparer le contenu de deux fenêtres.

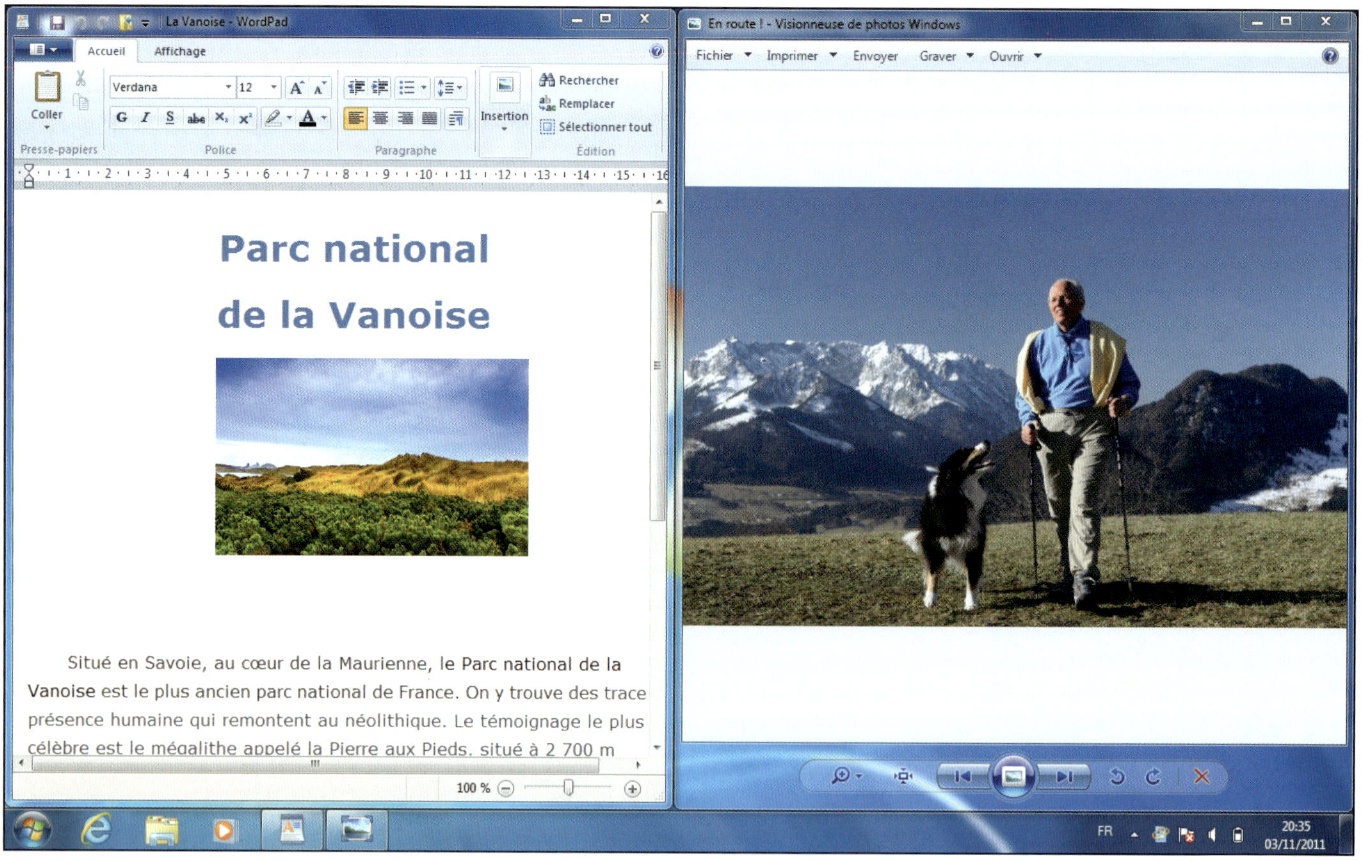

TOUT PREMIERS PAS

Passez d'un programme à l'autre

1 Plus question de glisser-déposer ici, mais d'une technique tout de même fondamentale en matière de manipulation de programmes : le basculement de l'un à l'autre quand plusieurs sont ouverts. Car Windows vous permet de garder différents programmes ouverts simultanément. De quoi garder un œil sur votre courrier électronique pendant que vous tapez un document, par exemple : pratique !

Mais avant de tester cette technique, vous devez bien sûr en démarrer un second en plus de la Corbeille. Allons au plus simple : cliquez sur la troisième icône dans la barre des tâches.

2 Le *Lecteur Windows Media*, programme dédié à la musique et à la vidéo, s'ouvre, et son icône dans la barre des tâches se dote d'un cadre translucide. Rien de neuf jusqu'ici ! En revanche, le bouton X dans la barre de titre de la Corbeille est devenu transparent, alors qu'il n'a pas quitté son teint rouge dans le Lecteur Windows Media. La raison ?

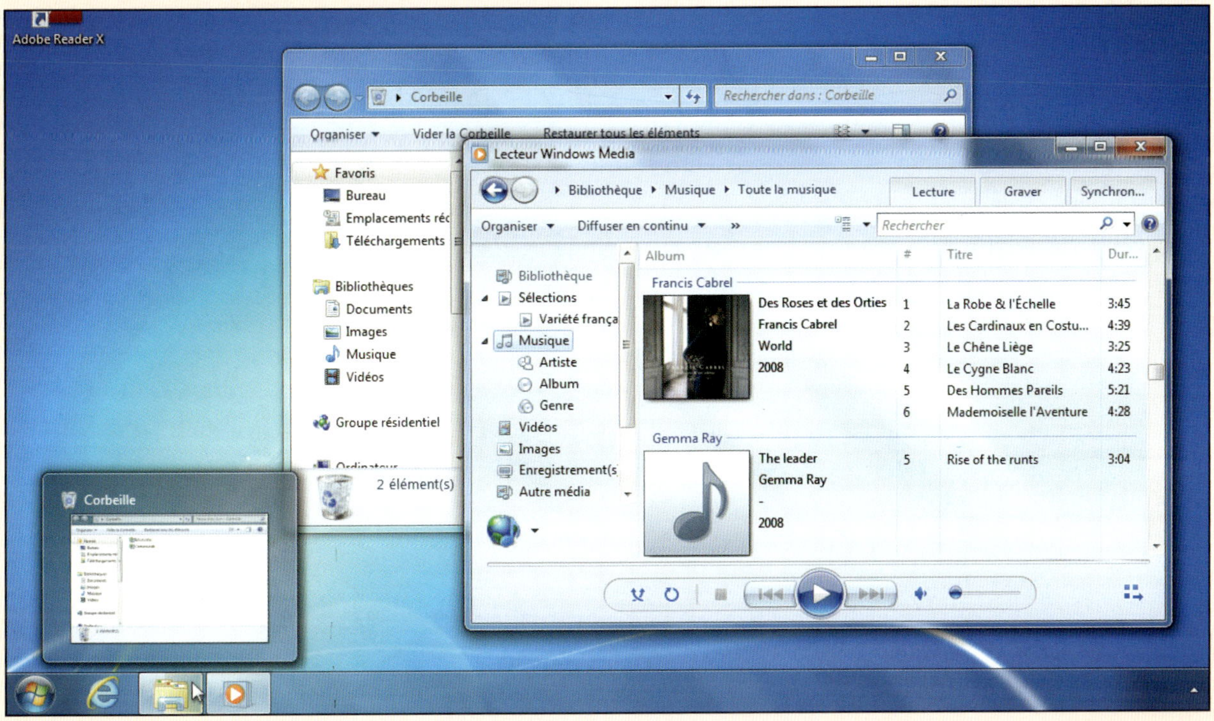

Eh bien, ces changements indiquent que la fenêtre du Lecteur Windows Media est actuellement *active* et que celle de la Corbeille est donc passée du même coup au stade d'*inactive*. Concrètement, la fenêtre *active* correspond à celle dans laquelle vous pouvez agir sur-le-champ ; elle est toujours unique, quel que soit le nombre de programmes ouverts. En effet, toutes les autres fenêtres sont automatiquement inactives.

Mais testons ce système tout de suite : cliquez sur l'icône de la Corbeille dans la barre des tâches, et vous verrez qu'elle redeviendra immédiatement active !

Notez juste en plus que, cette fois encore, une minifenêtre s'affiche au-dessus de l'icône dans la barre des tâches pour vous donner un aperçu du programme. Par la suite, vous découvrirez que si plusieurs éléments (comme des documents ou des pages Web) sont ouverts au sein d'un même programme, chacun a droit à sa propre miniature ; de la sorte, vous pouvez cliquer sur celle qui vous intéresse pour accéder directement à l'élément convoité. Cool !

3 Et hop, c'est maintenant la fenêtre du Lecteur Windows Media qui se retrouve inactive, avec un bouton X transparent ! Vous avez compris le principe.

Mais vous l'apprécierez encore plus en découvrant une technique du troisième type (ou presque !) : enfoncez la touche **Windows** (marquée du logo Windows et située dans la partie inférieure gauche du clavier) et, sans la relâcher, appuyez brièvement sur la touche **Tab** (souvent marquée de deux flèches en sens inverse et située, elle aussi, dans la partie gauche du clavier).

4 Changement de décor radical : vous voici arrivé dans la troisième dimension ! Mais ne perdons pas de vue notre objectif : activer la fenêtre du Lecteur Windows Media.

En gardant toujours la touche **Windows** enfoncée, donc, appuyez sur la touche **Tab** autant de fois que nécessaires pour que le précieux programme s'affiche au premier plan. Relâchez alors les deux touches, et vous retrouverez votre Windows classique, avec la fenêtre du Lecteur active sur le devant de la scène, et celle de la Corbeille inactive en arrière-plan !

COUP DE POUCE !

Offrez-vous le meilleur de Windows avec Aero

Si le « Tout premiers pas » précédent ne vous a pas plongé au cœur de la troisième dimension et si la barre de titre de vos fenêtres est toujours opaque, vous utilisez actuellement un Windows « au rabais ». Ne vous contentez pas de si peu et activez une fonctionnalité qui va doper ce programme : *Aero*.

Cliquez du bouton droit dans une zone vide du bureau, puis cliquez (avec le bouton gauche) sur **Personnaliser** dans le menu contextuel qui s'affiche. Dans la section **Thèmes Aero**, au centre de la fenêtre **Apparence et personnalisation**, cliquez sur l'icône correspondant à l'apparence souhaitée. Windows 7 relooke aussitôt votre écran en fonction de votre choix. Si cela vous convient, fermez la fenêtre en cliquant sur le bouton  dans son angle supérieur droit ; sinon, testez d'autres apparences jusqu'à trouver la bonne !

Si cette procédure échoue, cela veut malheureusement dire que votre portable n'est pas assez puissant pour assurer la fonction Aero. Dommage !

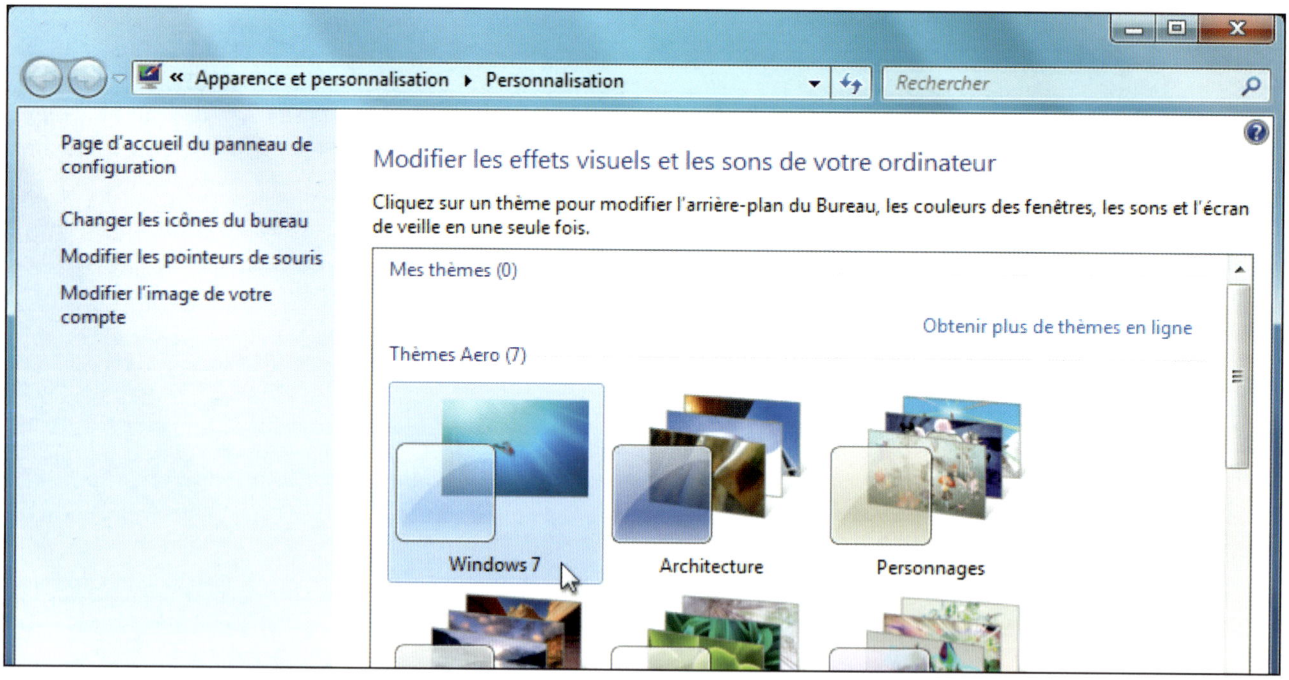

TOUT PREMIERS PAS

Affichez le bureau

1 *Aero Peek* fait assurément partie des quelques fonctionnalités miraculeuses de Windows 7. En effet, quel que soit le nombre de programmes ouverts, elle vous permet à chaque instant de les masquer tous d'un simple clic sans en fermer un seul et d'accéder ainsi au bureau : cliquez juste sur le bouton rectangulaire qui termine la barre des tâches, à droite de l'heure.

Et notez à cette occasion que si vous vous contentez de pointer ce bouton, Windows n'affiche plus que le cadre des fenêtres : leur intérieur devenu transparent, vous pouvez alors visualiser le bureau en intégralité !

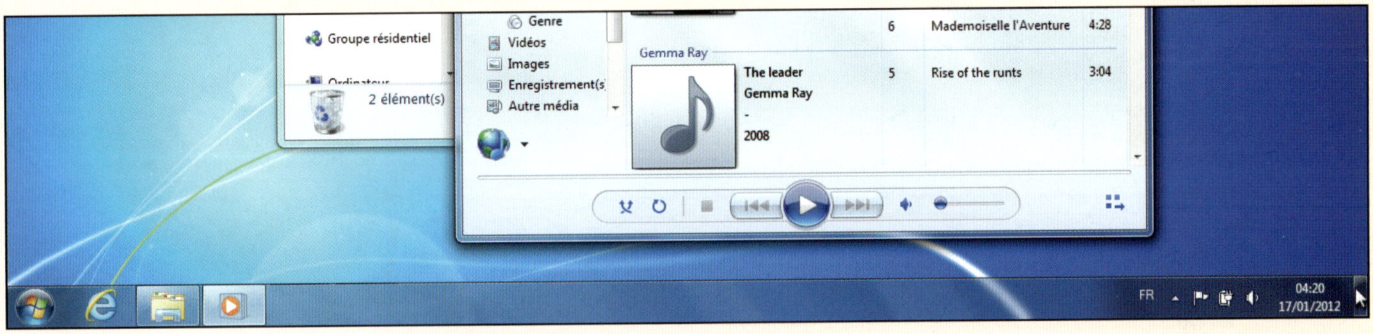

2 Et hop, plus une seule fenêtre à l'horizon ! Mais j'insiste : elles ne sont pas fermées, juste *réduites*. Dans ce cas, seules leurs icônes dans la barre des tâches restent visibles. Et vous pouvez d'ailleurs rouvrir instantanément n'importe lequel de ces programmes en cliquant simplement sur leur icône. Essayez !

Et puisque je vous sens très attentionné, je ne résiste pas au plaisir de vous livrer une autre petite technique très sympathique : grâce à la fonction *Aero Shake*, vous pouvez réduire toutes les fenêtres d'un coup à l'exception d'une seule en « secouant » la barre de titre de cette dernière (autrement dit, en la glissant-déposant plusieurs fois très vite latéralement) ! Et ensuite, il suffit de répéter l'opération pour réafficher les autres fenêtres. Facile !

Examinez les fenêtres de près

Chaque programme possède sa propre fenêtre, avec des outils spécifiques à l'activité à laquelle il est dédié. Car bien sûr, vous n'avez pas besoin des mêmes commandes pour envoyer un courriel que pour dessiner un logo ! Toutefois, quelques éléments se retrouvent dans beaucoup de fenêtres. Je vous invite donc à découvrir les plus importants d'entre eux, afin que vous puissiez toujours vous repérer même dans les nouveaux programmes.

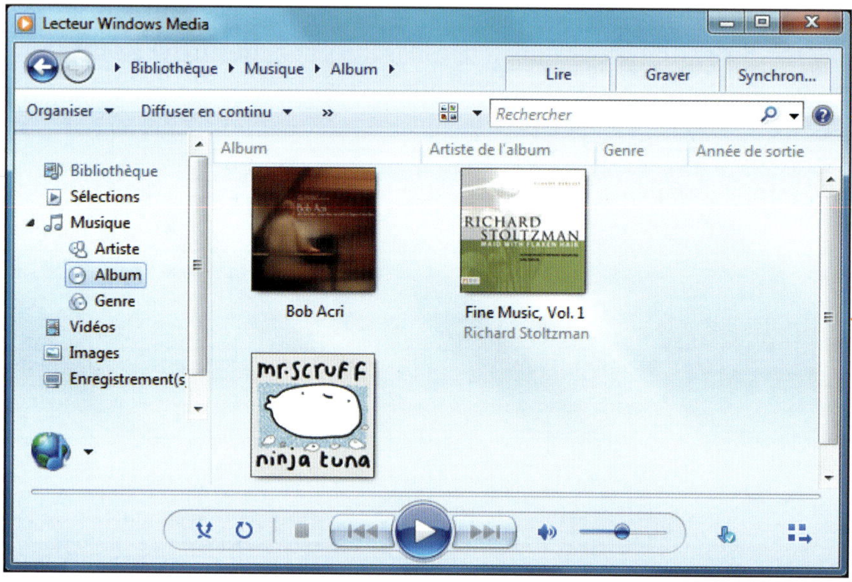

Pour accomplir les tâches qui vous tiennent à cœur, vous devez, certes, posséder les bons outils, mais aussi bien les connaître. Alors, commencez par prendre vos repères dans les fenêtres de programmes.

La barre de titre pour aller à l'essentiel

Toujours placée en haut des fenêtres, la *barre de titre* joue généralement un double rôle.

- D'abord informatif, puisque sa partie gauche affiche le nom du programme et celui de l'élément ouvert dans ce programme. D'ailleurs, observez la barre de titre de ma fenêtre Paint : « Campagne - Paint » indique que j'ai ouvert le dessin appelé « Campagne » dans le programme Paint. Ici, ce texte est précédé en plus d'une minibarre appelée *barre Accès rapide*, mais celle-ci n'existe que dans certains programmes de Microsoft, dont elle permet alors d'exécuter les commandes principales.

- Ensuite pratique, puisque les trois boutons qui la terminent permettent à la fois de redimensionner et de fermer la fenêtre. D'ailleurs, vous avez déjà utilisé le dernier ! Nous testerons les deux autres dans la suite de ce chapitre.

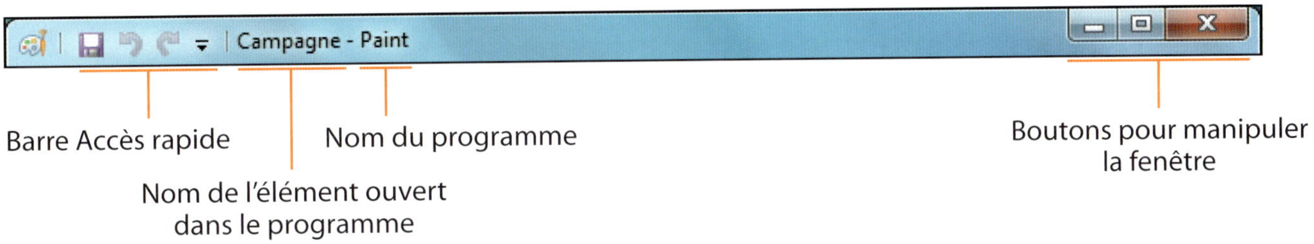

Les barres d'outils et le ruban pour agir

Les *barres d'outils* et le *ruban* possèdent de nombreux points communs, mais ils s'excluent l'un l'autre : une fenêtre qui comporte une barre d'outils ne possède pas de ruban, et vice versa.

Cela étant dit, l'une comme l'autre s'installe toujours juste au-dessous de la barre de titre et se compose de nombreuses imagettes. Mais ne vous y trompez pas : celles-ci constituent en fait des boutons sur lesquels vous pouvez cliquer pour exécuter des commandes courantes du programme. Et quand vous ne parvenez pas à identifier le rôle d'un bouton, vous n'avez qu'à le pointer quelques instants pour afficher sa fonction ou son nom dans une infobulle. Sauvé !

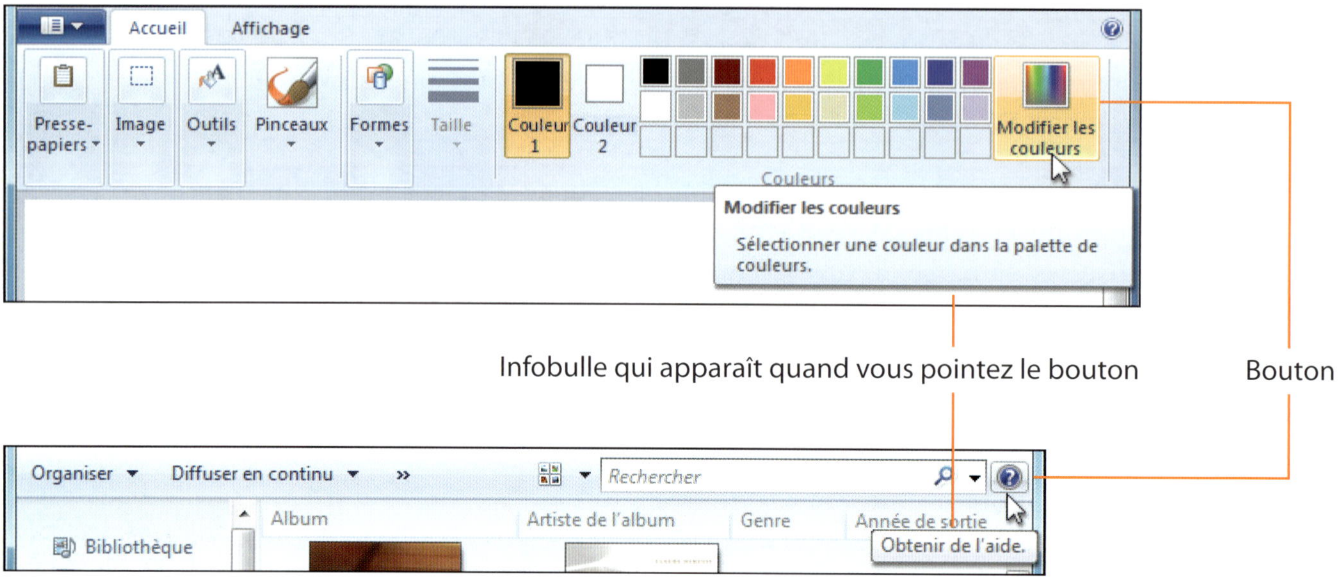

La barre d'état pour rester informé

La *barre d'état* renseigne sur l'état du programme ou sur l'élément ouvert dans ce dernier. Par exemple, dans Paint, elle indique notamment la taille de l'image ouverte. Mais selon le programme, elle peut afficher le numéro de la page en cours ou le nombre de courriels reçus.

Les barres de défilement pour ne rien rater

Lorsque vous consultez un document de 10 ou 15 pages dans une fenêtre, celle-ci ne peut évidemment pas l'afficher en intégralité, à moins de choisir une taille de caractères rikiki ou de vous offrir un écran super géant : bref, deux solutions vraiment pas viables ! C'est pourquoi Windows en a prévu une autre.

Dès qu'une partie du contenu d'une fenêtre se retrouve masqué, des *barres de défilement* apparaissent pour vous permettre de révéler ce contenu. Par exemple, dans mes illustrations de tout à l'heure, ma fenêtre Paint ne pouvait pas afficher la droite ni le bas du dessin : elle s'est donc dotée automatiquement d'une barre de défilement verticale et d'une horizontale. De la sorte, découvrir les zones cachées devient un jeu d'enfant !

En effet, chaque barre commence par un petit bouton fléché ▲ et se termine par son opposé ▼. Au centre figure un bouton rectangulaire ≡, appelé *curseur de défilement*, dont la longueur dépend de la quantité de contenu masqué : plus il est court, plus il y a de contenu caché.

- Pour faire défiler doucement le contenu d'une fenêtre, cliquez sur le bouton ▲ ou ▼ adapté autant de fois que nécessaires.
- Pour faire défiler rapidement le contenu d'une fenêtre, faites glisser le curseur ≡ dans le sens requis, jusqu'à ce que le contenu recherché apparaisse.

Cliquez pour faire défiler doucement le contenu vers le haut.

Faites glisser vers le haut ou le bas pour faire défiler rapidement le contenu dans le sens correspondant.

Cliquez pour faire défiler doucement le contenu vers le bas.

Cliquez pour faire défiler doucement le contenu vers la gauche.

Faites glisser vers la gauche ou la droite pour faire défiler rapidement le contenu dans le sens correspondant.

Cliquez pour faire défiler doucement le contenu vers la droite.

TESTEZ-VOUS !

Avez-vous retenu les trois mots essentiels de ce chapitre ?

1

LE POINTEUR

D'après vous, s'agit-il…

- **a** D'un témoin lumineux associé au dispositif de pointage et qui indique le bouton à utiliser pour cliquer ?
- **b** D'un petit programme intégré à votre portable et qui enregistre le temps où ce dernier reste allumé ?
- **c** D'une petite icône qui représente le dispositif de pointage à l'écran et indique où portera la prochaine action de celui-ci ?

2

Une fenêtre

D'après vous, s'agit-il…

- **a** Du panneau dans lequel s'affiche chaque programme ?
- **b** D'une plaque de verre teinté anti-reflets que vous pouvez placer devant l'écran de votre portable ?
- **c** D'un message d'avertissement qui s'affiche au centre de l'écran quand la batterie est presque vide ?

3

La barre de titre

D'après vous, s'agit-il…

- **a** Du document de propriété que vous recevez après avoir activé Windows 7 ?
- **b** De la barre située tout en haut des fenêtres de programmes ?
- **c** De la partie de votre portable située au-dessus ou au-dessous de l'écran et qui indique la marque de votre machine ?

Réponses : 1 : c, 2 : a, 3 : b

Chapitre 4

Faites ami-ami avec le clavier

Au moins aussi important que son voisin le dispositif de pointage, le clavier ne doit surtout pas vous intimider. Car malgré ses nombreuses touches, il fonctionne grâce à un nombre de règles sommes toutes assez limité que vous maîtriserez facilement.

Ainsi, à la fin de ce chapitre, vous saurez, entre autres :

- ➔ Taper toutes sortes de caractères au clavier
- ➔ Utiliser les touches spécifiques aux portables
- ➔ Créer et enregistrer des documents

Offrez des documents à votre clavier

Le clavier impressionne toujours un peu au premier abord. Pourtant, il s'apprivoise facilement : il faut juste allier la pratique à la théorie. Car de longues explications sans mise en œuvre concrète ne donnent jamais rien de bon !

Avant de poser vos doigts sur les touches, donc, laissez-les encore quelques instants sur le dispositif de pointage et cliquez sur le bouton **Démarrer** au début de la barre des tâches, puis sur **Tous les programmes**, sur **Accessoires** et sur **WordPad**. Le programme *WordPad* apparaît instantanément. Spécialement conçu pour la création de documents, il sera votre meilleur allié pour apprendre à utiliser le clavier, puisque vous allez pouvoir y taper du texte en même temps que je vous présenterai les différentes techniques de saisie.

Et vous avez vraiment de la chance, car WordPad vous propose un document vide (cette grande zone blanche au centre de la fenêtre) dès son démarrage. Vous pouvez donc attaquer sur-le-champ ! Enfin... à condition d'avoir fait au préalable la connaissance du *point d'insertion*. Car même s'il n'est pas bien gros, ce trait noir vertical et clignotant est un repère absolument indispensable.

En effet, il indique où apparaîtra le prochain caractère tapé ou celui qui disparaîtra si vous appuyez sur une touche de suppression. Au départ, il se trouve dans l'angle supérieur gauche du document, mais il se décale vers la droite au fur et à mesure que vous ajoutez du texte, et vers la gauche si vous effacez des caractères. Pour éviter les mauvaises surprises, n'enfoncez jamais aucune touche du clavier sans avoir d'abord localisé le point d'insertion.

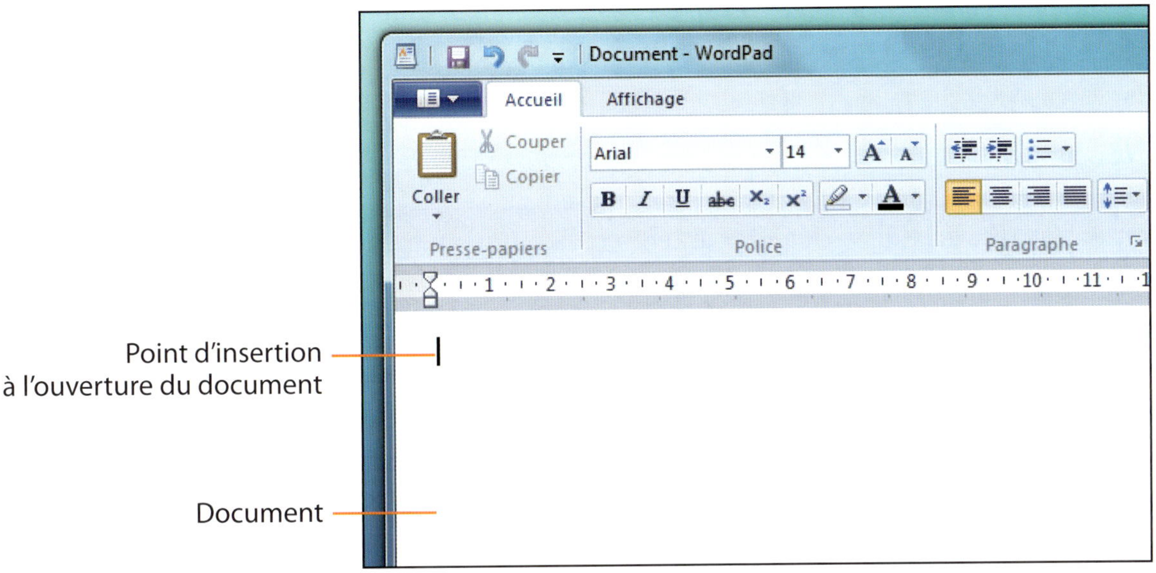

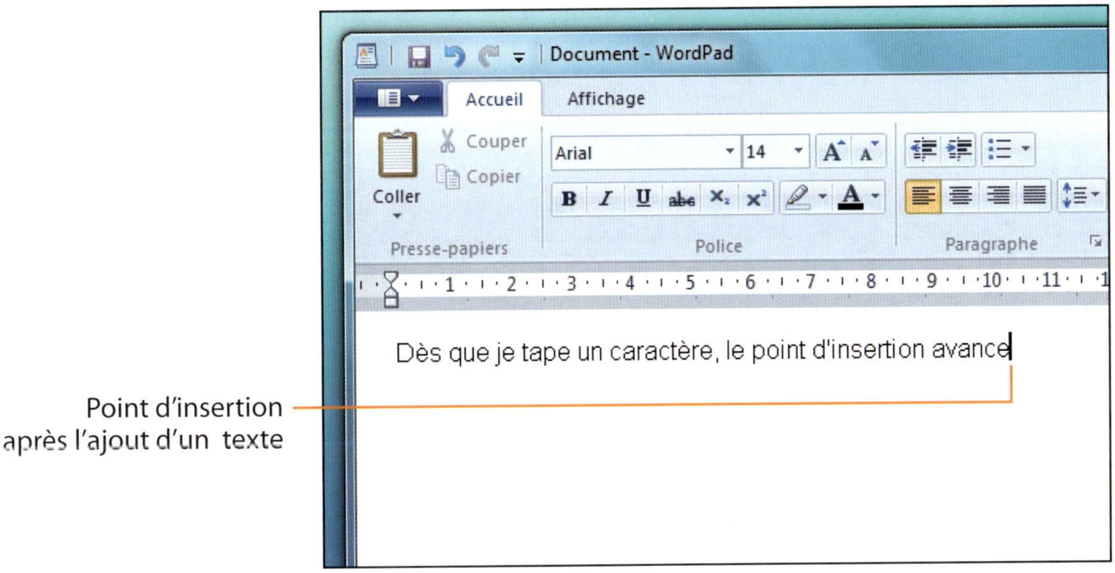

Pour éviter les mauvaises surprises, n'enfoncez jamais la moindre touche du clavier sans avoir d'abord repéré le point d'insertion.

Tapez toutes sortes de textes

Des minuscules aux majuscules, en passant par des lettres accentuées, les chiffres, les signes de ponctuation, et j'en passe, le clavier permet de taper une très grande variété de caractères. Il donne même accès à certains caractères qui ne figurent sur aucune touche ! Alors, prêt à découvrir les techniques qui vous y mèneront ?

Les 26 lettres de l'alphabet

Les 26 lettres de l'alphabet ont droit à un régime de faveur, puisque chacune possède sa propre touche au centre du clavier. Mais nous n'allons pas nous en plaindre ! Car de la sorte, vous n'avez qu'à enfoncer brièvement la touche de la lettre à taper pour produire celle-ci en minuscule. Facile !

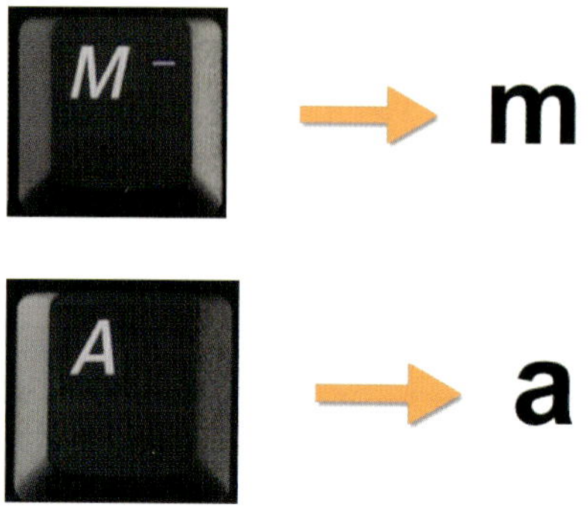

Les 26 touches utilisées pour la saisie des lettres de l'alphabet font bloc au centre du clavier, mais elles fonctionnent individuellement : pour produire une minuscule, vous devez juste appuyer sur la touche où elle figure.

Et si vous avez besoin de sa version majuscule, rien de compliqué non plus : vous devez juste faire entrer la touche **Maj** dans la danse !

Généralement marquée d'une petite flèche orientée vers le haut ⇧, cette touche existe en deux exemplaires respectivement situés au début et à la fin de l'avant-dernière ligne du clavier, mais chacun d'eux joue exactement le même rôle. Ainsi, pour taper une lettre majuscule, vous devez enfoncer une touche **Maj** et, sans la relâcher, appuyer brièvement sur la touche de la lettre à produire, puis relâcher finalement la touche **Maj**.

La touche **Maj** est une privilégiée, puisqu'elle est déclinée en deux exemplaires. Mais une seule technique possible pour taper des majuscules : enfoncer simultanément l'une de ces touches et celle marquée de la lettre à produire.

TOUT PREMIERS PAS

Tapez un mot simple

1 Puisque vous avez déjà devant vous un document WordPad et que le point d'insertion clignote d'impatience au début de la première ligne, ouvrons tout de suite le bal par un petit mot de bienvenue : *Salut*. Et pour ne pas faire les choses à moitié, attaquons par une majuscule ! Pour produire le S, donc, enfoncez la touche `Maj` et ne la relâchez pas.

2 En maintenant toujours la touche `Maj` enfoncée, appuyez brièvement sur la touche `S`, dans la partie gauche du clavier.

3 Relâchez la touche `Maj`. Le S prend place au début du document, et le point d'insertion se décale gentiment d'un « cran » vers la droite afin de lui ménager l'espace nécessaire et de se tenir prêt pour l'arrivée du prochain caractère.

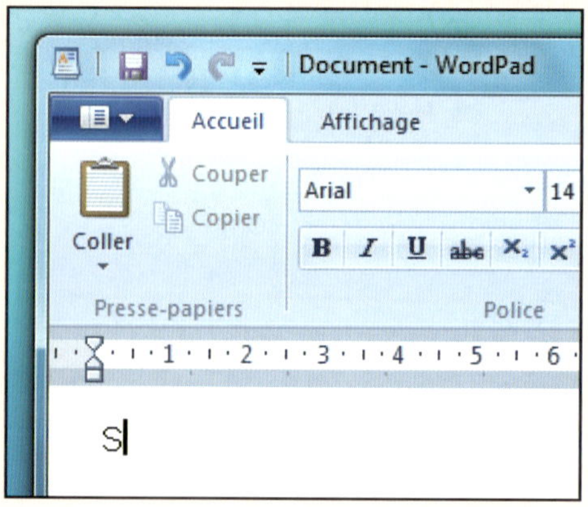

4 Ne faisons pas attendre le point d'insertion. Surtout qu'il ne reste plus que des minuscules à taper : un vrai jeu d'enfants ! Appuyez brièvement et successivement sur les touches **A**, **L**, **U** et **T**, et vous en aurez fini !

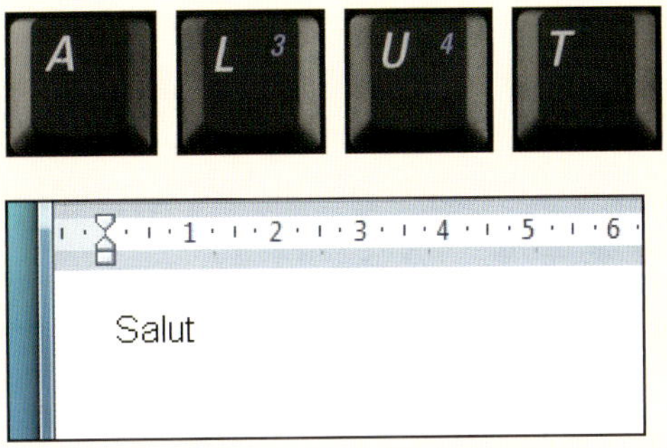

Les nombres, symboles et autres caractères visibles sur le clavier

Ne fuyez pas à toutes jambes en lisant ce sous-titre, car malgré les apparences, que vous vouliez taper la minuscule accentuée *é*, le nombre *24*, le symbole € ou @, un point d'interrogation *?* ou des parenthèses *( )*, vous n'avez que trois grandes règles à connaître. En effet, tous figurent à la surface d'une touche qui comporte deux ou trois caractères inscrits en blanc (ignorez pour l'instant les caractères affichés en couleur, qui seront sous les feux de la rampe à la fin de ce chapitre). Et ces touches fonctionnent toutes selon le même principe.

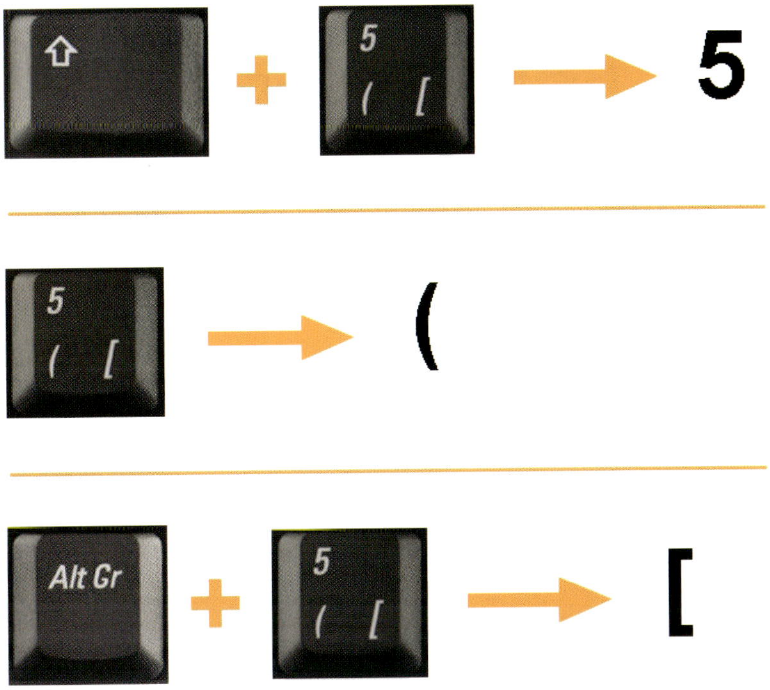

Mémorisez les techniques de saisie utilisées avec les touches marquées de trois caractères, et vous maîtriserez aussi les touches marquées de deux caractères !

- Pour produire le **caractère affiché dans l'angle inférieur gauche d'une touche**, appuyez brièvement sur celle-ci, exactement comme pour les 26 lettres minuscules. Par exemple, pour taper le signe deux-points, enfoncez brièvement la touche / dans la partie inférieure du clavier. De même, pour produire *è*, enfoncez brièvement la touche **7**, située cette fois dans la partie supérieure du clavier.

- Pour obtenir le **caractère affiché dans l'angle supérieur gauche d'une touche**, appuyez brièvement sur celle-ci tout en maintenant la touche **Maj** enfoncée, exactement comme pour une majuscule. Par exemple, pour produire un point d'interrogation, enfoncez la touche **Maj** et, sans la relâcher, appuyez sur la touche **?** dans la partie inférieure du clavier, puis relâchez les deux touches. De même, pour taper 6, enfoncez simultanément la touche **Maj** et la touche **6**, puis relâchez les deux touches.

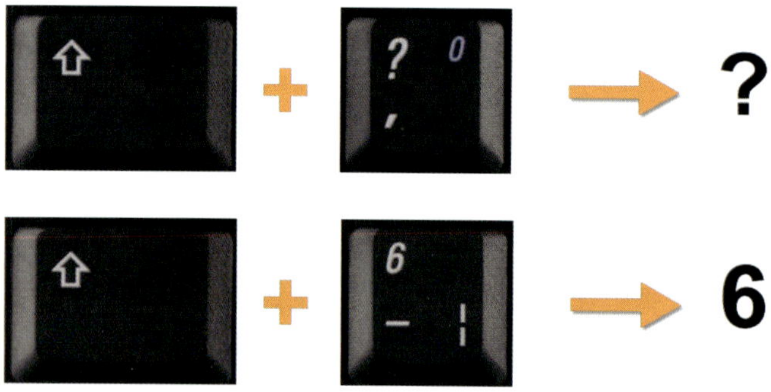

- Pour obtenir le **caractère affiché dans l'angle inférieur droit d'une touche**, enfoncez la touche **Alt Gr** (située juste à droite de la longue **barre d'espace**) et, sans la relâcher, appuyez sur la touche de votre caractère, puis relâchez les deux touches. Par exemple, pour taper le fameux @ des adresses de messagerie, appuyez brièvement sur la touche **0** tout en maintenant la touche **Alt Gr** enfoncée, puis relâchez les deux touches.

  De même, pour produire le symbole de l'euro €, bien calé dans l'angle inférieur droit de la touche **E**, enfoncez la touche **Alt Gr** et, sans la relâcher, appuyez brièvement sur la touche **E**, puis relâchez tout. Notez cependant que certains claviers intègrent une touche **€** indépendante, qu'il vous suffit alors d'enfoncer brièvement. Pratique !

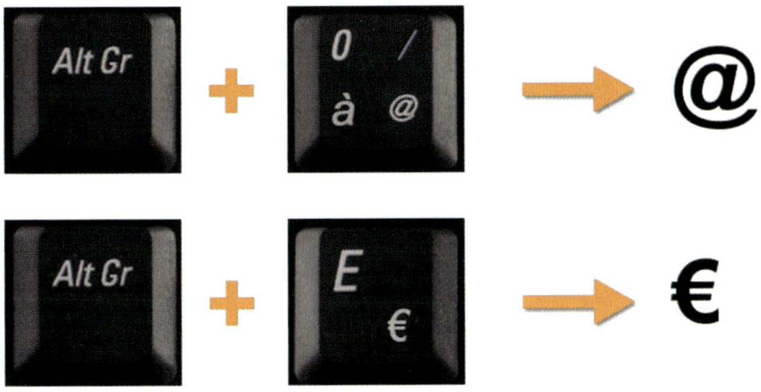

TOUT PREMIERS PAS

Tapez une phrase

1 Offrons une place de choix à notre phrase en la positionnant sur sa propre ligne, au-dessous du mot *Salut*. Pour cela, vous devez « ramener » le point d'insertion contre la marge gauche, une ligne plus bas. Mais ne comptez pas y parvenir en cliquant ! Pour commencer une nouvelle ligne (et même, techniquement parlant, un nouveau *paragraphe*), appuyez brièvement sur la grosse touche **Entrée** dans la partie droite du clavier.

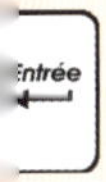

Le point d'insertion se retrouve aussitôt au début de la ligne suivante. Parfait ! Mais ne vous méprenez pas sur le rôle de la touche **Entrée**, surtout si vous avez pratiqué la touche Retour chariot des machines à écrire : vous ne devez enfoncer la touche **Entrée** que pour commencer *arbitrairement* une nouvelle ligne. En effet, dans tous les autres cas où votre texte atteint la marge droite du document, WordPad se charge seul de poursuivre ce texte à la ligne suivante : aucun risque de retrouver la fin de vos phrases hors de votre « feuille informatique », donc !

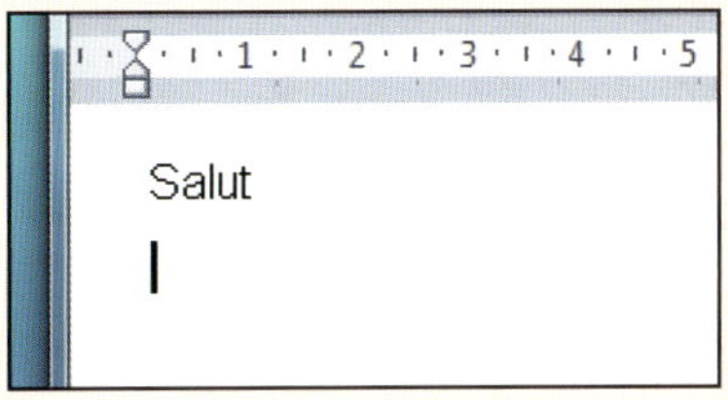

2 Cette fois, nous pouvons attaquer ! Pour mettre en pratique vos toutes nouvelles connaissances, je vous propose de taper la phrase *J'ai 135 €*. Bien sûr, elle commence par une majuscule : une pure formalité pour vous, désormais ! Enfoncez la touche `Maj`, donc, et sans la relâcher, appuyez sur la touche **J**, puis relâchez les deux touches.

3 La majuscule *J* apparaît dans le document ; offrons-lui tout de suite sa compagne l'apostrophe. Comme elle se trouve dans l'angle inférieur gauche de la touche **4**, enfoncez brièvement cette dernière, et c'est gagné !

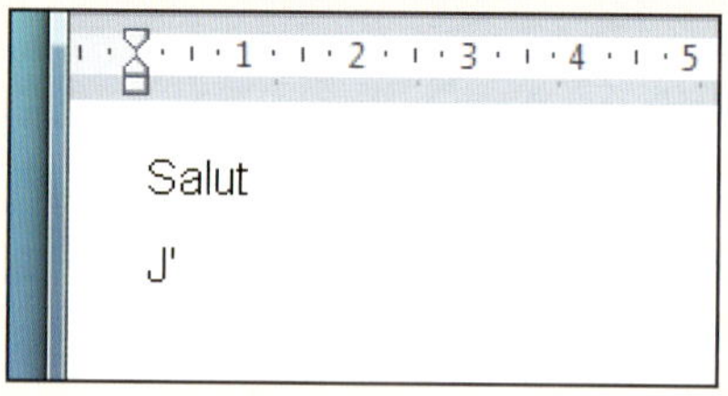

4 Taper les deux minuscules suivantes est vraiment d'une facilité déconcertante : enfoncez maintenant brièvement et successivement les touches **A** et **I**.

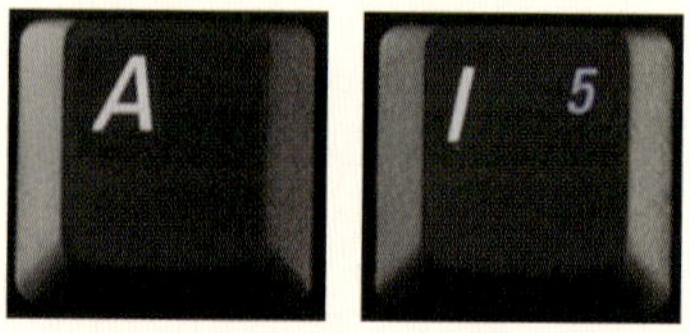

5 Le caractère qui vous attend maintenant est aussi discret qu'indispensable, et vous l'utiliserez vraiment très très souvent : l'espace ! C'est sans doute pour cette raison que le clavier lui dédie une touche gigantesque : la **barre d'espace**, tout en bas du clavier. Appuyez brièvement dessus.

6 Le point d'insertion se décale vers la droite, laissant un petit vide salvateur derrière lui. Nous pouvons donc ouvrir le volet des nombres en passant à la saisie de *135*. Puisque tous les chiffres figurent dans l'angle supérieur gauche d'une touche, vers le haut du clavier, ils s'obtiennent comme des majuscules. Alors, enfoncez la touche **Maj** et, sans la relâcher, appuyez successivement sur les touches **1**, **3** et **5**, puis relâchez la touche **Maj**.

Mais notez quand même qu'avec un peu de chance, vous pourrez utiliser une technique beaucoup plus directe. En effet, certains claviers (notamment de transportables) comportent dans leur partie droite un bloc de touches où les chiffres occupent une position centrale ; techniquement, il s'agit du *pavé numérique*. Pour taper un chiffre grâce à lui, vous n'avez qu'à enfoncer la touche de ce chiffre. Génial !

7 Comme avant tous les symboles monétaires et unités de mesure, un nouvel espace s'impose. Appuyez donc brièvement sur la **barre d'espace**.

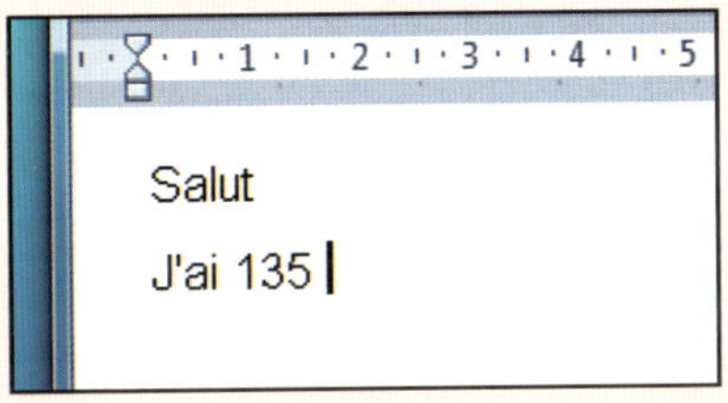

8 Et nous voici arrivés au fameux symbole € ! Puisqu'il figure dans l'angle inférieur droit de la touche **E**, il s'obtient grâce à la touche placée juste à droite de la **barre d'espace** : **Alt Gr**. Alors, enfoncez cette dernière et, sans la relâcher, appuyez sur la touche **E**, puis relâchez les deux touches.

9 Ajoutons le point final, et la boucle sera bouclée ! L'avez-vous localisé ? Il figure dans l'angle supérieur gauche de la touche également marquée du point-virgule, dans la partie inférieure droite du clavier. Il se produit donc comme une majuscule. Alors, enfoncez la touche **Maj** et, sans la relâcher, appuyez sur la touche **.**, puis relâchez les deux touches. Mission terminée !

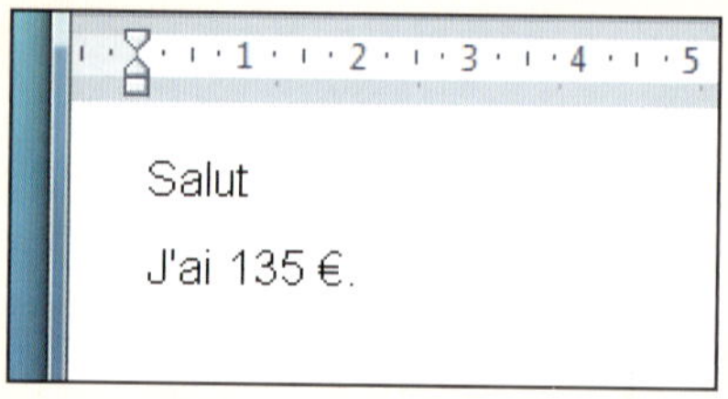

J'avais raison, n'est-ce pas : l'utilisation des touches marquées de plusieurs caractères est vraiment à portée de main… ou de doigt (!). Mais trois d'entre elles méritent tout de même que l'on s'y arrête quelques instants.

- **La touche ¨**, située dans la partie droite du clavier et également marquée de celui que vous appeliez sans doute « le petit chapeau » à l'école primaire. Un peu surprenante, en réalité, car pour produire une voyelle surmontée d'un accent circonflexe, vous devez d'abord enfoncer brièvement cette touche, puis celle de la lettre concernée. Et c'est alors, seulement, que cette voyelle apparaît avec son accent juste au-dessus. En fait, celui-ci attend une lettre où se poser pour se montrer : le feignant !

- **La touche 3**, qui permet évidemment de taper des guillemets… mais ouvrants ou fermants ? Et anglais “ ” ou français « » ? Eh bien, tous ! En effet, vous-même n'avez qu'à enfoncer brièvement la touche quand vous voulez produire des guillemets. Et c'est le programme en cours qui détermine la version qui s'impose. Ainsi, selon qu'il détecte un espace ou du texte avant l'appui sur la touche **3**, il insère respectivement des guillemets ouvrants ou fermants. Et par exemple, WordPad produit des guillemets droits, tandis que Word (programme dédié à la création de documents plus élaborés) insère des guillemets français.

- **La touche 6**, que vous ne devez absolument pas assimiler à la touche **8** quand vous voulez taper un trait d'union. Car cette dernière est une fausse amie : elle ne produit pas de tiret, mais un caractère de soulignement _. Prudence !

COUP DE POUCE !

La saisie n'est pas toujours un long fleuve tranquille…

Un jour ou l'autre, vous serez forcément confronté aux deux situations suivantes. Sachez réagir !

- **Tous les caractères tapés apparaissent en majuscules.** L'un de vos doigts a dérapé sur la touche **Verr Maj** (située dans la partie gauche du clavier et souvent marquée d'un petit cadenas) et activé à votre insu le mode Majuscules. D'ailleurs, si vous avez de la chance, un témoin lumineux du type A s'est allumé dans la partie supérieure du clavier pour vous signaler ce changement d'état. Une fois en mode Majuscules, le clavier agit comme si la touche **Maj** était constamment enfoncée et ne produit plus que des caractères majuscules. Pour revenir à un fonctionnement classique, vous devez appuyer de nouveau sur la touche **Verr Maj** ou enfoncer brièvement la touche **Maj** : tout dépend de votre clavier !

- **Chaque caractère tapé remplace un caractère existant.** Cette fois, c'est sur la touche **Inser** ou **Insert** (placée dans la partie supérieure droite du clavier) que l'un de vos doigts a glissé. Dès lors, chaque nouveau caractère tapé se substitue au caractère qui suivait le point d'insertion. Pour retrouver un mode de frappe classique, appuyez juste de nouveau sur la touche **Inser** (en toute connaissance de cause, cette fois !).

Corrigez vos fautes incognito

Oubliez le liquide correcteur et les effaceurs qui laissent forcément des traces : avec le clavier, vous pouvez rectifier les fautes de frappe ou même remplacer des mots entiers, voire en ajouter ou en supprimer sans que personne ne puisse ensuite remarquer votre modification. Mais le secret de votre réussite passe d'abord par la maîtrise des deux touches suivantes, situées dans la partie droite du clavier.

- **Suppr**, qui efface le caractère situé juste *après* le point d'insertion.

- **Retour arrière** (généralement marquée d'une longue flèche orientée vers la gauche), qui efface le caractère situé juste *avant* le point d'insertion.

La saisie sur ordinateur vous offre une très grande souplesse, puisque que grâce aux touches **Suppr** et **Retour arrière**, vous pouvez effacer n'importe quel texte ni vu ni connu.

Par exemple, si le point d'insertion se trouve entre le *a* et le *i* de *bais*, et si vous enfoncez la touche **Retour arrière**, vous doublez la mise avec *bis* ; mais si vous appuyez sur la touche **Suppr**, vous tombez bien *bas* ! Cela étant, quand un texte est *sélectionné*, c'est-à-dire « balisé » pour indiquer au programme que vous allez le manipuler, vous pouvez enfoncer indifféremment la touche **Suppr** ou **Retour arrière** pour le supprimer.

Dans tous les cas, lorsque vous effacez des caractères, tout le texte qui suivait se décale vers la gauche pour occuper la place libérée. Et quand, à l'inverse, vous en ajoutez au sein d'un texte existant, la suite de celui-ci se déplace vers la droite au fur et à mesure de votre saisie pour laisser l'espace requis aux nouveaux venus.

TOUT PREMIERS PAS

Effacez et ajoutez du texte

1 Et si nous faisions fructifier vos *135* € du « Tout premiers pas » précédent ? Puisque le point d'insertion se trouve actuellement juste après le point final, amenez-le entre le *3* et le *5* en appuyant quatre fois de suite sur la touche **Flèche Gauche** dans la partie droite du clavier.

2 Le point d'insertion clignote désormais entre le *3* et le *5*. Pour effacer le *3* qui le précède, appuyez sur la touche **Retour arrière**. Le *3* disparaît aussitôt, et tous les caractères qui suivaient se décalent vers la gauche pour combler l'espace laissé vide. Impossible de soupçonner la suppression !

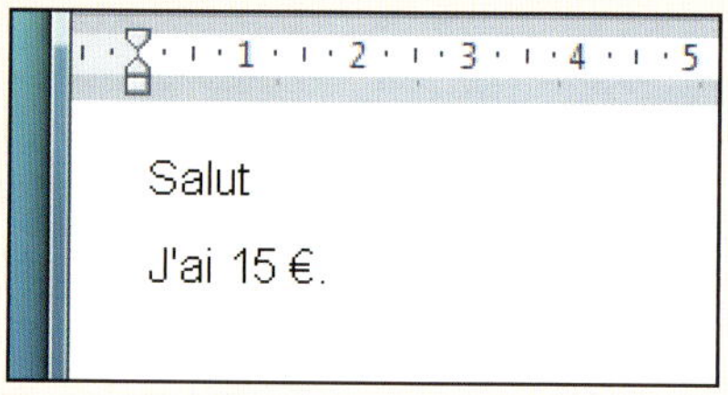

3 Voyons maintenant si la touche **Suppr** se révèle aussi efficace : appuyez brièvement dessus. Le *5* disparaît instantanément et, là encore, l'espace, le € et le point se déplacent pour occuper la place libérée et masquer la suppression. Super !

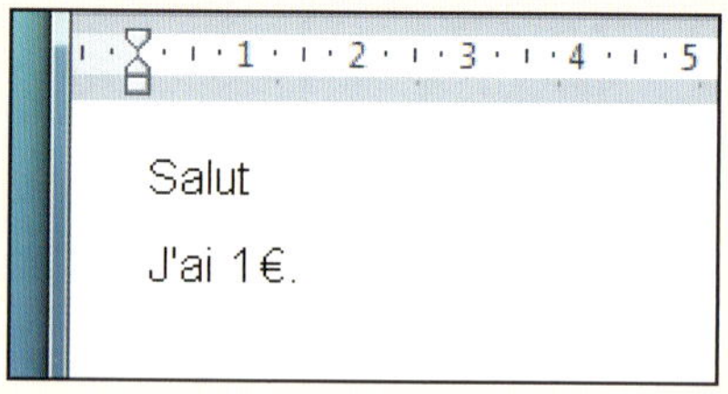

4 À ce stade, vous n'avez plus qu'un seul euro en poche : je vous propose donc de vous renflouer très vite en ajoutant *90* ! Puisque les chiffres s'obtiennent comme des caractères majuscules, enfoncez la touche **`Maj`** et, sans la relâcher, appuyez successivement et brièvement sur les touches **`9`** et **`0`**, puis relâchez la touche **`Maj`**. L'espace, le € et le point qui suivaient le *l* se décalent cette fois vers la droite pour faire place aux deux nouveaux chiffres. Vous voici l'heureux propriétaire de 190 € !

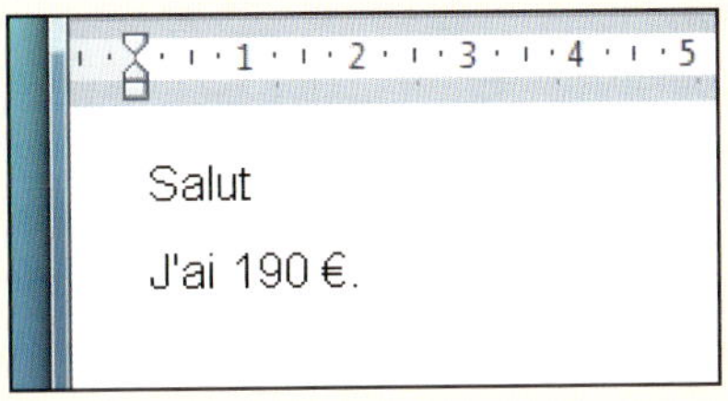

Pas de texte : des actes !

À l'instar des touches de suppression et de déplacement (comme la touche **`Flèche Gauche`**) découvertes à la section précédente, plusieurs touches du clavier ne servent pas à produire des caractères, mais à déclencher de véritables actions. Découvrons les plus importantes d'entre elles.

- **La touche `Echap`** (dans la partie supérieure gauche du clavier) permet d'interrompre une action en cours. Par exemple, l'enfoncer quand un menu est déroulé ferme celui-ci sans exécuter aucune commande ; et appuyer dessus lorsque votre portable semble bloqué fait parfois tout rentrer dans l'ordre.

- **Les touches de fonction** (dans la partie supérieure du clavier) sont toutes marquées d'un *F* suivi d'un numéro de 1 à 12. Chacune exécute une action particulière qui dépend généralement du programme où vous travaillez. Seule la touche **`F1`** joue toujours le même rôle : ouvrir l'aide du programme en cours. Et si vous l'enfoncez quand vous vous trouvez sur le bureau, vous accédez à l'aide de Windows 7. Une touche très précieuse, donc !

- **La touche `Windows`** (dans la partie gauche de la dernière ligne du clavier et marquée du logo Windows ⊞) déroule le menu **Démarrer**, exactement comme un clic sur le bouton **Démarrer** dans la barre des tâches. Essayez ! Puis appuyez sur la touche **`Echap`** pour fermer ce menu sans démarrer aucun programme. Ainsi, vous réviserez vos toutes nouvelles connaissances !

- **La touche `Application`** (au bas du clavier, le plus souvent, voire dans sa partie supérieure droite sur certains modèles, et marquée d'une petite icône de menu ▤) joue exactement le même rôle qu'un clic droit sur un élément, affichant le menu contextuel de ce dernier. Là encore, testez-la, puis enfoncez brièvement la touche **`Echap`** pour fermer le menu sans exécuter de commande !

Un clavier peut en cacher un autre…

Et si je vous disais que vous possédez deux claviers en un ? Ineptie ? Pas du tout ! Observez bien toutes ses touches : vous devriez en trouver une (normalement au bas du clavier) avec l'inscription *Fn* en couleur ou encadrée, et diverses touches marquées aussi de caractères ou de symboles colorés ou encadrés.

Ces dernières s'utilisent conjointement à la touche **Fn**, justement, qui leur confère une seconde fonction : il suffit d'enfoncer la touche **Fn** et, sans la relâcher, d'appuyer sur l'autre touche, puis de relâcher les deux touches. Mais cette technique vous est déjà familière, puisque vous l'avez utilisée au chapitre 2 pour ajuster la luminosité de votre écran ! En fait ce que vous ne savez pas encore, c'est que ces touches colorées sont de deux types.

Même s'il comporte moins de touches qu'un clavier indépendant, celui de votre portable peut facilement remplir plus de fonctions grâce à sa touche **Fn** !

- **Les touches qui modifient le comportement du portable.** Marquées d'une icône, de mots ou d'une abréviation, elles jouent des rôles très variés. Certaines servent à régler des aspects comme la luminosité, d'autres à mettre votre portable en veille ou à couper le son, par exemple. Mais comme leur nombre, leur position et leur inscription varient selon les machines, je ne peux que vous inviter à consulter le manuel d'utilisation de votre portables pour découvrir ces touches.

Coupe le son de votre portable.

Bascule l'image affichée à l'écran sur un écran indépendant branché sur votre ordinateur.

- **Les touches qui constituent le pavé numérique.** Marquées d'un chiffre ou d'un opérateur mathématique, elles remplacent le *pavé numérique* placé dans la partie droite des claviers d'ordinateurs fixes et de certains transportables. Contrairement aux touches que nous venons de voir, elles figurent au même endroit sur tous les portables. Ainsi, le *1* se trouve toujours sur la touche **J**, et le signe + toujours sur la touche **§**. Chouette !

Ces touches permettent à la fois de produire des chiffres (exactement comme la touche **Maj** employée avec une touche numérique du haut du clavier) et d'effectuer des opérations mathématiques dans des programmes de calcul. Par exemple, vous pouvez taper *1* en enfonçant simultanément la touche **Fn** et la touche **J**, ou réaliser une multiplication dans un programme de calcul en appuyant à la fois sur les touches **Fn** et **P** (marquée d'un * en couleur).

Produit le signe + dans un programme classique ; effectue une addition dans un programme de calcul.

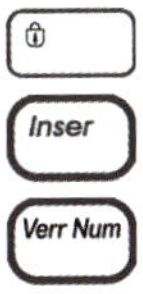

Voilà pour la théorie. Mais attention à la pratique ! Car au même titre que les touches **Verr Maj** et **Inser** dont nous avons parlé plus tôt dans ce chapitre, la touche **Verr Num** pourrait vous jouer un vilain tour.

En effet, située dans la partie supérieure gauche du clavier et souvent associée à un témoin lumineux du type [9], elle modifie radicalement le fonctionnement des touches associées à la touche **Fn** en les *verrouillant*. Dès lors, le clavier se comporte comme si la touche **Fn** était enfoncée en permanence : pas pratique ! Heureusement, vous pouvez le remettre dans le droit chemin en appuyant sur la touche **Verr Num** une seconde fois ; le témoin [9] s'éteint alors, et les choses reprennent leur cours normal.

COUP DE POUCE !

Des boutons pour seconder les touches

Bon nombre de claviers de portables se montrent très généreux en vous offrant des boutons en bonus. Situés au-dessus ou à côté des touches, ils permettent d'exécuter rapidement des commandes courantes, comme la lecture d'un CD audio ou le démarrage du programme dédié à l'échange de courriels.

Mais là encore, chaque fabricant fait ce qu'il veut ! Donc si votre portable intègre effectivement des boutons sur sa base, vous savez ce qu'il vous reste à faire pour connaître leur rôle… : consulter le manuel d'utilisation de votre machine.

Veillez à ce que vos écrits restent

Certes, les quelques mots que vous avez tapés depuis le début de ce chapitre ne méritent pas forcément d'être archivés… Mais il n'en sera sûrement pas de même pour les prochains documents que vous créerez.

Alors, si vous venez de taper une lettre à l'attention de votre assurance ou le menu de votre anniversaire de mariage et si vous ne voulez pas les perdre en quittant WordPad, *enregistrez*-les sur le disque dur (ce dispositif que je vous ai présenté au chapitre 1). Ainsi, vous êtes sûr de les retrouver même après avoir éteint et redémarré votre portable.

TOUT PREMIERS PAS

Enregistrez un document

1 Tout commence dans l'angle supérieur gauche de la fenêtre de WordPad, au début de cette minibarre évoquée au chapitre 3 et présente uniquement dans certains programmes de Microsoft : la *barre Accès rapide*. Cliquez sur le bouton **Enregistrer** .

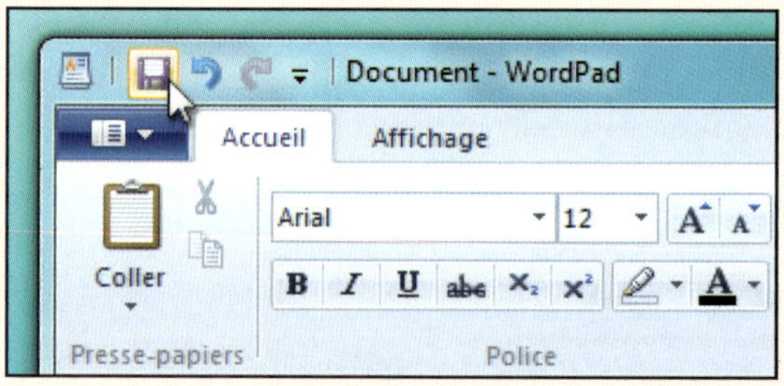

2 La boîte de dialogue **Enregistrer sous** apparaît. Rappelez-vous : ce type d'objet permet de préciser à un programme comment exécuter une commande. En l'occurrence, WordPad ne peut pas deviner où vous voulez enregistrer le document, ni le nom que vous souhaitez lui donner. Donc cette boîte tombe vraiment à point nommé !

Concernant l'endroit où stocker votre document, ne cherchez pas midi à quatorze heures, puisque Windows a prévu la *bibliothèque* **Documents** (zone du disque dur réservée à vos documents personnels, comme nous le verrons au chapitre 5) et que WordPad l'a déjà ouverte (comme l'indique la zone en haut de la fenêtre, juste au-dessous de la barre de titre).

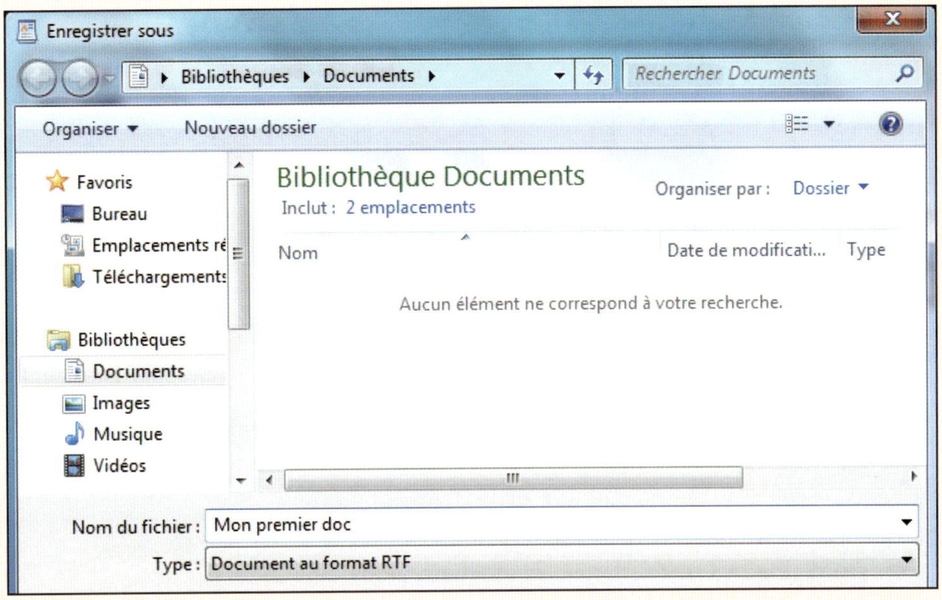

En revanche, concernant le nom proposé pour votre document dans la zone **Nom du fichier**, pas question de vous en tenir à la suggestion de WordPad : car si vous conservez un intitulé aussi vague que *Document*, vous aurez bien du mal à retrouver vos petits par la suite quand vous aurez quinze documents appelés *Document*, *Document1*, *Document2, etc.* ! Alors, tapez le nom que vous voulez donner à votre document ; il remplace automatiquement le nom provisoire qui était sélectionné.

3 Puisque WordPad sait maintenant où stocker votre document et sous quel nom, cliquez sur le bouton **Enregistrer**.

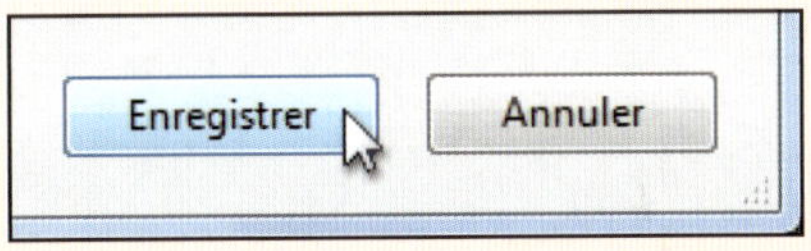

4 WordPad enregistre le document et affiche son nom dans la barre de titre. Dès lors, si vous modifiez ce document, vous n'aurez qu'à cliquer sur le bouton pour enregistrer vos changements, puisque le programme connaît déjà les lieu et nom de stockage. Mais pour l'instant, comme notre exploration du clavier est terminée, vous pouvez fermer WordPad en cliquant sur le bouton dans sa barre de titre.

Notez à cette occasion que WordPad fait partie des rares programmes à ne pas permettre une fermeture pure et simple d'un document : vous devez soit quitter le programme, soit créer un nouveau document ou en ouvrir un autre (deux techniques expliquées dans le « Coup de pouce » qui suit). Dans la plupart des programmes, heureusement, cliquer sur le menu **Fichier**, puis la commande **Fermer** ferme le document en cours sans quitter le programme.

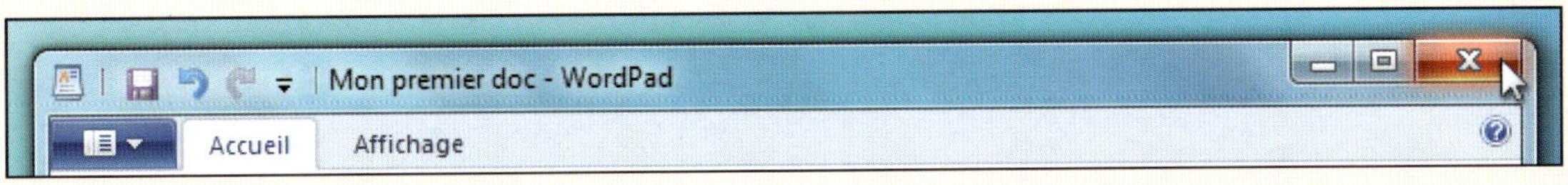

COUP DE POUCE !

D'un document à l'autre

Bien sûr, vous devez absolument être capable d'enregistrer vos documents si vous ne voulez pas recommencer sans cesse à zéro. Mais cela ne vous sera pas très utile si vous ne savez pas comment les rouvrir ensuite…

Pour cela, cliquez sur le bouton **WordPad**. Ensuite, si le nom du document convoité figure dans la partie droite du menu, cliquez dessus, et vous êtes quitte ! Sinon, cliquez sur **Ouvrir** pour accéder à la boîte de dialogue **Ouvrir** ; celle-ci affichant alors déjà le contenu de la bibliothèque **Documents**, cliquez sur votre document dans la zone centrale de la boîte, puis sur le bouton **Ouvrir**, et c'est gagné ! (Et si votre document est stocké dans un sous-dossier, comme vous l'apprendrez au chapitre 5, double-cliquez juste sur ce sous-dossier au préalable pour l'ouvrir.)

Et pour être vraiment complète, je me dois de vous indiquer aussi comment créer un nouveau document sans redémarrer WordPad : là encore, cliquez sur le bouton **WordPad** dans l'angle supérieur gauche de la fenêtre, puis sur **Nouveau** dans le menu qui apparaît. Rien de plus !

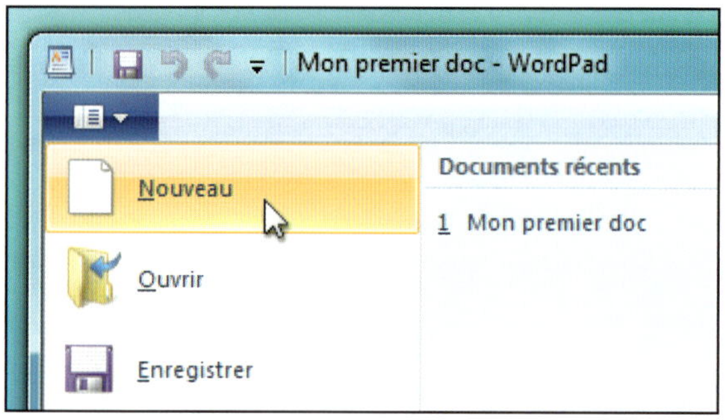

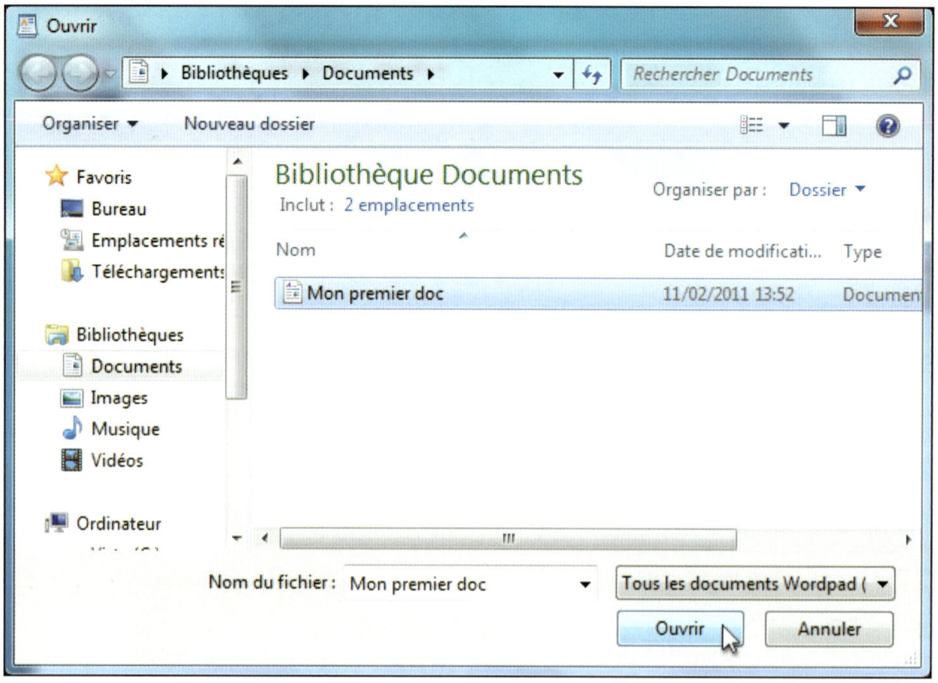

TESTEZ-VOUS !

Avez-vous retenu les trois mots essentiels de ce chapitre ?

1

Le point d'insertion

D'après vous, s'agit-il…

a) Du petit trait noir vertical et clignotant qui indique l'emplacement du prochain caractère tapé ?

b) De la petite connexion située sur le côté de votre portable et qui permet de brancher un système antivol ?

c) Du minicrochet placé sous chaque touche pour fixer ces dernières ?

2

LA TOUCHE MAJ

D'après vous, s'agit-il…

a) De la touche utilisée pour changer la couleur des caractères tapés ?

b) De la touche qui permet de taper des majuscules et le caractère visible dans l'angle supérieur gauche des touches ?

c) De la touche qui sert à redémarrer le portable après une mise en veille ?

3

La touche Fn

D'après vous, s'agit-il…

a) De la touche qui permet d'éteindre instantanément votre portable ?

b) De la touche qui place le point d'insertion à la fin de la ligne en cours ?

c) De la touche qui permet d'effectuer des réglages et de taper des chiffres ?

Réponses : 1 : a, 2 : b, 3 : c

Chapitre

5

Gardez le contenu de votre portable à l'œil

Votre portable est loin de n'être qu'un assemblage de dispositifs matériels. Toutes sortes d'informations sont stockées sur son disque dur, à commencer par vos documents et vos photos. Il est donc essentiel de les gérer du mieux possible.

Ainsi, à la fin de ce chapitre, vous saurez, entre autres :

- → Accéder aux informations présentes sur votre portable
- → Organiser vos fichiers
- → Archiver vos photos et vos documents importants

Accédez aux informations stockées sur votre portable

Heureusement que les informations stockées sur un ordinateur prennent moins de place que sous la forme papier ; sinon, c'est une énorme bibliothèque avec des dizaines de rayonnages qu'il faudrait à votre portable pour conserver les informations indispensables à son fonctionnement, vos programmes, vos documents, vos photos, vos chansons, *etc* ! Mais du coup, vous comprendrez aisément l'importance de respecter un mode d'organisation rigoureux pour ne pas mettre la pagaille sur le disque dur.

En fait, cet aspect est si crucial que Windows 7 a déjà prévu un système de classement très efficace qu'il vous suffira de suivre et de compléter au fil de vos activités : un peu comme une grande étagère avec des casiers où vous placeriez des classeurs et, dedans, des pochettes, il a créé des *bibliothèques*, sortes de dossiers où vous pouvez stocker vos productions personnelles en fonction de leur type. Par exemple, vos recettes de cuisine trouveront tout naturellement leur place dans la bibliothèque **Documents**, et vos photos, dans la bibliothèque **Images**.

Ici, la bibliothèque **Documents** contient les dossiers **Lettres**, **Recettes** et **Associatif**, et le dossier **Recettes** renferme les documents **Bouillabaisse**, **Tapenade** et **Tiramisu**.

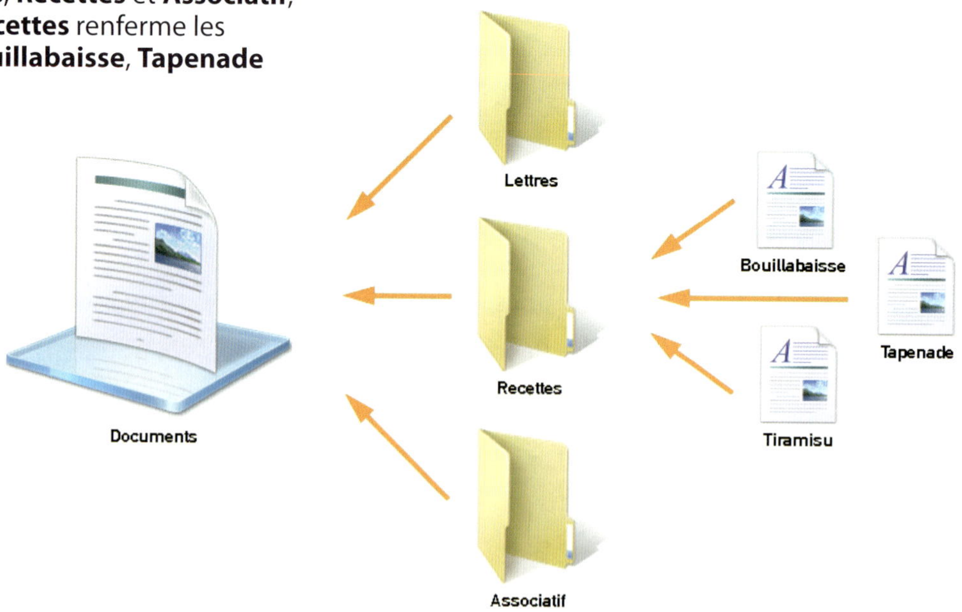

Pour vous aider à partir du bon pied, Windows 7 a créé une bibliothèque pour chaque grand type de fichier : en y créant des dossiers thématiques, vous êtes sûr de pouvoir organiser rigoureusement vos productions personnelles.

Libre à vous, ensuite, d'affiner le classement en créant des *sous-dossiers* thématiques au sein de ces bibliothèques. Par exemple, si vous réalisez beaucoup de vidéos sportives, prévoyez un sous-dossier par discipline (comme « Aviron », « Foot » et « Vélo ») au sein de la bibliothèque **Vidéos**.

Rien de compliqué, en fait. Sauf peut-être un terme, néanmoins essentiel : *fichier*. Celui-ci désigne un bloc d'informations de même nature, comme un document, une image ou une chanson. Par exemple, une lettre tapée dans WordPad est un fichier de type Document, tandis qu'un dessin réalisé dans Paint est un fichier de type Image. Pour que vous puissiez vous y retrouver plus facilement, Windows a associé une icône spécifique à chaque sorte de fichier ; ainsi, identifie la plupart des documents, et , les vidéos.

Force est de reconnaître que je viens de vous imposer un début de chapitre un peu ardu. Mais ne vous en faites surtout pas : dès que vous serez confronté à la réalité du terrain informatique, ces explications théoriques deviendront limpides, et vous les mémoriserez aisément. La preuve tout de suite avec cette balade à laquelle je vous convie sur votre portable et au sein de ses bibliothèques, notamment, grâce à l'*Explorateur*, programme dédié à la consultation et à la gestion du contenu de votre ordinateur.

TOUT PREMIERS PAS

Parcourez le contenu de votre portable

1 Un clic suffit pour plonger dans le contenu de votre portable : effectuez-le sur l'icône , vers le début de la barre des tâches, et vous accéderez instantanément à l'Explorateur !

2 Effectivement, l'Explorateur apparaît. Pour vous repérer, la *zone d'adresse* (cette grande zone sous la barre de titre) indique le lieu de stockage actuellement ouvert, en l'occurrence le dossier **Bibliothèques**. Et la partie centrale de la fenêtre affiche les éléments stockés à cet endroit ; ici, il s'agit donc des différentes bibliothèques, comme **Documents** et **Images**.

Pour afficher un autre lieu de stockage, vous pouvez agir depuis la zone d'adresse, le *volet de navigation* (cette « colonne » dans la partie gauche) ou directement depuis le centre de la fenêtre quand le lieu à atteindre y est visible ; dans ce dernier cas, double-cliquez juste sur le dossier convoité. Essayez avec la bibliothèque **Documents** !

Un dernier point qui a son importance : le contenu du dossier en cours peut être présenté de différentes manières, notamment une simple liste textuelle ou de grandes icônes avec leur nom au-dessous. Tout dépend du réglage de l'Explorateur. Mais cela ne change rien au contenu lui-même (un peu comme les éditions originale et de poche d'un roman : dans les deux cas, le texte de l'auteur est exactement le même).

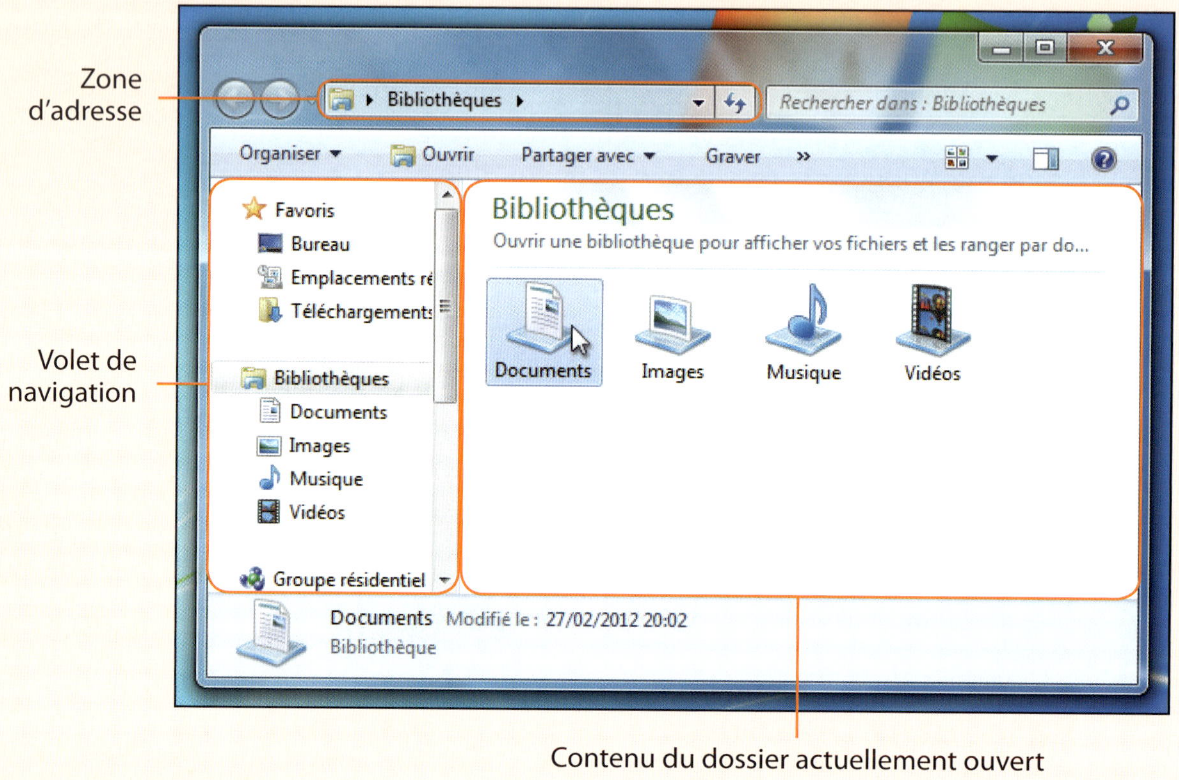

3 La bibliothèque **Documents** s'ouvre, et son nom apparaît dans la zone d'adresse en haut de la fenêtre, précédé du terme **Bibliothèques** : vous savez ainsi que vous êtes dans la bibliothèque **Documents**, elle-même stockée dans le dossier **Bibliothèques**. Un fait confirmé par la partie centrale de la fenêtre qui affiche désormais le contenu de la bibliothèque **Documents**.

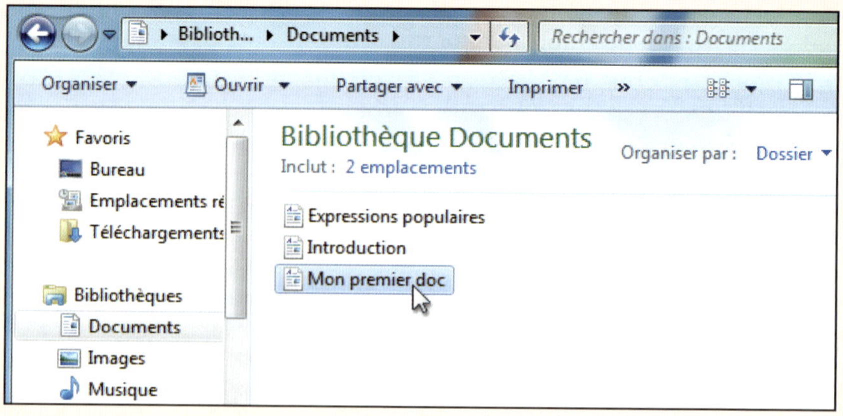

D'ailleurs, vous devriez y voir le document enregistré à la fin du chapitre 4. Et si vous double-cliquiez dessus pour l'ouvrir ? (Si le nom du fichier apparaît dans un encadré, c'est que vous n'avez pas été assez rapide, souvenez-vous : appuyez alors sur la touche **Echap** et recommencez le double clic.)

4 Windows démarre le programme associé au fichier et affiche ce dernier. Ici, comme il s'agit d'un document créé dans WordPad, c'est ce dernier qui apparaît et vous présente le document. Mais si vous aviez double-cliqué sur une chanson ou une vidéo, par exemple, c'est le Lecteur Windows Media qui aurait démarré et diffusé la bande.

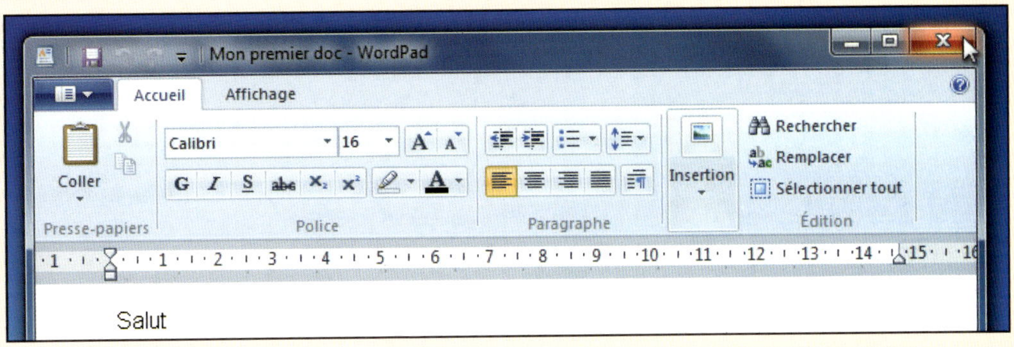

Cela étant, comme je vous ai juste fait ouvrir votre document à titre d'entraînement (coquine que je suis !), inutile de le garder plus longtemps à l'écran : fermez WordPad en cliquant sur le bouton X dans sa barre de titre.

5 Vous revoici dans l'Explorateur ! Et si nous allions faire un petit tour sur le disque dur ?

Dirigez-vous dans le volet de navigation, à gauche. Cette arborescence liste tous les lecteurs de votre portable. Seulement, ne vous étonnez pas si certains, comme le lecteur de cartes mémoire, semblent manquer : ils s'afficheront dès que vous y insérerez un support de stockage.

Mais revenons à celui qui nous intéresse ici : le disque dur. Cliquez sur **Disque local (C:)** au-dessous d'**Ordinateur**. (Si votre portable possède plusieurs disques durs, chacun apparaît normalement comme « Disque local », avec le disque principal toujours désigné par un C majuscule.)

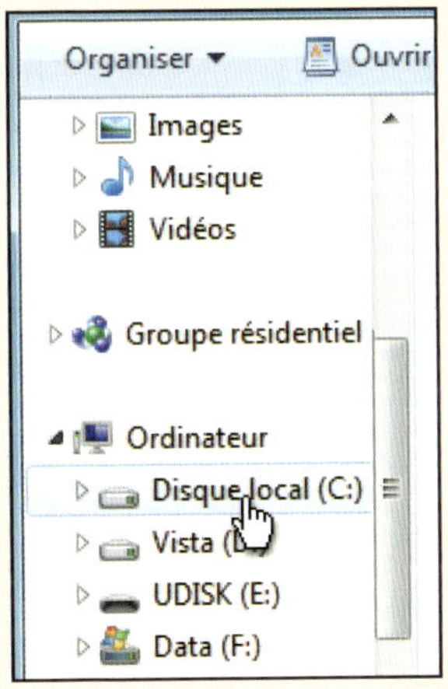

6 La partie centrale de la fenêtre affiche maintenant tous les dossiers contenus sur le disque dur. Vous pouvez ouvrir n'importe lequel d'entre eux en double-cliquant dessus, mais pour ne pas risquer de fausse manipulation sur des éléments indispensables au fonctionnement de votre portable (on n'est jamais trop prudent !), nous n'irons pas jusque là : cliquez donc sur le bouton  dans la barre de titre de l'Explorateur pour fermer ce programme.

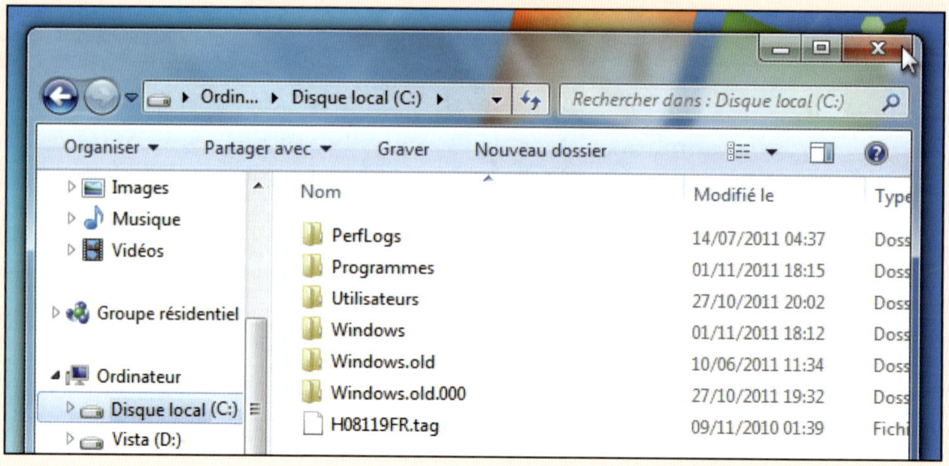

Pas d'action sans sélection

Avant de pouvoir utiliser ou jeter un objet, vous devez le saisir. C'est exactement pareil avec vos fichiers… sauf que vous ne les prenez pas à pleines mains ! En effet, pour indiquer à Windows que vous voulez manipuler une chanson ou une photo, par exemple, vous devez d'abord la *sélectionner*, c'est-à-dire la « baliser », en quelque sorte.

- Pour **sélectionner un seul fichier**, cliquez juste dessus. Il bleuit, et ce fond coloré demeure même quand le pointeur ne se trouve plus sur le fichier.

- Pour **sélectionner des fichiers non contigus**, cliquez sur n'importe lequel d'entre eux, puis enfoncez la touche `Ctrl` (dans l'angle inférieur gauche du clavier) et, sans la relâcher, cliquez sur chaque autre fichier à sélectionner ; une fois que tous les fichiers à manipuler apparaissent sur un fond bleu, relâchez la touche.

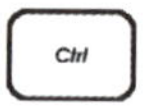

- Pour **sélectionner des fichiers adjacents**, cliquez sur le premier d'entre eux, puis enfoncez la touche `Maj` et, sans la relâcher, cliquez sur le dernier fichier à sélectionner ; les deux fichiers sur lesquels vous avez cliqué et tous ceux qui se trouvent entre eux sont désormais dotés d'un fond bleu : vous n'avez plus qu'à relâcher la touche !

Pour que Windows sache quel(s) fichier(s) vous voulez ouvrir, déplacer ou effacer, par exemple, vous devez le(s) lui indiquer en le(s) sélectionnant.

- Pour **sélectionner tous les fichiers du dossier en cours**, c'est-à-dire tous ceux qui apparaissent dans la partie centrale de la fenêtre de l'Explorateur, cliquez sur le bouton **Organiser** dans la barre d'outils, puis sur **Sélectionner tout**.

- Et enfin, pour **désélectionner le(s) fichier(s) sélectionné(s)**, c'est-à-dire annuler la sélection et prévenir ainsi Windows que vous ne voulez plus manipuler les fichiers, cliquez dans une zone vide du dossier ouvert, dans la partie centrale de la fenêtre, ailleurs que sur un fichier.

Ne laissez pas la pagaille s'installer

Face à la multiplication des gros fichiers (notamment de photos et de vidéos), les fabricants de portables n'ont eu de cesse d'équiper leurs machines de disques durs de plus en plus grands. Mais ne vous laissez pas piéger : ce n'est pas parce que vous disposez de beaucoup d'espace de stockage que vous pouvez vous permettre de stocker vos productions personnelles n'importe comment. Bien au contraire !

Pour ne pas grever les performances de votre portable et pouvoir toujours localiser facilement les fichiers dont vous avez besoin, respectez en permanence ces trois grands principes : donnez-leur des noms explicites, classez-les en dossiers thématiques au sein des bibliothèques créées par Windows et éliminez tous ceux qui n'ont pas ou plus de raison d'être. Pas de fétichisme en informatique !

Par exemple, si vous copiez des photos de votre week-end prolongé à Avignon sur votre portable, vous pouvez créer un dossier principal « Avignon » dans la bibliothèque **Images**, puis des sous-dossiers « Palais des Papes » et « Pont Saint-Bénezet ». Ensuite, remplacez bien vite les noms abscons du type IMG156379 ou PCT52641 par des noms comme « Chambre du Cerf » ou « Rempart ». Et dès que vous repérez un cliché complètement raté (totalement flou, par exemple), supprimez-le !

Étant donné la grande quantité de fichiers que vous stockerez sur votre portable, il est absolument essentiel que vous gardiez tout ce petit monde en ordre et que vous éliminiez les importuns.

COUP DE POUCE !

Donnez le feu vert à Windows

Windows surveille de très près toutes vos activités. Du coup, dès que vous tentez de manipuler des fichiers indispensables au bon fonctionnement de votre portable ou de réaliser des tâches « sensibles », il sonne l'alerte en affichant un message appelé **Contrôle du compte utilisateur**, qui vous invite à confirmer vos intentions. À partir du moment où vous êtes sûr de vous, cliquez sur **Continuer**.

TOUT PREMIERS PAS

Renommez un fichier

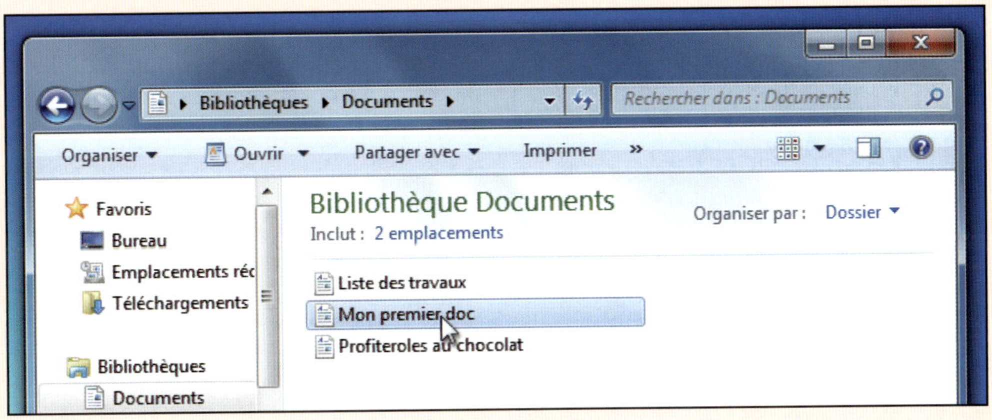

1 Heureusement que changer le nom d'un fichier est très facile, car vous aurez souvent besoin de le faire : d'abord, et surtout, pour les clichés copiés de votre appareil photo sur votre portable et qui portent un intitulé pas du tout explicite ; ensuite pour des documents, notamment, que vous aurez enregistrés sous un nom qui finit par se révéler trop vague.

Mettez tout de suite en application vos nouvelles connaissances en ouvrant le dossier qui contient le fichier à renommer dans l'Explorateur et en le sélectionnant. Pour vous entraîner, je vous propose de renommer votre document du chapitre 4, tout simplement : cliquez sur le bouton **Démarrer** dans la barre des tâches, puis sur **Documents** dans la partie gauche de la fenêtre et, finalement, sur votre document au centre de la fenêtre.

2 Cliquez sur le bouton **Organiser** dans la barre d'outils, puis sur **Renommer** dans le menu qui apparaît.

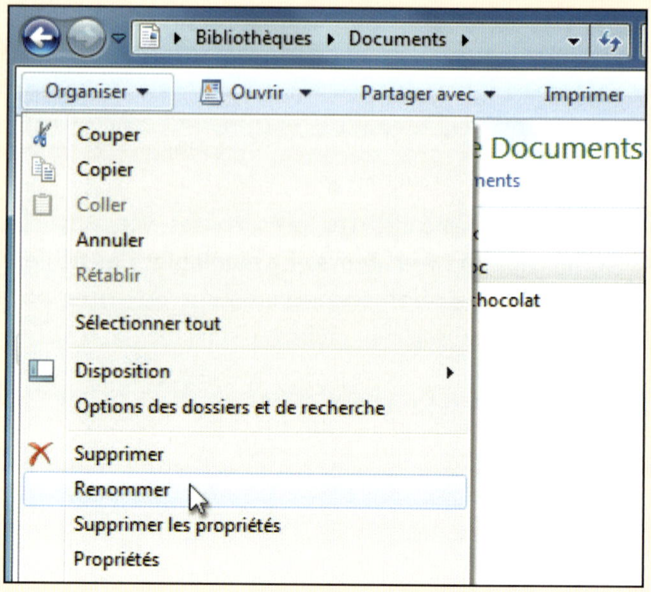

Le nom du fichier apparaît sélectionné dans un encadré, prêt à être modifié.

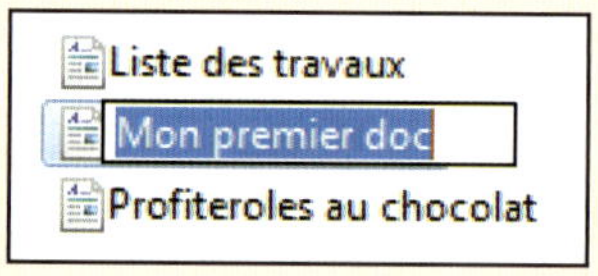

3 Ne le faites pas languir : tapez le nouveau nom souhaité et appuyez sur la touche **Entrée**.

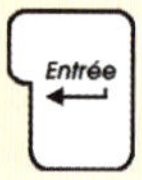

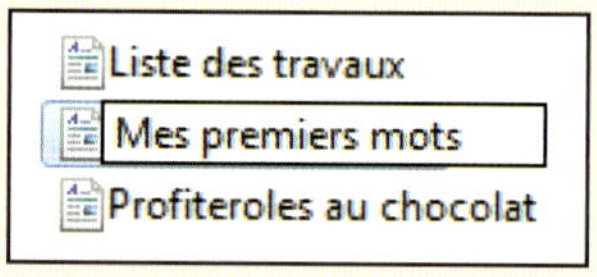

4 Voilà votre fichier rebaptisé ! Et peut-être même déplacé à l'écran ; mais dans ce dernier cas, il s'agirait juste d'une opération « cosmétique », l'objectif étant de préserver le classement alphabétique des éléments. Quoi qu'il en soit, pour éviter de manipuler ce fichier par mégarde, désélectionnez-le en cliquant dans une zone vide autour de lui, de façon qu'il quitte sa parure bleutée.

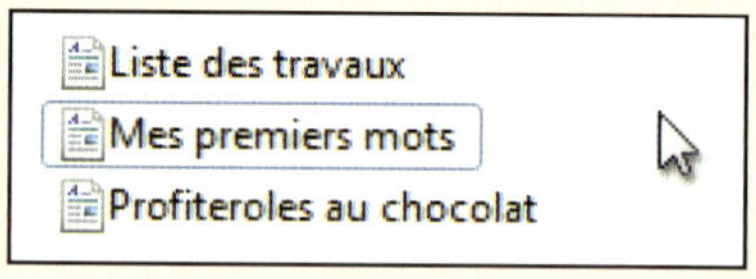

COUP DE POUCE !

Manipulez vos dossiers aussi allègrement que vos fichiers

La technique que nous venons de voir n'est pas réservée aux fichiers : vous pouvez aussi y recourir pour renommer un dossier. D'ailleurs, la plupart des manipulations de fichiers que je vous présenterai dans ce chapitre s'appliquent également aux dossiers.

Mais soyez très prudent, car elles se répercutent alors sur tout le contenu des dossiers en question. Par exemple, si vous déplacez ou effacez un dossier, cela entraîne immanquablement le déplacement ou la suppression de tous les éléments qu'il renferme.

TOUT PREMIERS PAS

Créez un nouveau dossier

1 Tout commence naturellement par l'ouverture du dossier où créer le nouveau. Puisque l'Explorateur est déjà ouvert et qu'il affiche la bibliothèque **Documents**, ne cherchons pas plus loin ! D'autant qu'en toute logique, c'est essentiellement au sein des bibliothèques que vous créerez des dossiers et sous-dossiers… Cliquez donc directement sur le bouton **Nouveau dossier** dans la barre d'outils.

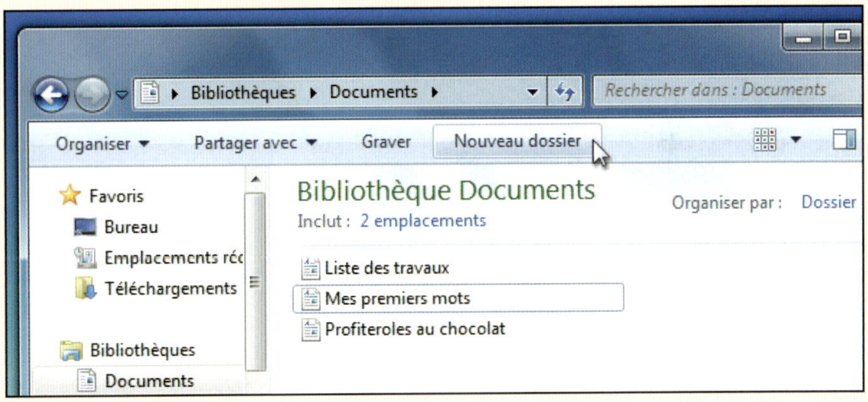

2 Un nouveau dossier apparaît, mais vous comprendrez qu'il est impossible de garder son nom actuel (**Nouveau dossier**) proposé par Windows, tant il est vague. Alors, puisqu'il est sélectionné dans un encadré, c'est-à-dire tout prêt à être modifié, tapez sans attendre une nouvelle appellation qui explicite bien le contenu du dossier, et appuyez sur la touche **Entrée**.

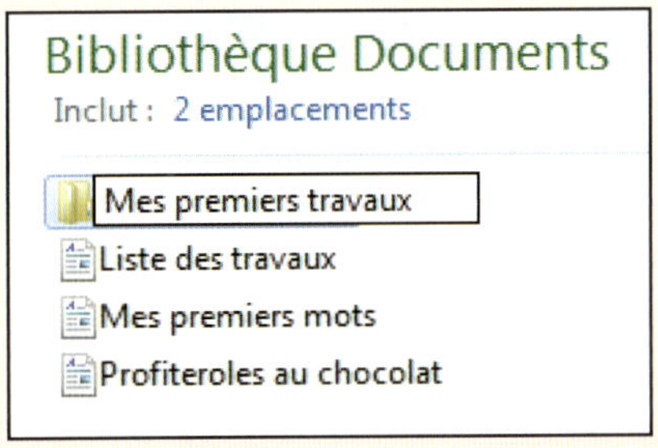

TOUT PREMIERS PAS

Déplacez un fichier

1 Pour que chaque fichier soit toujours à sa place, vous serez régulièrement amené à en changer certains de dossier ; cela vaut tout particulièrement pour vos photos et vos vidéos, dont vous affinerez sans doute le classement au fur et à mesure que vous en copierez de nouvelles sur le disque dur. Mais en l'occurrence, puisque vous disposez d'un document fraîchement renommé et d'un dossier tout neuf, contentons-nous, à titre d'entraînement, de déplacer le premier dans le second :

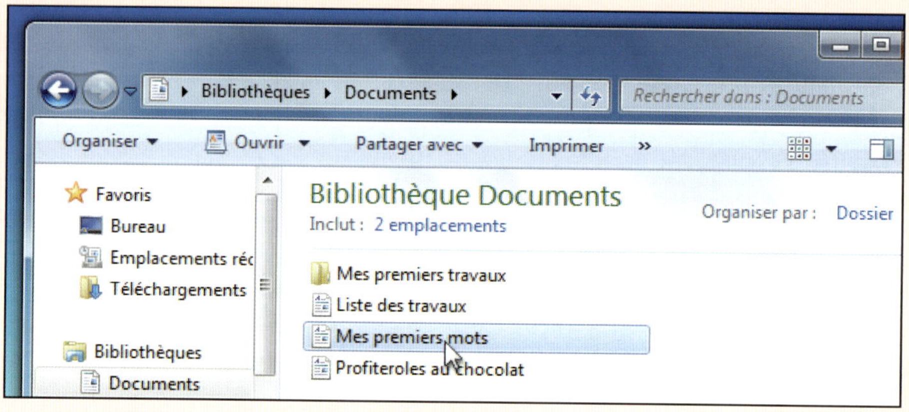

cliquez donc sur votre document pour le sélectionner.

2 Cliquez sur le bouton **Organiser**, puis sur **Couper** tout en haut du menu.

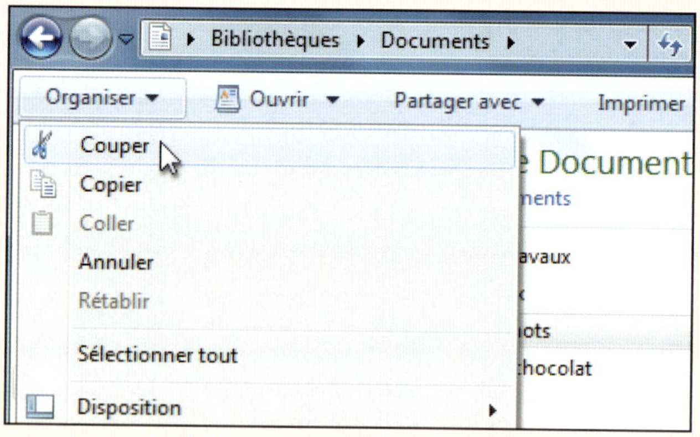

3 Votre document s'estompe dans la fenêtre de l'Explorateur, preuve qu'il est en partance… mais pas encore arrivé. Et pour cause : Windows ne peut pas deviner où vous voulez le déposer ! Ouvrez donc le dossier où déplacer le document. Ici, puisqu'il s'agit du dossier créé lors du dernier « Tout premiers pas » et qu'il est juste devant vous, double-cliquez dessus, simplement.

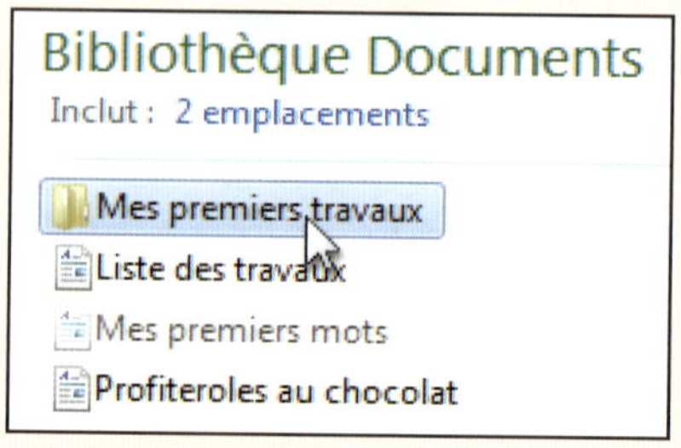

4 Votre dossier s'ouvre. Pour l'instant, il est vide, mais il ne va pas le rester longtemps ! Une fois de plus, cliquez sur le bouton **Organiser**, puis sur **Coller**. Votre document s'envole du dossier **Documents** pour atterrir dans votre nouveau dossier : mission terminée !

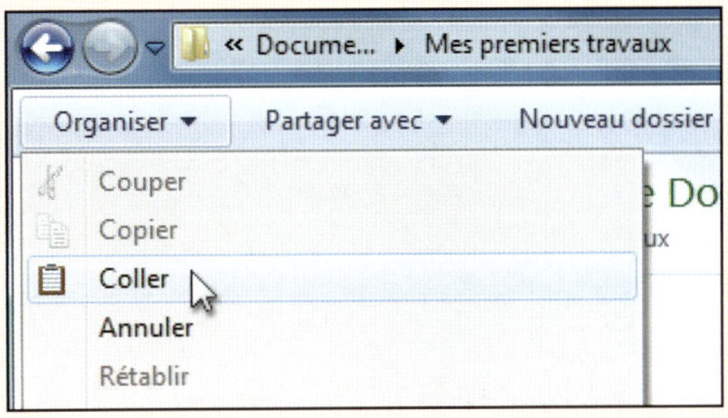

TOUT PREMIERS PAS

Supprimez un fichier

1 Pour ne pas encombrer inutilement votre portable ni noyer vos fichiers importants au milieu de fichiers sans intérêt, prenez l'habitude d'éliminer systématiquement les photos, documents, chansons, *etc.* que vous n'avez aucune raison de garder. Une opération sans risque, puisque tous les éléments effacés du disque dur se retrouvent dans la Corbeille, où vous pouvez donc les récupérer si vous regrettez leur suppression. Super !

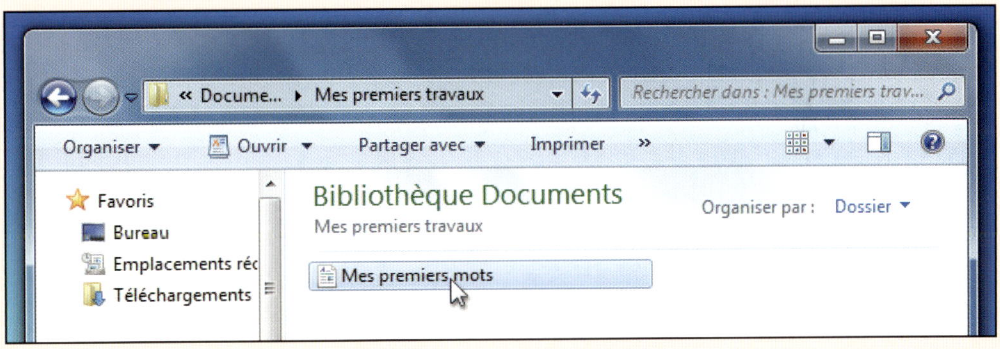

Mais ***attention***, cela ne vaut que pour les fichiers du disque dur : tout élément effacé d'un support amovible comme une carte mémoire ou un CD disparaissent définitivement, sans passer par la case Corbeille. Prudence !

Pour supprimer un fichier, donc, sélectionnez-le dans l'Explorateur en cliquant dessus. Là encore, utilisons le document du chapitre 4, puisqu'il se trouve juste devant vous depuis le « Tout premiers pas » précédent et que le « Coup de pouce » qui suit vous montrera comment le récupérer.

2 Appuyez sur la touche **Suppr**.

3 Un message vous demande de confirmer la suppression… ou plus exactement l'envoi vers la Corbeille. Pas d'hésitation à avoir : cliquez sur **Oui**. Et hop, votre document s'envole vers la Corbeille !

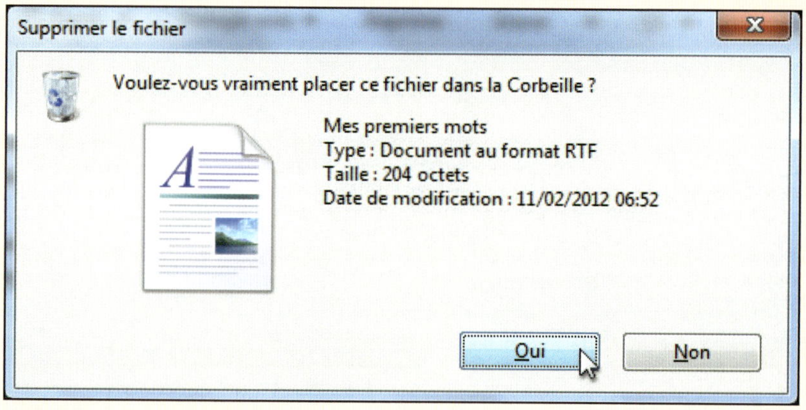

Mais attention, comme je vous le disais à l'étape 1, quand vous effacerez un fichier d'un autre support que le disque dur, Windows affichera un message de confirmation différent, indiquant une suppression pure et simple. Ce jour-là, réfléchissez donc bien avant de cliquer sur **Oui**, car vous n'aurez pas de seconde chance…

COUP DE POUCE !

Chouchoutez la Corbeille…

Je vous l'ai dit et redit : vous pouvez récupérer dans la Corbeille tout élément effacé à tort du disque dur. Il serait peut-être temps de voir comment, non ?

Ouvrez la Corbeille en double-cliquant sur son icône sur le bureau, puis cliquez sur le fichier à récupérer dans la liste des éléments supprimés et, finalement, sur le bouton **Restaurer cet élément** dans la barre d'outils. Le fichier reprend aussitôt ses anciennes positions : impeccable !

Mais attention, pour que la Corbeille joue bien son rôle, vous devez la vider régulièrement. Sans quoi Windows supprime arbitrairement les plus anciens fichiers quand il ne trouve plus assez de place pour les nouveaux arrivants. Toutes les deux ou trois semaines, donc, ouvrez la Corbeille, vérifiez qu'elle ne contient aucun fichier à récupérer et cliquez sur le bouton **Vider la Corbeille** dans la barre d'outils, puis sur **Oui** dans la demande de confirmation.

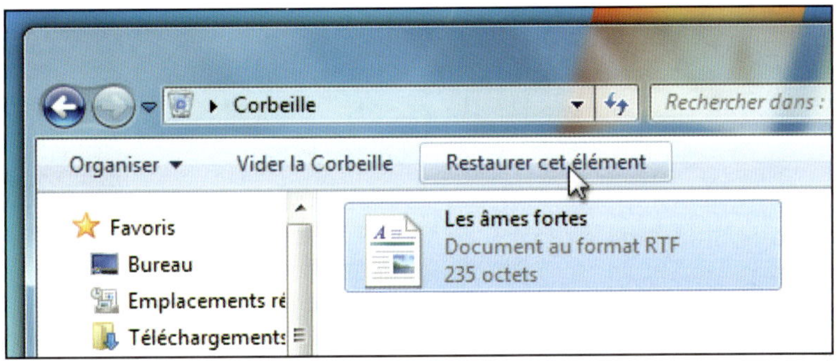

Mettez vos fichiers en sécurité

Les fichiers stockés sur votre portable ont vraiment tout pour plaire : ils occupent beaucoup moins de place que les documents et photos papier, et les CD audio, ils ne prennent pas la poussière et, surtout, il est possible d'en créer une copie gratuitement en quelques secondes et de la conserver ailleurs que sur le disque dur. Ainsi, en cas de panne ou de vol de votre portable, vous pouvez récupérer vos précieux fichiers : génial !

Pour que cela fonctionne, néanmoins, vous devez stocker cette seconde version sur un *support amovible*, c'est-à-dire un dispositif qui ne reste pas à demeure dans l'ordinateur. Plusieurs possibilités s'offrent à vous : tout dépend du type de copie à réaliser, de l'espace de stockage dont vous avez besoin et de votre budget.

Copie de secours temporaire

Pour sécuriser les fichiers que vous envisagez encore de modifier, comme celui où vous notez vos meilleures recettes de cuisine ou qui vous sert à gérer vos comptes, vous devez réaliser une copie temporaire sur un support dont vous pouvez changer le contenu à loisir. Autrement dit : une *clé USB*, un *minidisque dur* ou un *disque dur externe*.

Clé USB

Minidisque dur

Disque dur externe

N'attendez pas que vos fichiers soient finalisés pour les mettre en sûreté sur un support amovible.

De la taille d'un briquet, une clé USB se révèle idéale pour emmener des fichiers avec vous, car elle se glisse facilement dans une poche. Mais elle offre une capacité de stockage moindre qu'un minidisque dur, pour un prix pourtant plus élevé. Dans la mesure où ce type de disque reste de taille tout à fait raisonnable (à peine plus gros qu'une carte à jouer), il est souvent une solution de choix.

À moins que vous n'ayez besoin d'une très grosse capacité de stockage ? Dans ce cas, choisissez impérativement un disque dur externe ; mais n'espérez pas le faire rentrer dans votre poche ni même votre petit sac à main, car il frôle la taille d'un gros roman de poche… en beaucoup plus lourd.

TOUT PREMIERS PAS

Réalisez une copie temporaire de vos fichiers

1 Pour que Windows ait un support amovible à se mettre sous la dent au moment de la copie, branchez tout de suite ce dispositif sur votre portable. S'il s'agit d'un minidisque dur ou d'une clé USB, insérez juste sa fiche plate et rectangulaire dans une prise USB (identifiée par l'icône). Si vous utilisez un disque dur externe, branchez d'abord sa fiche adaptée sur le secteur, puis l'autre fiche sur une prise USB de votre portable, et allumez-le.

2 Windows détecte le dispositif et, si nécessaire, installe les programmes indispensables au fonctionnement de celui-ci ; dans ce cas, une infobulle s'affiche au-dessus de la zone de notification pour vous en informer. Une fois qu'il a terminé, vous pouvez passer à l'action !

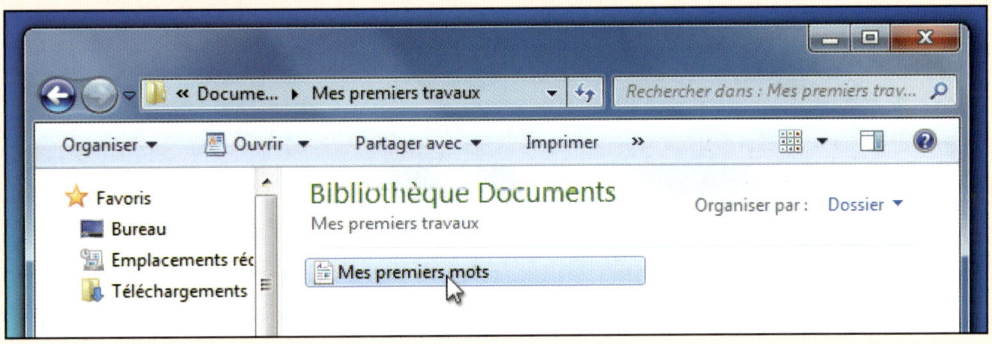

Dans l'Explorateur, ouvrez le dossier qui contient le(s) fichier(s) à copier sur le support amovible et sélectionnez ce(s) dernier(s). Pour aller au plus simple dans l'immédiat, je vous invite à copier simplement le document du chapitre 4 (encore lui !). Si vous avez tout fermé depuis la section précédente, vous accéderez facilement à ce fichier en cliquant sur le bouton **Démarrer** dans la barre des tâches, puis sur **Documents**, et en double-cliquant sur le nouveau dossier créé à la section précédente.

3 Cliquez sur le bouton **Organiser** dans la barre d'outils, puis sur **Copier** dans le menu qui apparaît.

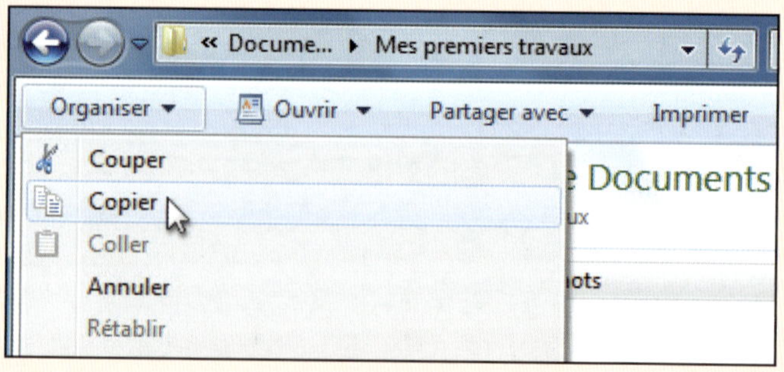

4 Dans le volet de navigation (à gauche, donc), au-dessous d'**Ordinateur**, cliquez sur le nom de votre support amovible pour afficher son contenu.

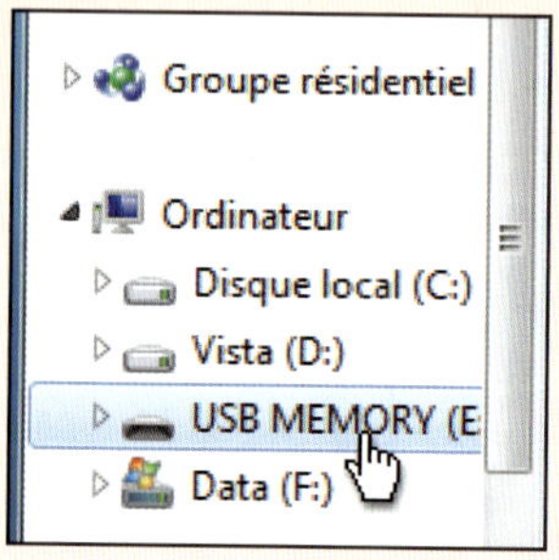

5 Cliquez une énième fois sur **Organiser** (décidément un bouton en or !), puis sur **Coller**.

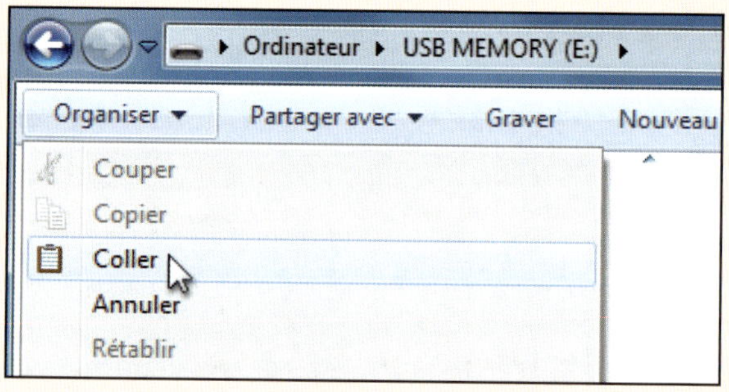

6 Au bout de quelques instants, une seconde version de votre ou vos fichiers apparaît sur le support amovible. Les voici en sécurité ! Il ne vous reste plus qu'à retirer le support amovible du portable. S'il s'agit d'un disque dur externe, pensez simplement à l'éteindre avant de le débrancher de l'ordinateur et du secteur.

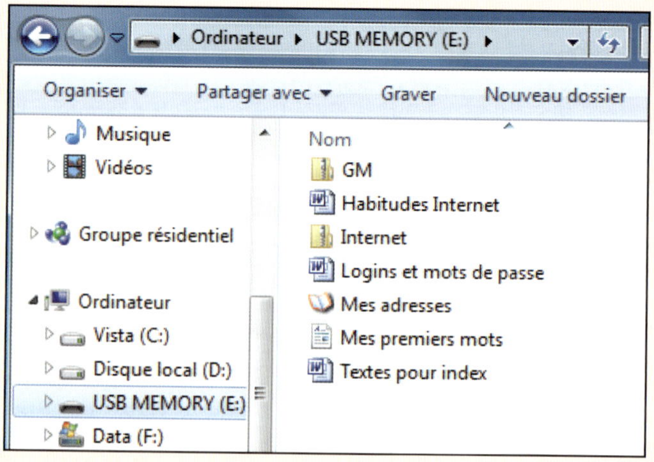

Notez toutefois que vous pouvez aussi utiliser le support externe pour recopier les fichiers sur un autre ordinateur : branchez le dispositif sur la seconde machine, puis répétez la même procédure, en sélectionnant cette fois les fichiers sur le support à l'étape 2 et en ouvrant le dossier requis sur l'ordinateur cible à l'étape 4.

COUP DE POUCE !

Actualisez vos copies

Comme leur nom l'indique, les copies temporaires sont vouées à être remplacées. Et forcément : si vous modifiez la version du fichier présente sur le disque dur, vous devez actualiser celle du support amovible, sans quoi elle ne vous servira pas à grand-chose… Pour cela, vous n'avez qu'à refaire la duplication. Mais sans vous précipiter, surtout, afin de ne pas perdre vos dernières heures de travail.

Une fois encore, Windows est votre ange gardien, puisqu'il affiche un message dès que vous dupliquez un fichier sur un support qui en contient déjà un exemplaire : lisez très attentivement les deux premières options proposées avant de continuer. (Et ignorez la troisième qui n'a vraiment aucun intérêt, si ce n'est semer la pagaille.)

- **Copier et remplacer** remplace la version sur le support de destination (dans le « Tout premiers pas » précédent : le support externe) par celle du support d'origine (dans le « Tout premiers pas » précédent : le disque dur du portable). Pour vous aider, Windows vous indique à la fois si le fichier que vous vous apprêtez à copier est plus grand et plus récent que celui existant.

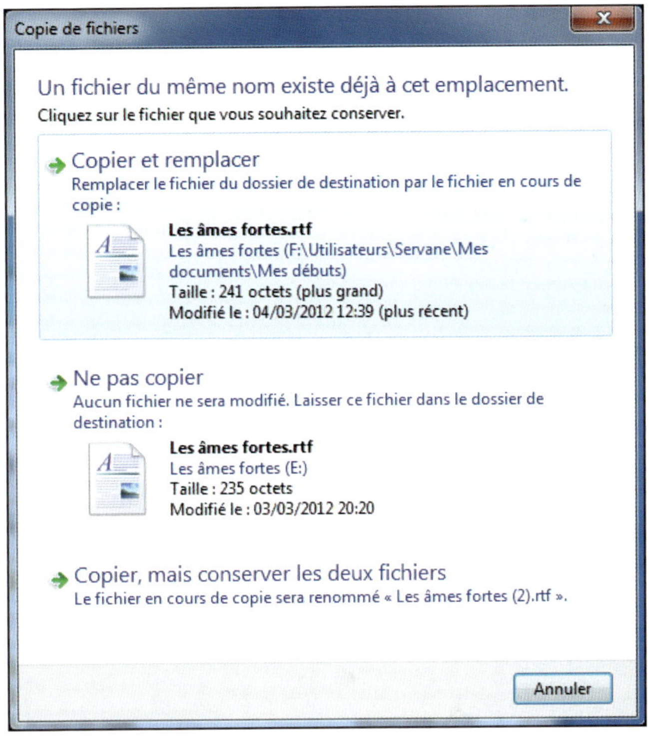

- **Ne pas copier** annule la copie ; chaque fichier reste intact sur son support.

Copie de sauvegarde

Spécialement conçu pour un archivage de plusieurs mois ou années, ce type de copie porte sur les fichiers finalisés que vous n'envisagez plus de modifier, comme des photos très réussies. Il s'effectue donc sur un support dont le contenu ne peut généralement pas être changé : un CD ou un DVD (techniquement, vous *gravez* les fichiers sur le disque).

Mais vous pouvez aussi recourir à ces disques pour donner des photos, des vidéos ou autres à des proches.

Comparativement aux supports capables d'accueillir de très grandes quantités d'informations, de surcroît modifiables à tout instant, les CD et DVD se révèlent très onéreux : à utiliser exclusivement pour les sauvegardes finales et durables, donc !

TOUT PREMIERS PAS

Archivez vos fichiers

1 Dans l'Explorateur, ouvrez le dossier qui contient les fichiers à sauvegarder et sélectionnez ces derniers, comme vous l'avez appris plus tôt dans ce chapitre.

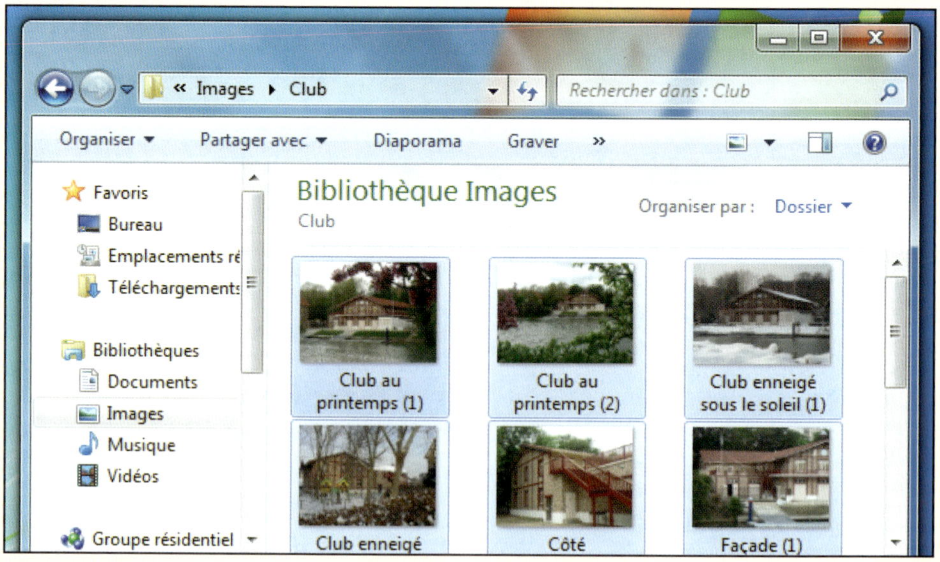

Pour vous entraîner, l'idéal est d'utiliser des clichés transférés de votre appareil photo numérique. Si vous n'en possédez pas encore, attendez d'avoir lu le chapitre 9, puis revenez par ici. Si l'Explorateur est alors déjà ouvert, cliquez sur **Images** dans sa partie gauche ; sinon, cliquez sur le bouton **Démarrer** dans la barre des tâches, puis sur **Images**.

2 Dans la partie droite de la barre d'outils, cliquez sur le bouton **Graver**. S'il n'est pas visible, agrandissez la fenêtre ou cliquez sur la double-flèche » dans la partie droite de la barre d'outils, puis sur **Graver**.

3 La boîte de dialogue **Graver sur disque** apparaît et vous invite à insérer un CD ou DVD inscriptible dans le graveur de votre portable. Si ce graveur est un modèle à tiroir, celui s'ouvre automatiquement : vous n'avez plus qu'à y déposer le disque, puis à repousser délicatement le tiroir jusqu'à entendre le petit clic de fermeture. En revanche, si le graveur se présente sous la forme d'une simple fente, insérez-y le disque et relâchez celui-ci dès que vous le sentez aspiré vers l'intérieur.

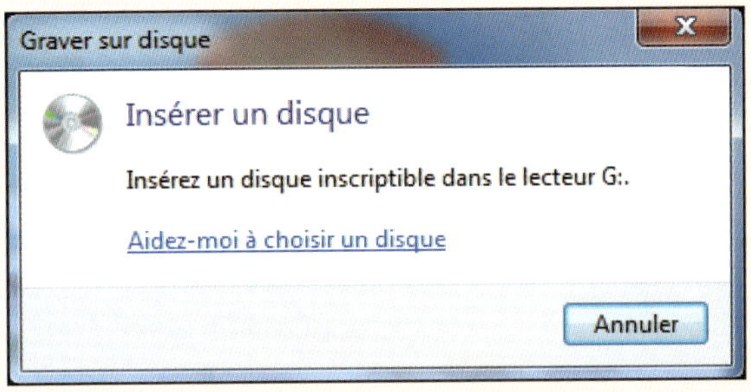

4 Quelques instants plus tard, la boîte de dialogue **Graver un disque** vous demande un nom pour votre disque : tapez celui que vous souhaitez.

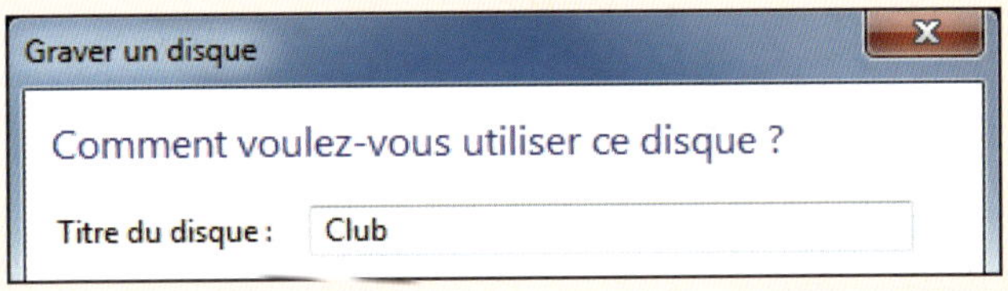

5 Pour pouvoir utiliser votre disque avec un maximum de dispositifs, comme d'anciens ordinateurs et des lecteurs de DVD de salon récents, cliquez sur **Avec un lecteur de CD/DVD**.

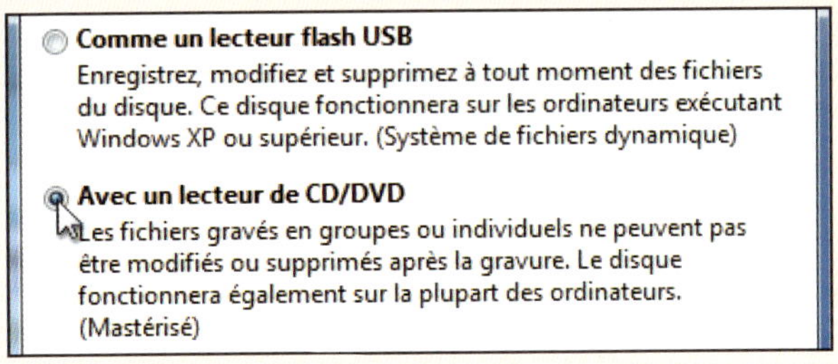

6 Cliquez sur **Suivant**.

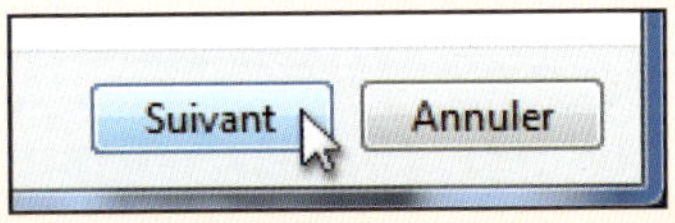

7 Une nouvelle fenêtre de l'Explorateur s'ouvre, répertoriant les fichiers prêts à être gravés sur le disque. Si nécessaire, vous pouvez en retirer de la liste en les sélectionnant et en appuyant sur la touche **Suppr** (cette action exclut les fichiers de la gravure mais ne les efface pas du disque dur, rassurez-vous) ou, à l'inverse, en ajouter en répétant les étapes 1 et 2.

Une fois que tous les fichiers à copier sur le disque (et uniquement eux !) sont visibles dans la fenêtre, cliquez sur **Graver sur disque** dans la barre d'outils.

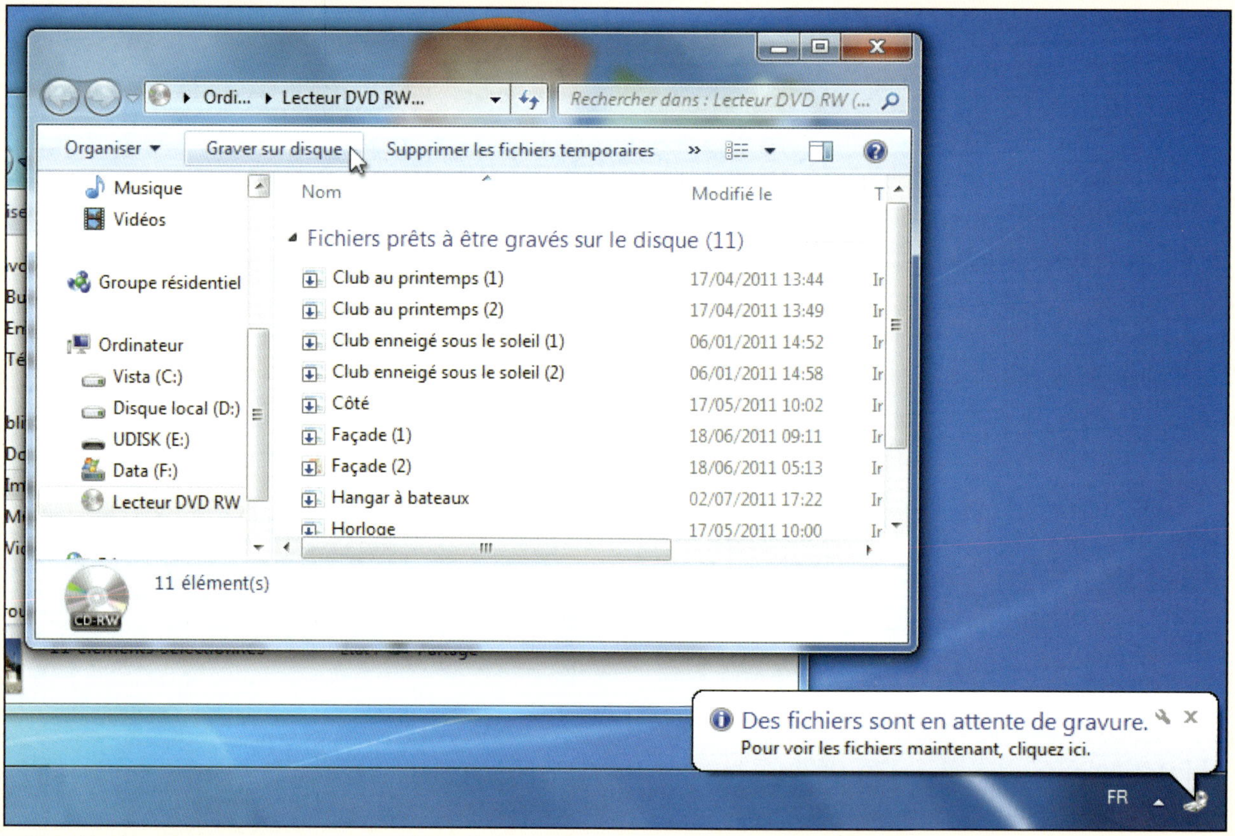

8 Windows grave tous les fichiers demandés sur le disque, puis il éjecte ce dernier. Retirez-le, étiquetez-le et rangez-le soigneusement.

✓ TESTEZ-VOUS !

Avez-vous retenu les trois mots essentiels de ce chapitre ?

1

D'après vous, s'agit-il…

- **a** D'un dispositif de stockage amovible spécialement conçu pour la sauvegarde de documents ?
- **b** D'un document consacré à Windows 7 que vous devez remplir après l'achat de votre portable ?
- **c** D'un bloc d'informations stocké sur un support informatique ?

2

D'après vous, s'agit-il…

- **a** Du programme dédié à la consultation et à la gestion du contenu de votre portable ?
- **b** Du surnom donné au créateur de Windows 7 ?
- **c** Du schéma représentant la constitution interne de votre portable ?

3

D'après vous, s'agit-il…

- **a** D'un petit dispositif de stockage amovible ?
- **b** D'un code universel ?
- **c** D'une clé qui permet de verrouiller votre portable fermé pour empêcher son ouverture ?

Réponses : 1 : c, 2 : a, 3 : a

Chapitre 6

Mettez-vous en quatre pour votre portable

Bien sûr, vous avez envie de savoir utiliser correctement votre portable. Mais vous voulez aussi pouvoir vous en servir longtemps, n'est-ce pas ? Vous devez donc tout mettre en œuvre pour prolonger sa durée de vie.

Ainsi, à la fin de ce chapitre, vous saurez, entre autres :

→ Optimiser l'utilisation de la batterie

→ Protéger votre portable contre les menaces extérieures

→ Garder Windows au top

Bichonnez la batterie

À moins de posséder un transportable qui passera l'essentiel de sa vie chez vous, vous devez absolument faire bon usage de la batterie pour prolonger sa durée de vie. Car comme pour un téléphone mobile, remplacer la batterie d'un portable n'est généralement pas rentable. Et emmener en voyage un appareil qui n'a plus qu'une heure d'autonomie est plus contraignant qu'utile...

Pour garder la batterie longtemps à votre service, commencez par respecter ces trois grands principes :

- **Ne branchez pas votre portable sur le secteur quand la batterie est pleine**, car cela userait cette dernière prématurément. D'ailleurs, si vous utilisez votre ordinateur principalement chez vous, mieux vaut retirer la batterie et faire fonctionner votre portable exclusivement sur le secteur.
- **Utilisez souvent la batterie** (au moins une fois par mois). Et si vous pensez ne pas vous servir de votre portable pendant une longue période, chargez sa batterie à moitié, environ, puis retirez-la. Le jour où vous rallumez votre ordinateur, videz totalement la batterie, puis rechargez-la complètement.
- **Rechargez la batterie seulement quand elle est entièrement vide** (ou presque, car vous ne devez pas non plus aller jusqu'à l'extinction brutale de votre portable !) et rechargez-la complètement à chaque fois.

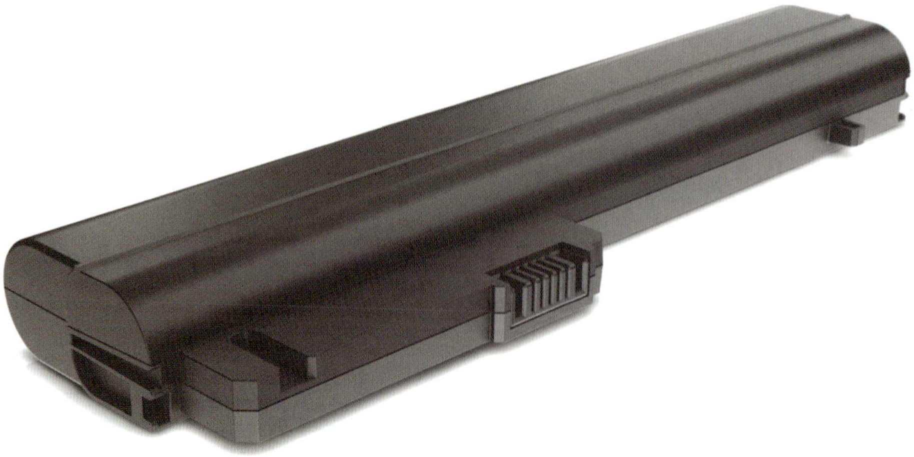

Oubliez les idées reçues : ce n'est pas en utilisant au maximum votre portable branché sur le secteur avec sa batterie à l'intérieur que vous prolongerez la durée de vie de cette dernière.

Ensuite, au quotidien, adoptez un comportement adéquat. D'abord, ouvrez juste les programmes indispensables et limitez les activités gourmandes en d'énergie, comme les jeux en 3D. Réduisez la luminosité de l'écran, désactivez les fonctionnalités que vous n'employez pas, telles que le Bluetooth, et débranchez les dispositifs que vous n'utilisez pas, comme un disque dur externe.

Enfin, définissez un *mode de gestion de l'alimentation* adapté, c'est-à-dire un réglage qui assure le meilleur compromis possible entre la consommation de votre machine et ses performances. Un peu comme lorsque vous choisissez votre rapport de vitesses en voiture : vous ne roulez pas en cinquième sur une petite route de campagne limitée à 35 km/h... ni en seconde sur l'autoroute !

TOUT PREMIERS PAS

Optimisez l'alimentation de votre portable

1 Cliquez du bouton droit sur l'icône de la batterie dans la zone de notification de la barre des tâches (complètement à droite, donc), puis cliquez (avec le bouton gauche) sur **Options d'alimentation**.

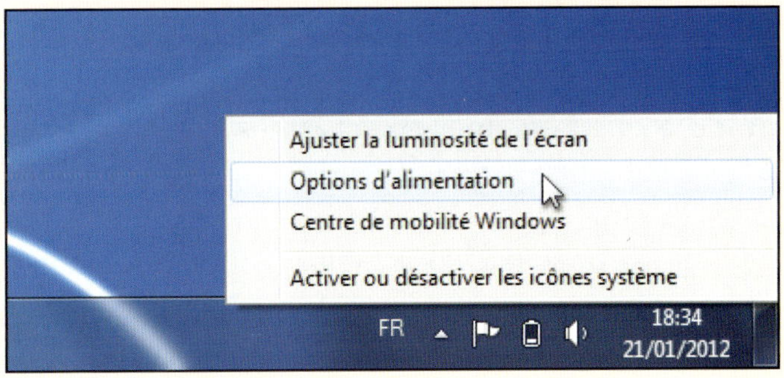

2 La fenêtre **Options d'alimentation** apparaît ; cliquez sur celui des deux modes de gestion suivants qui répond le mieux à vos besoins.

- **Usage normal** maximise les performances du portable pendant vos périodes d'activité et économise l'énergie le reste du temps.
- **Économies d'énergie** préserve la batterie au maximum, diminuant alors les performances de l'ordinateur.

Il existe bien un troisième mode, appelé **Performances élevées** et accessible d'un clic sur le petit bouton fléché ⌄ à droite de **Afficher les modes supplémentaires**, mais oubliez-le, car il règle la machine au maximum de ses performances ; elle consomme alors beaucoup d'énergie, ce qui limite considérablement son autonomie (exactement l'inverse de ce dont vous avez besoin si vous voulez utiliser votre portable longtemps lors d'un déplacement !).

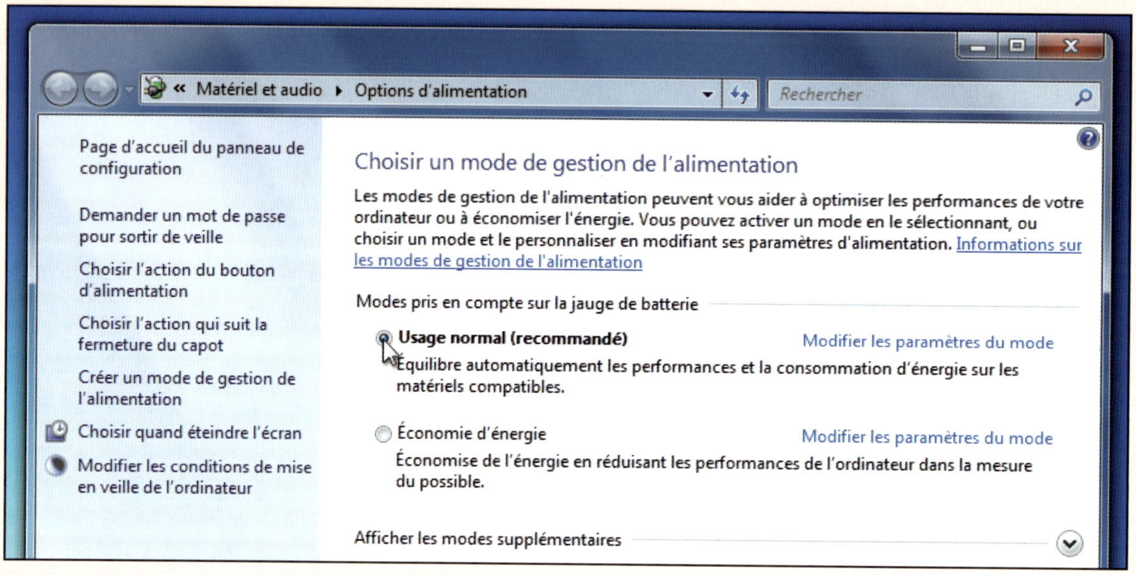

3 Pour affiner les réglages du mode retenu en fonction de vos besoins réels (car Windows n'est pas devin !), cliquez sur **Modifier les paramètres du mode** en vis-à-vis du mode choisi.

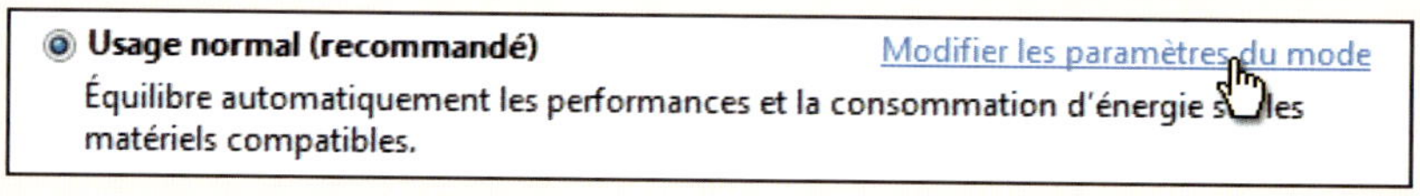

4 La fenêtre propose maintenant six listes avec des durées. Cliquez successivement sur chacune d'elles, puis sur la durée souhaitée.

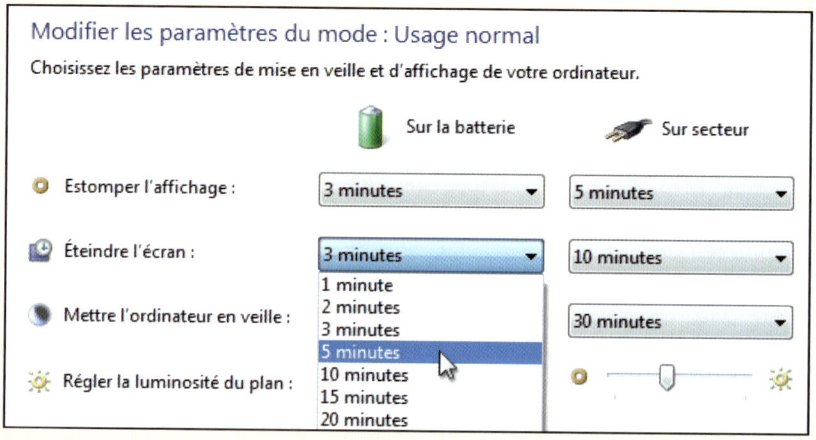

Les trois listes de la première colonne s'appliquent lorsque votre portable fonctionne sur la batterie ; elles définissent au bout de combien de temps de non-utilisation de l'ordinateur Windows atténue la luminosité, éteint l'écran et, finalement, déclenche la *mise en veille* (état que nous examinerons dans un instant). Les trois listes de la seconde colonne règlent les mêmes paramètres, mais pour les cas où l'ordinateur est branché sur le secteur.

5 Cliquez sur **Enregistrer les modifications**.

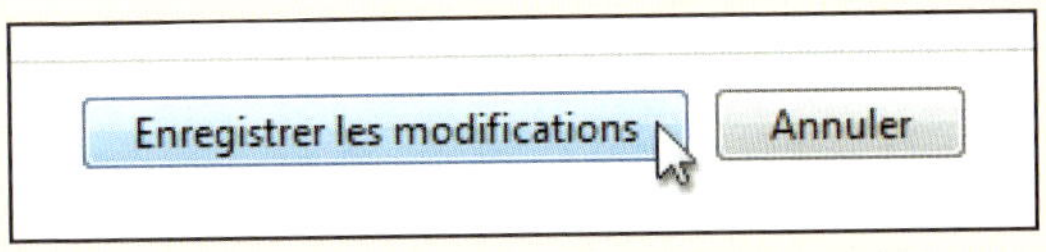

6 Avec tout cela, votre batterie ne devrait pas s'épuiser plus que nécessaire. Donc cliquez sur le bouton X pour fermer la fenêtre **Options d'alimentation**.

Plus qu'une dernière mesure à prendre, et vous aurez vraiment mis toutes les chances de votre côté pour préserver la batterie de votre portable ! En l'occurrence, il s'agit de vous habituer à mettre en veille votre ordinateur dès lors que vous prévoyez de ne pas l'utiliser pendant une ou plusieurs dizaine(s) de minutes. Ainsi, il ne sera pas éteint et pourra donc repartir sur les chapeaux de roues en quelques secondes à votre retour, mais en attendant, il consommera un minimum d'énergie.

On distingue trois types de mises en veille.

- **La mise en veille « simple ».** Windows enregistre tous les programmes et fichiers ouverts dans la mémoire, puis il éteint l'écran et le disque dur. Ce type de mise en veille a l'avantage de se quitter très vite, d'un simple appui sur une touche. Mais réservez-le à vos petites pauses, car il présente un risque non négligeable : comme le contenu de la mémoire disparaît à l'extinction du portable, si celui-ci s'arrête brusquement pendant qu'il est en veille (parce que la batterie est vide, par exemple), vous perdez tous les fichiers que vous n'avez pas enregistrés. Galère !

- **La mise en veille prolongée.** Windows enregistre tous les programmes et fichiers ouverts sur le disque dur, puis il bascule votre portable en d'économie d'énergie. Ce type de mise en veille se révèle donc moins dangereux pour vos informations personnelles et mieux adapté à vos grandes pauses, d'autant qu'il consomme moins d'énergie que la veille simple. Seul inconvénient : réactiver votre portable prend un peu plus de temps (et vous devez cette fois appuyer sur son bouton de mise en route).

- **La mise en veille hybride.** Windows enregistre tous les programmes et fichiers ouverts à la fois dans la mémoire et sur le disque dur avant de basculer votre portable dans un état à faible consommation d'énergie. Ce type de veille est donc un excellent mixte des deux autres, puisqu'il est plus sécurisé que la veille « simple », mais plus rapide à quitter que la veille prolongée.

  Pourtant, pour pouvoir l'utiliser sur votre portable, vous devez d'abord l'activer. Répétez les étapes 1 à 3 du « Tout premiers pas » précédent, puis cliquez sur **Modifier les paramètres d'alimentation avancés**. Dans la boîte de dialogue **Options d'alimentation**, cliquez sur le plus devant **Veille**, puis devant **Autoriser la veille hybride**, sélectionnez **Activé** en face de **Sur batterie** et **Sur secteur**, et cliquez sur **OK**.

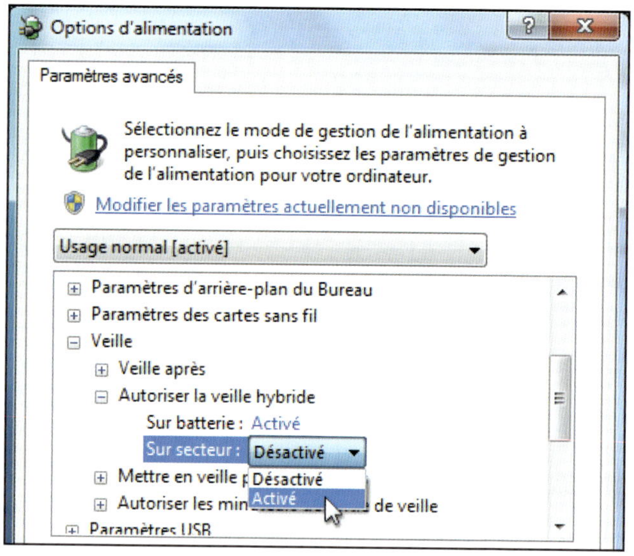

Windows prévoit trois types de mise en veille, mais il se garde bien de vous proposer la mise en veille hybride au départ. Drôle d'idée !

Belle page théorique ! Mais concrètement, comment devez-vous procéder pour mettre en veille votre portable ? Eh bien, tout dépend de la configuration de celui-ci.

Quand la veille hybride est activée pour le fonctionnement sur batterie et sur secteur, comme nous l'avons vu ci-dessus, elle devient le seul type de veille accessible ; cliquez alors sur le bouton **Démarrer** dans la barre des tâches, puis sur le petit bouton fléché juste à côté du bouton **Arrêter**, et sur **Mettre en veille** pour basculer votre portable dans ce mode. Sinon, cliquez sur , puis sur et sur **Mettre en veille** ou **Mettre en veille prolongée** pour déclencher la mise en veille « simple » ou prolongée, respectivement (vous l'aviez compris !).

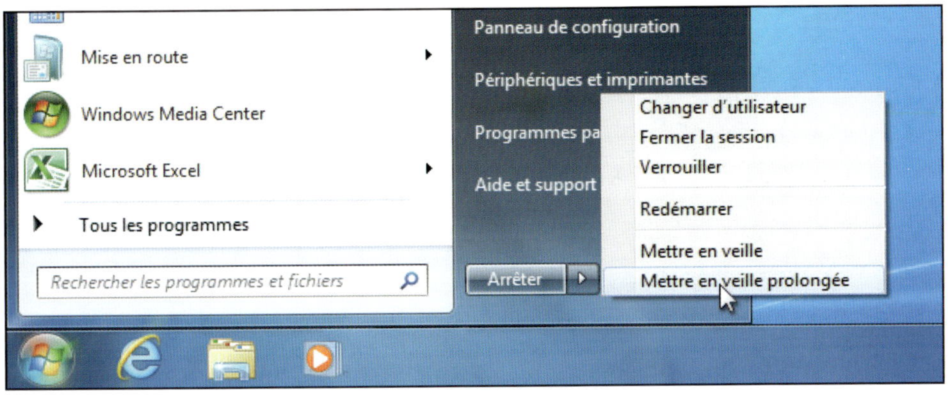

Ne soyez pas trop gourmand en matière de mise en veille, car même si Windows en offre trois en théorie, il ne vous les propose jamais simultanément dans la pratique !

Ne laissez rien ni personne entrer sur votre portable

Au chapitre 7, vous serez sans aucun doute complètement conquis par le monde merveilleux de l'Internet. Mais attention, car vos escapades dans ce nouvel univers risquent de virer au cauchemar si vous vous y aventurez sans protection ! Pour éviter toute mésaventure, donc, veillez d'abord à équiper votre portable des trois programmes suivants.

- Un **antivirus** pour empêcher les *virus* d'infecter votre portable. Bien sûr, ces virus-là n'ont rien d'organique, mais ils visent, eux aussi, à faire du mal. En effet, il s'agit de petits programmes conçus pour commettre des dégâts plus ou moins graves sur votre ordinateur, les plus virulents pouvant aller jusqu'à détruire des fichiers : pas question de plaisanter, donc !

  Le plus souvent, les virus arrivent sur votre portable à votre insu en se glissant dans un fichier joint à un courriel ou récupéré sur le Web. L'antivirus analyse donc tout ce que vous recevez depuis l'Internet (messages, documents, *etc.*) et d'autres sources (comme des CD) ; dès qu'il détecte un virus, il le supprime ou, s'il ne peut pas, met le fichier infecté dans une zone spéciale du disque dur. L'antivirus passe aussi au crible tout ce que vous envoyez pour que vous n'infectiez pas d'autres ordinateurs sans le savoir (sympa pour les copains !).

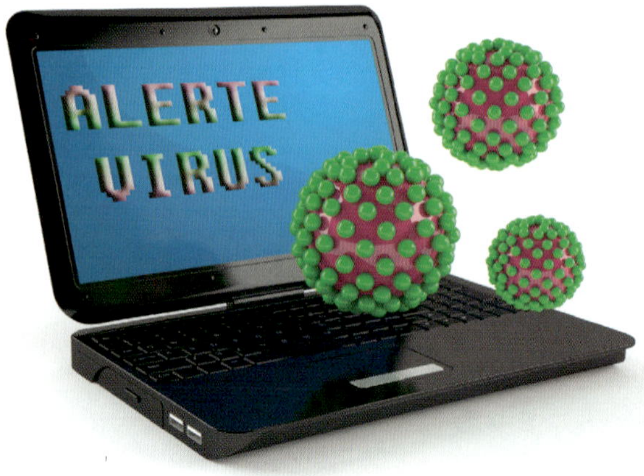

Les virus sont sans doute la pire menace qui plane sur votre portable quand vous l'ouvrez au monde de l'Internet. Sortez donc tout de suite l'arme absolue : un antivirus.

- Un **pare-feu** pour barrer la route à toute personne malintentionnée (pyromane ou non, d'ailleurs !) qui tente de s'introduire sur votre portable à votre insu depuis le Web. Ce programme surveille tous les points d'accès à votre ordinateur et bloque toute tentative d'intrusion non autorisée ; il contrôle également les programmes installés sur votre portable qui veulent accéder à l'Internet et vous demande parfois votre feu vert avant de permettre la connexion. En résumé, donc, le pare-feu dresse une barrière entre votre machine et le Web.

Pourquoi appeler « pare-feu » un programme qui combat des pirates ? Mystère ! En tout cas, il vous en faut absolument un pour empêcher n'importe qui d'entrer sur votre portable !

- Un **logiciel anti-espions** pour traquer et éliminer les *espions*, petits programmes malveillants qui s'installent à votre insu sur votre portable pour y récupérer des informations confidentielles sur vos habitudes informatiques ou vous-même et les transmettre ensuite à leur auteur.

Certains programmes sont toujours à l'affût d'informations vous concernant dont ils pourraient faire mauvais usage : contrez-les avec un logiciel anti-espions !

Pour bénéficier de ce trio protecteur, vous n'avez qu'un antivirus à acquérir, car Windows 7 inclut déjà un pare-feu et un logiciel anti-espions (appelé *Windows Defender*). Mais bonne nouvelle : presque tous les portables sont livrés avec un antivirus que vous pouvez tester gratuitement quelques jours. Ensuite, vous devez l'acheter ou en choisir un autre. Je vous conseille Kaspersky Antivirus (environ 40 €) ou Avast (gratuit et disponible sur la page Web `www.avast.com/fr-fr/free-antivirus-download`).

Une fois installé, votre antivirus entre en action dès que vous allumez votre portable, et il veille sur ce dernier jusqu'à son extinction. Exactement comme votre pare-feu et Windows Defender, à ceci près que vous n'avez pas à les installer !

Mais puisque quatre précautions valent mieux que trois, Windows inclut aussi un outil appelé *Centre de maintenance* qui surveille en permanence tous vos programmes de protection. En cas de problème, son icône dans la zone de notification de la barre des tâches devient . Vous pouvez alors cliquer sur cette dernière pour afficher la liste des risques et/ou dysfonctionnements et faire le nécessaire pour que tout rentre dans l'ordre.

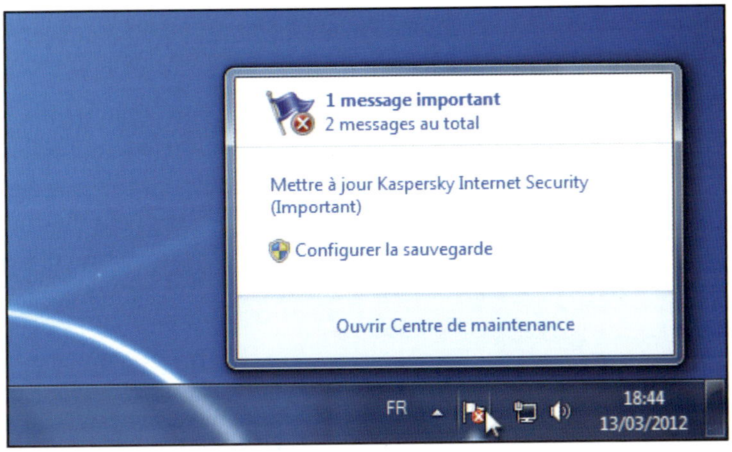

Puisque vous ne pouvez pas passer votre temps à vérifier que vos programmes de protection sont à l'œuvre, le Centre de maintenance s'en charge et vous alerte en cas de problème.

TOUT PREMIERS PAS

Utilisez le Centre de maintenance

1 Le Centre de maintenance n'est pas seulement sur le pied de guerre en permanence : il est aussi très rapidement accessible. Cliquez du bouton droit sur l'icône ou dans la zone de notification de la barre des tâches, puis du bouton gauche sur **Ouvrir le Centre de maintenance** dans le menu qui apparaît.

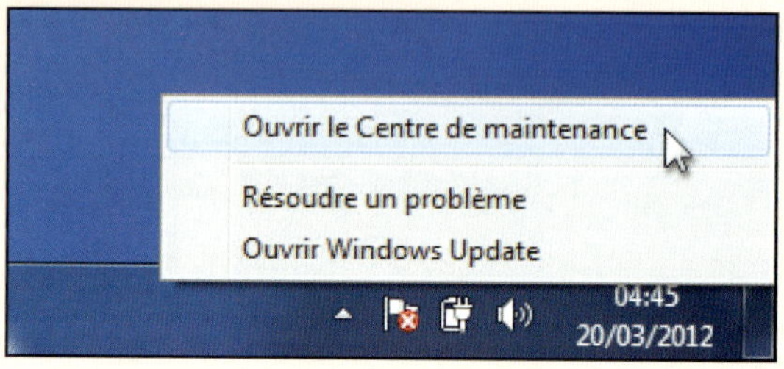

À moins que vous n'ayez déjà affiché le panneau associé à l'icône comme je l'expliquais à l'instant ? Dans ce cas, cliquez directement sur **Ouvrir Centre de maintenance**. Et si, par malchance, l'icône du Centre n'est pas visible, cliquez sur le bouton **Démarrer** dans la barre des tâches, puis sur **Panneau de configuration** et sur **Consulter l'état de votre ordinateur** dans la section **Système et sécurité** de la fenêtre qui apparaît.

2 Le Centre de maintenance apparaît, répertoriant tous les problèmes éventuels : cliquez sur le bouton en face de celui que vous voulez résoudre et suivez scrupuleusement toute instruction qui s'afficherait alors à l'écran. Procédez ainsi pour chaque problème à solutionner.

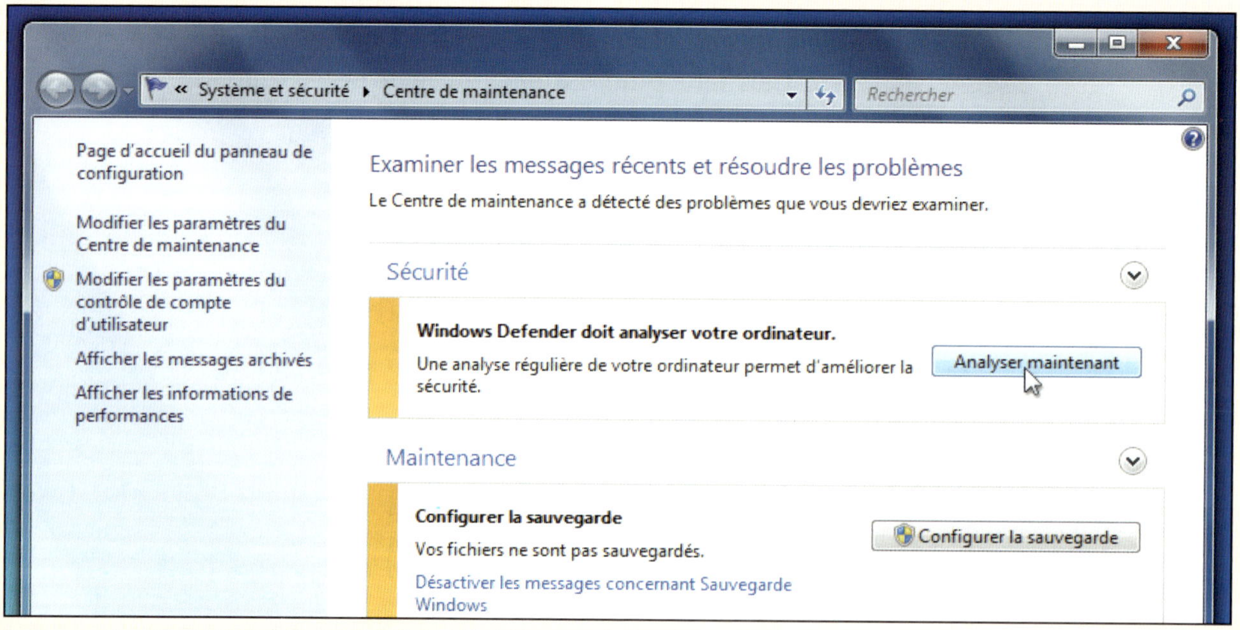

3 Une fois que tout est rentré dans l'ordre, fermez le Centre de maintenance en cliquant sur son bouton X.

Offrez une cure de jouvence à votre portable

Jamais aucune pommade ni pilule ne vous ne permettra de freiner l'usure mécanique des pièces internes de votre portable. Mais vous empêcherez à coup sûr le vieillissement de Windows en le *mettant à jour* quotidiennement.

En effet, Microsoft publie régulièrement sur son site Web des petits bouts de programmes appelés *mises à jour* et destinés à corriger des imperfections de son produit ou à lui ajouter de nouvelles fonctionnalités. Et parallèlement, il a intégré à Windows une fonction nommée *Windows Update* qui se charge de récupérer et d'installer ces améliorations.

Chaque jour, elle se rend comme une grande sur le site de l'éditeur et transfère *(télécharge)* ces mises à jour sur votre ordinateur. Au cours de l'opération, l'icône apparaît dans la zone de notification de la barre des tâches ; vous pouvez alors la pointer pour savoir où en est le transfert. Et une fois celui-ci terminé, vous n'avez plus qu'à demander à Windows d'installer ces correctifs !

Difficile d'imaginer plus efficace que Windows Update : non seulement il télécharge et installe seul les mises à jour de Windows, mais en plus, il vous tient informé de l'état d'avancement grâce à l'icône !

TOUT PREMIERS PAS

Préparez votre portable pour les mises à jour

1 Pour que Windows Update remplisse son rôle, son exécution doit être réglée à un moment où votre portable est allumé et connecté à l'Internet. Cliquez donc du bouton droit sur l'icône du Centre de maintenance ou dans la zone de notification de la barre des tâches, puis cliquez (avec le bouton gauche) sur **Ouvrir Windows Update** dans le menu qui apparaît.

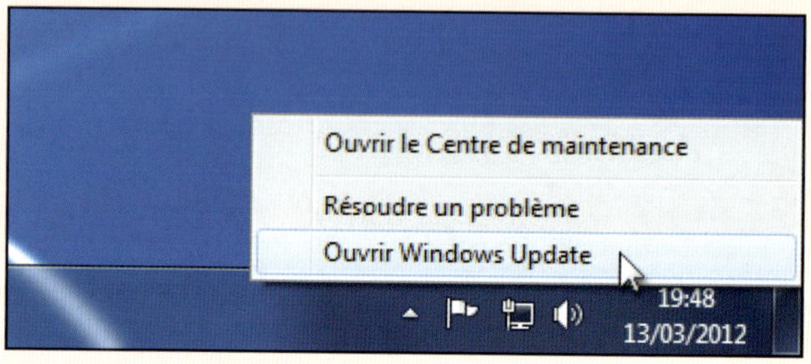

2 La fenêtre **Windows Update** s'affiche et indique si des mises à jour sont disponibles. Mais nous verrons cela tout à l'heure. Pour l'instant, cliquez sur **Modifier les paramètres** dans la partie gauche de la fenêtre.

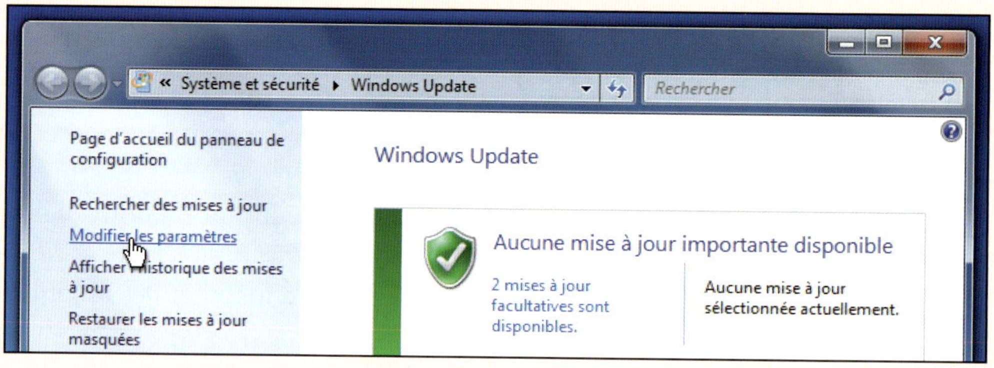

3 En observant les options sélectionnées dans les rubriques **Mises à jour importantes** et **Mises à jour recommandées**, vous constaterez que Windows a déjà défini l'installation automatique et quotidienne de toutes les mises à jour. Parfait ! Vous n'avez donc plus qu'à cliquer sur la zone qui affiche l'heure, puis sur une heure à laquelle votre portable est allumé, d'habitude.

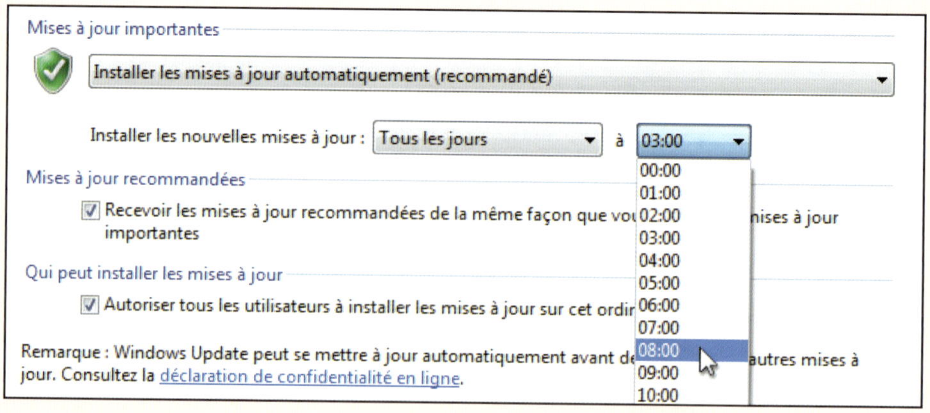

4 Cliquez sur **OK**.

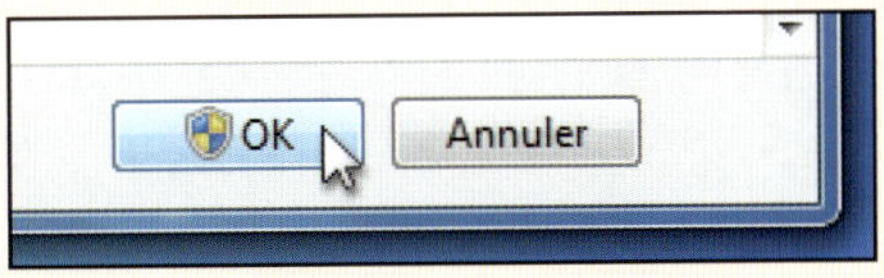

5 Fermez la fenêtre **Windows Update** en cliquant sur le bouton X dans sa barre de titre.

TOUT PREMIERS PAS

Mettez Windows 7 à jour

1 Après avoir téléchargé des mises à jour, Windows Update enchaîne parfois automatiquement par leur installation et ne vous sollicite alors qu'en tout dernier recours pour réaliser l'étape 3, s'il y a lieu. Mais le plus souvent, il affiche l'infobulle **De nouvelles mises à jour sont disponibles** juste au-dessus de l'icône : cliquez alors sur cette dernière.

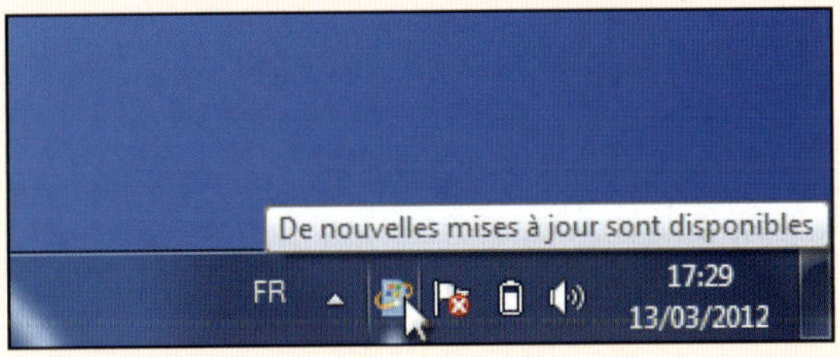

2 La fenêtre **Windows Update** s'ouvre et indique le nombre de mises à jour disponibles : cliquez sur **Installer les mises à jour**.

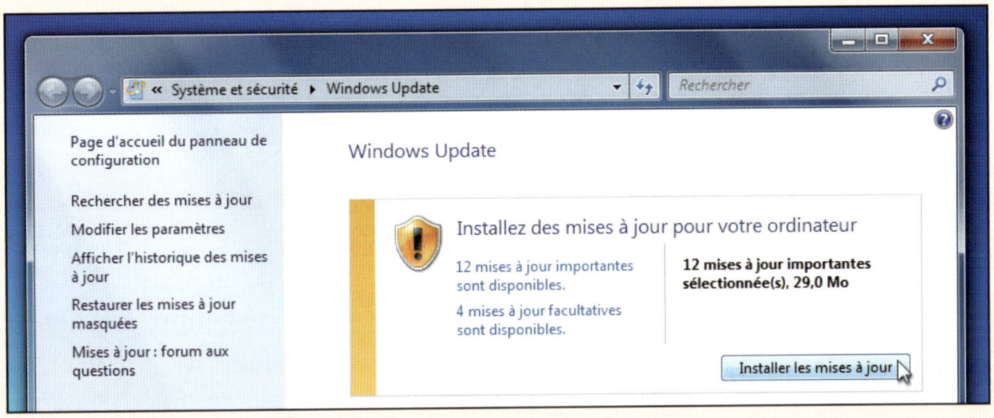

3 L'installation des mises à jour démarre, mais ne vous en souciez pas et poursuivez tranquillement vos activités sur votre portable : Windows Update se débrouille tout seul comme un grand !

Ce n'est qu'une fois l'installation terminée qu'il se rappelle à votre bon souvenir en vous prévenant et en vous invitant si nécessaire à redémarrer votre portable ; dans ce cas, enregistrez votre travail, fermez tous les programmes ouverts et cliquez sur **Redémarrer maintenant**.

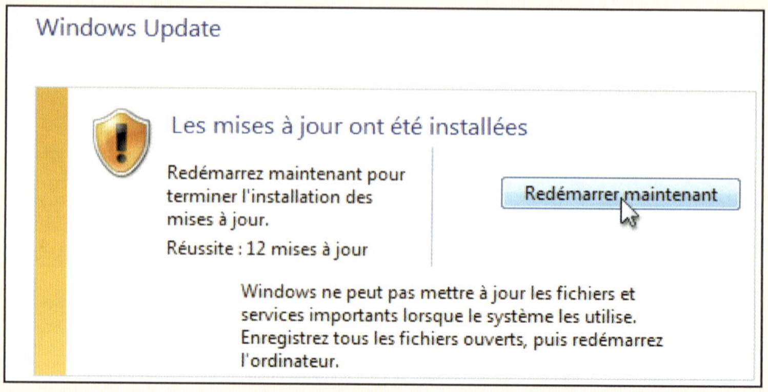

Sinon, fermez directement la fenêtre en cliquant sur son bouton X.

Protégez votre portable contre le vol

Mauvaise nouvelle, certes, mais vous préférerez sans doute être prévenu que risquer de devenir une victime : les portables font partie des objets les plus volés. Beaucoup possèdent d'ailleurs une plaque métallique impossible à enlever où figure un numéro de série unique : les fabricants visent ainsi à empêcher la revente illégale de leurs machines après que leur propriétaire a signalé son ordinateur comme volé.

Mais de votre côté, vous devez évidemment redoubler de prudence.

- **Souscrivez une assurance spécifique** auprès de votre compagnie habituelle ou du fabricant de votre portable. Mais examinez attentivement toutes les conditions, car elles sont souvent restrictives ; par exemple, certaines assurances ne couvrent que les vols avec agression.

- **Transportez votre portable dans un sac passe-partout**, sans marque de fabricant informatique affiché dessus. Car si vous utilisez une sacoche spécialement conçue pour ce genre de machine, vous attirerez toutes les convoitises. Par ailleurs, lorsque vous emmenez aussi des dispositifs externes, comme une clé USB ou le chargeur de votre portable, mettez-les dans un autre sac que l'ordinateur.

- **Dotez votre portable d'un antivol.** Presque tous les modèles possèdent dans l'un de leurs angles une encoche de sécurité exprès, sorte de petite prise ovale, identifiée par un symbole de cadenas. Cette encoche s'utilise avec un cadenas spécial et un câble de sécurité : une extrémité de celui-ci est attachée à l'ordinateur et, l'autre, à un équipement ou objet fixe que vous choisissez en fonction du lieu où vous vous trouvez (comme une table ou un accoudoir). Une fois ce cadenas fermé, il est impossible de le retirer sans abîmer irrémédiablement le portable.

  Kensington est le principal fabricant de câbles de sécurité, mais avant d'en acheter un, assurez-vous qu'il est compatible avec votre portable.

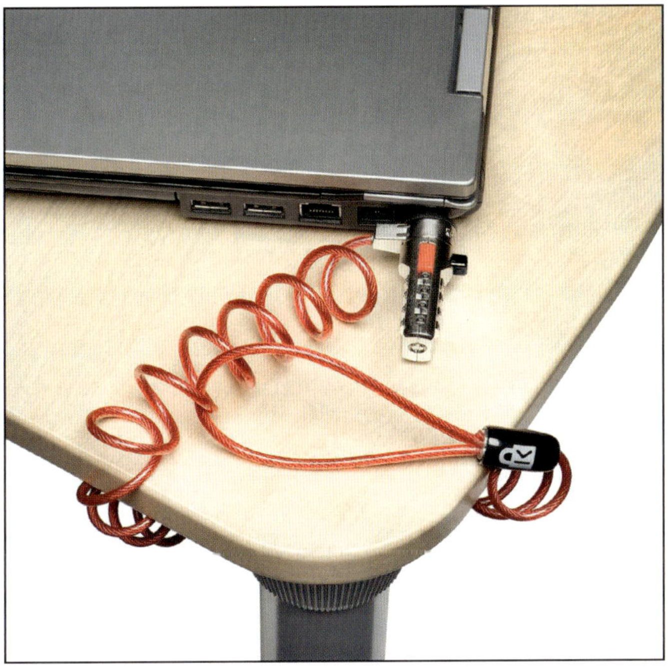

N'utilisez jamais votre portable dans un lieu public sans l'attacher au préalable à un objet fixe grâce à un câble de sécurité et un cadenas.

TESTEZ-VOUS !

Avez-vous retenu les trois mots essentiels de ce chapitre ?

1 **Mettre en veille**

D'après vous, s'agit-il…

- **a** De reculer le calendrier de votre portable d'une journée ?
- **b** De basculer votre portable dans un état d'inactivité temporaire où il consomme moins ?
- **c** De réduire la fenêtre d'un programme que vous n'utilisez pas pour l'instant ?

2 **Un virus**

D'après vous, s'agit-il…

- **a** D'un petit programme malveillant qui s'introduit incognito sur votre portable ?
- **b** D'un malfrat spécialisé dans le vol de portables ?
- **c** D'une poussière qui s'introduit dans l'unité centrale, provoquant l'arrêt de votre portable ?

3 **Une mise à jour**

D'après vous, s'agit-il…

- **a** D'une intervention au cours de laquelle un technicien ouvre votre portable ?
- **b** De la publication de vos coordonnées personnelles sur un site Web ?
- **c** D'un correctif ou d'un enrichissement apporté à un programme ?

Réponses : 1 : b, 2 : a, 3 : c

Chapitre

7

Partez en balade sur l'Internet

Maintenant que vous êtes protégé contre le côté obscur de l'Internet (si j'ose dire !), vous pouvez découvrir en toute tranquillité sa face lumineuse. De quoi passer de très bons moments et joindre au fil des heures l'utile à l'agréable !

Ainsi, à la fin de ce chapitre, vous saurez, entre autres :

→ Vous connecter à l'Internet de chez vous ou lors d'un déplacement

→ Naviguer sur le Web

→ Garder un accès express à vos pages Web préférées

Chapitre 7

Invitez l'Internet sur votre portable

Emporter votre portable avec vous en vacances n'est pas la seule manière de le faire voyager : vous pouvez aussi l'emmener sur l'Internet ! Vous accédez alors à un monde infini de possibilités : rechercher des informations sur toutes sortes de sujets (de Montesquieu à la sylviculture, en passant par les processeurs ou le remplacement d'un fusible), faire des emplettes dans le calme à des prix très avantageux, accomplir des formalités administratives sans stress, regarder des gags vidéo, et mille autres choses !

Impossible de trouver un outil aussi performant, riche et diversifié que l'Internet, puisque cette structure mondiale vous permet tout autant de vous informer et vous divertir que réaliser des démarches administratives ou faire des achats.

Pour vous offrir tout cela, l'*Internet* relie entre eux des millions d'ordinateurs du monde entier et donne accès à leurs ressources de manière très conviviale, grâce au *Web* (la fameuse *Toile*) et à ses fameuses *pages*. Celles-ci correspondent en fait à des documents capables de renfermer du texte et des images, bien sûr, mais aussi des vidéos et des éléments sonores ; beaucoup sont regroupés, constituant alors des *sites Web*.

Alléchant, n'est-ce pas ? Et pour en profiter, vous n'avez qu'à *connecter* (relier, donc) votre portable à l'Internet : un vrai jeu d'enfants grâce au *Wi-Fi* (prononcez « ouifi ») ! En effet, cette technologie qui fonctionne par ondes électromagnétiques vous affranchit de tous les fils et vous permet de vous connecter en quelques clics même hors de chez vous : vous gardez donc accès à l'Internet pendant vos déplacements.

- **L'Internet à domicile.** Pour profiter de l'Internet chez vous, vous devez d'abord souscrire un abonnement payant auprès d'une société appelée *fournisseur d'accès Internet (FAI)*, comme Orange ou SFR. Vous recevez alors un kit complet pour accéder à l'Internet et à tout autre service inclus dans votre forfait, notamment la télévision.

  Cela comprend principalement des CD ou DVD d'installation, des informations personnelles, telles que des mots de passe, et surtout un *modem*, plus couramment appelé *box*, comme la fameuse Darty Box ou Livebox ; c'est grâce à ce petit boîtier que votre portable pourra se connecter à l'Internet par l'intermédiaire de votre ligne téléphonique. Mais pour cela, vous devez bien sûr commencer par installer votre connexion en suivant les instructions données par votre FAI.

Le Wi-Fi est vraiment la solution idéale pour se connecter à l'Internet, puisque la liaison s'établit sans fil et qu'elle peut l'être même lors de vos déplacements en France ou à l'étranger !

- **L'Internet hors de chez vous.** Lorsque vous êtes de passage chez un ami ou un parent équipé du Wi-Fi, votre portable peut utiliser la connexion de votre hôte : il suffit que celui-ci vous donne les informations confidentielles requises.

  Et quand vous vous trouvez dans un lieu public comme un bar ou une gare, vous pouvez vous connecter à l'Internet dès lors que votre ordinateur se situe dans la zone de couverture d'un *hotspot* (aussi appelé *borne Wi-Fi* ou *point d'accès*). Simplement, cette fois, vous devez d'abord recueillir les informations indispensables à la connexion auprès du responsable de la borne qui, selon le cas, vous les fournira gratuitement ou moyennant paiement. La liste des hotspots en France est disponible sur `www.journaldunet.com/wifi/`, et celle des hotspots gratuits dans le monde sur `www.annuairewifi.net`.

2 Internet Explorer vous accueille d'ores et déjà par une page qui correspond souvent à la *page d'accueil* du site de votre FAI ou du site mondialement connu de Microsoft, MSN.

La barre d'outils tout en haut de la fenêtre vous donne deux informations essentielles sur cette page : son *adresse* (c'est-à-dire son emplacement sur le Web) dans la grande zone blanche rectangulaire, et son nom dans l'*onglet* (sorte d'intercalaire) juste à droite. Mais pas question de faire du surplace ! Pour accéder à une autre page, commencez par sélectionner l'adresse de la page actuelle en cliquant dessus.

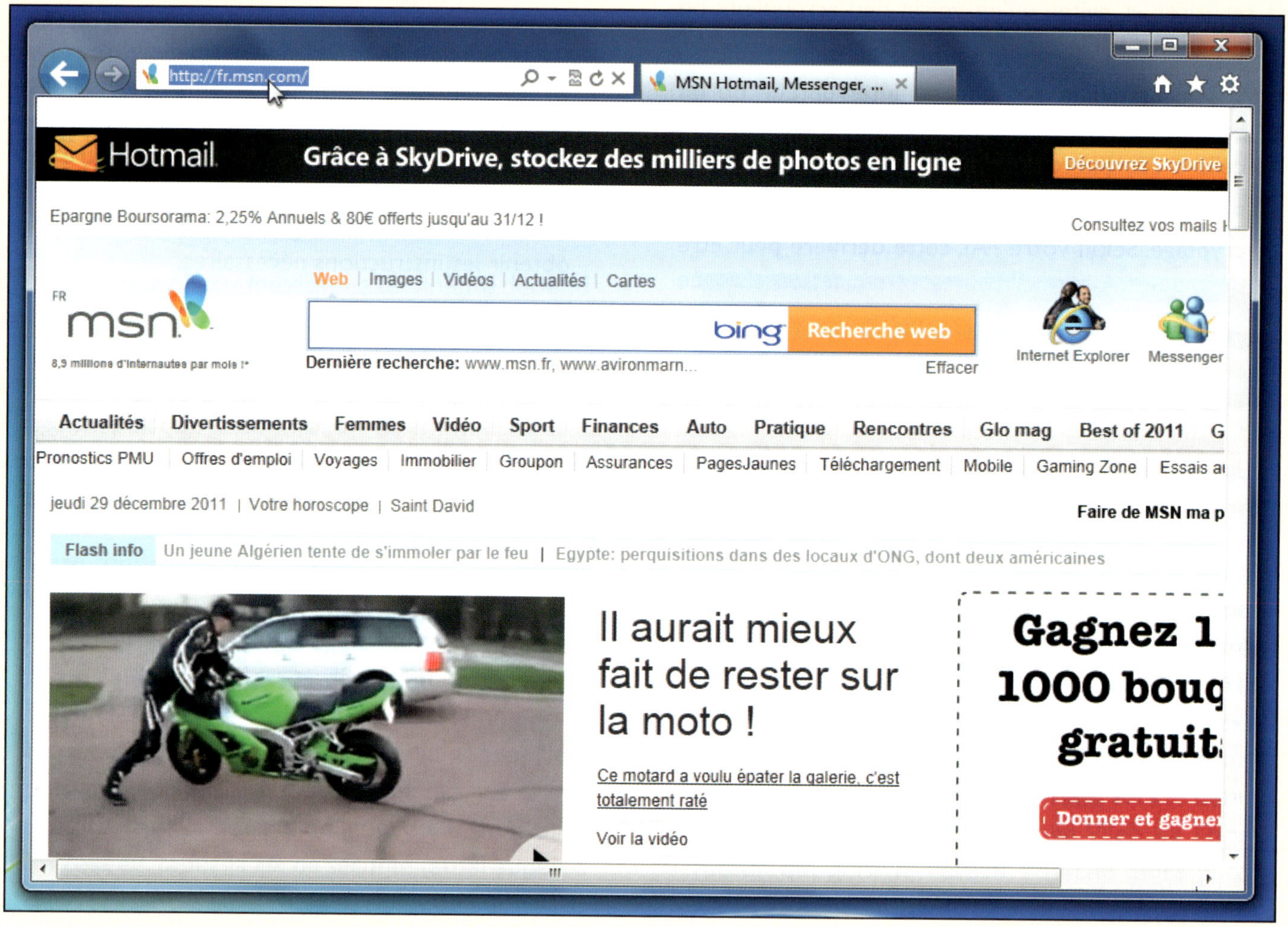

3 Puisqu'il s'agit d'une grande première, débutez en fanfare en vous rendant sur un site aussi riche que convivial : `Planet`. Tapez son adresse `www.planet.fr` et appuyez sur la touche **Entrée**, en ignorant pour l'instant le petit panneau qui apparaît sous la zone. Pour arriver à destination, respectez scrupuleusement l'orthographe indiquée : n'ajoutez surtout pas d'espaces, ni d'accents, car les adresses Internet n'en contiennent jamais. Mais elles ont d'autres points communs !

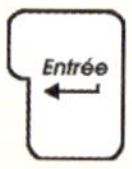

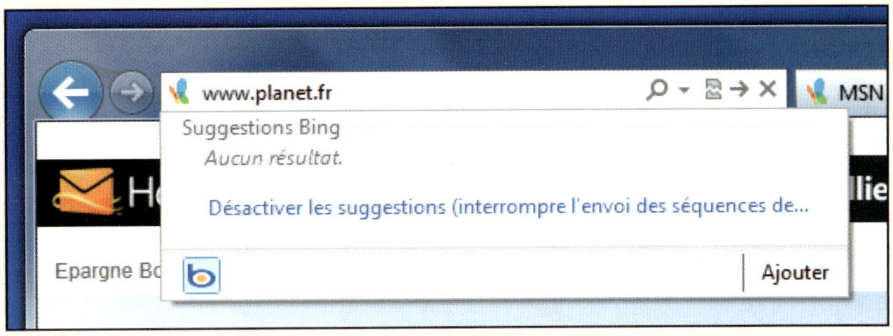

Toutes débutent par www (un trio qui représente le Web), puis un point. Vient ensuite le nom du site (ici : planet), suivi, lui aussi, par un point, puis par un suffixe qui indique la nature du site, comme com (pour « commercial ») ou fr (pour « français »). Dès que vous affichez une autre page que la page d'accueil, ce schéma de base se retrouve suivi d'un texte complémentaire qui indique l'emplacement exact de la nouvelle page au sein du site. Mais pour que vous ne perdiez pas celui-ci de vue, Internet Explorer affiche son nom et son suffixe en noir dans la zone d'adresse, et tout le reste en gris. Sympa !

4 Bienvenue sur le site Planet ! Que de rubriques intéressantes et prometteuses sur sa page d'accueil, n'est-ce pas ? Alors, n'attendez pas davantage pour en découvrir une.

Mais cette fois, pas besoin de taper d'adresse : amenez le pointeur sur une rubrique qui vous intéresse dans le bandeau bleu en haut de la page. Aussitôt, il se transforme en petite main, preuve qu'une autre page Web se cache derrière ce texte. Cliquez pour en avoir le cœur net ! (Ici, vous avez droit à un bonus avec l'affichage du nom de sous-rubriques, mais nous n'en avons pas usage pour l'instant.)

5 Comme promis, une nouvelle page apparaît : le texte de l'étape 4 constituait donc bien un *lien*. Mais une image peut, elle aussi, intégrer un lien vers une autre page. D'ailleurs, amusez-vous à survoler les photos ou dessins de la page devant vous et, quand le pointeur devient , cliquez : vous accéderez aussitôt à la page associée !

Notez quand même que vous pouvez aussi à tout moment faire marche arrière et retrouver la dernière page visitée en cliquant sur le bouton **Précédent** devant la zone d'adresse.

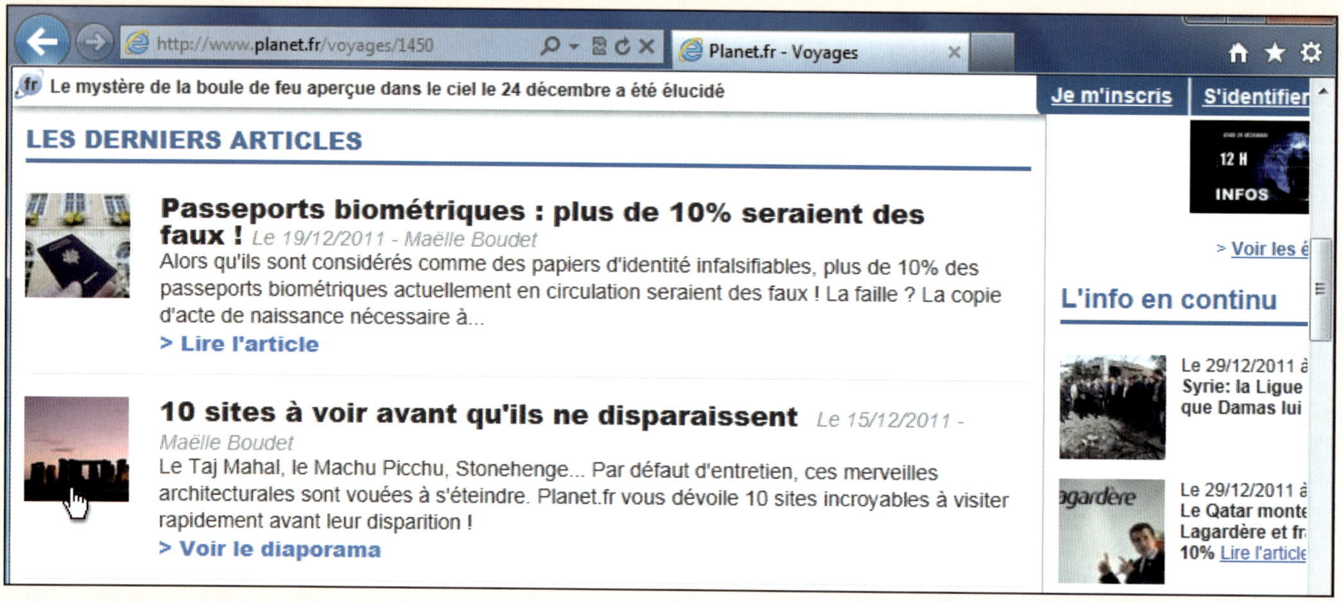

Vraiment rapides et conviviaux, ces liens, pas vrai ? Mais ils ne sont pas le seul moyen d'échapper à la saisie fastidieuse des adresses. Essayez donc d'afficher successivement les sites ci-dessous en tapant leur adresse dans la zone d'adresse...

- Achat gratuit `www.achatgratuit.com`
- Actustar `www.actustar.com`
- AlloCiné `www.allocine.fr`
- AuFeminin `www.aufeminin.com`
- Au jardin `www.aujardin.info`

Le résultat ne se fait pas attendre : dès que vous tapez l'initiale de la deuxième adresse, commune à la première adresse, celle-ci apparaît dans le petit panneau sous la zone d'adresse : vous pouvez alors y accéder de nouveau en cliquant simplement dessus. Rapide ! Et vous pouvez emprunter cette voie pour chaque page déjà visitée, même avant-hier ou la semaine passée, puisqu'Internet Explorer mémorise l'ensemble des adresses tapées et qu'il vous propose automatiquement toutes celles qui commencent par les premiers caractères saisis dans la zone d'adresse.

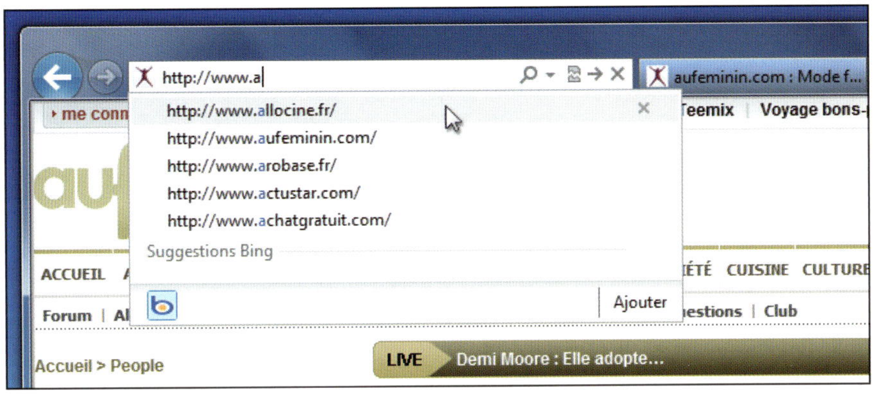

Grâce à la mémoire d'éléphant d'Internet Explorer, vous pouvez revoir n'importe quelle page déjà consultée en tapant juste les premiers caractères de son adresse et en cliquant sur cette dernière dans le panneau déroulant sous la zone d'adresse.

COUP DE POUCE !

Doublez votre plaisir

L'Internet est si riche que vous aurez souvent envie ou besoin de comparer le contenu de deux ou trois pages, notamment lorsque vous voudrez acheter un article vendu sur plusieurs sites. Dans ce cas, cliquez sur le petit bout d'onglet à droite de l'onglet de la première page (il devient). Internet Explorer ajoute un nouvel onglet et affiche **about:Tabs** sélectionné dans la zone d'adresse : tapez l'adresse de la seconde page à consulter et appuyez sur la touche **Entrée**.

Vos deux pages sont désormais affichées, de sorte que vous pouvez allègrement passer de l'une à l'autre en cliquant juste sur l'onglet approprié ! Seulement, ne soyez pas surpris au moment de quitter Internet Explorer : après avoir cliqué sur le bouton X, vous devrez en plus cliquer sur **Fermer tous les onglets** dans le message à l'écran.

Sortez votre boussole

Le Web fourmille d'informations toutes plus intéressantes les unes que les autres. Mais ne comptez pas sur votre bonne étoile pour trouver les pages dont vous avez besoin : fiez-vous plutôt à *Google* (prononcez « gougueule »). En effet, quelques secondes suffisent à cet outil de recherche pour vous dénicher les meilleures pages sur le thème convoité, qu'il s'agisse de la taille d'une haie, des démarches à effectuer en cas de changement de voiture ou de la discographie de Dalida.

TOUT PREMIERS PAS

Recherchez des informations avec Google

1 Cliquez sur l'adresse de la page actuellement affichée dans Internet Explorer pour la sélectionner, puis tapez `www.google.fr` et appuyez sur la touche **Entrée**.

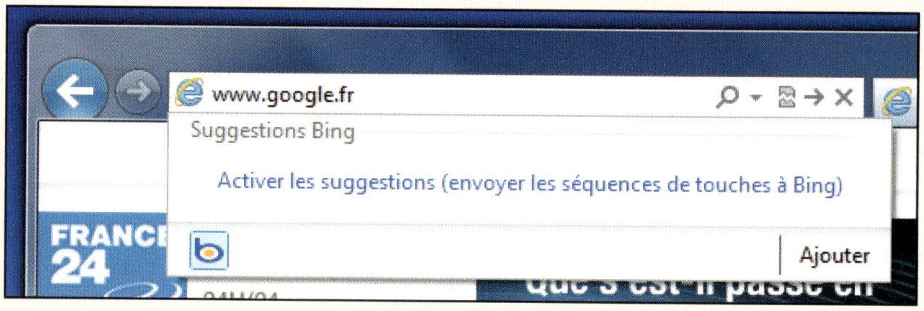

2 Et voici Google sur le pied de guerre ! Ne le faites pas languir : dans la grande zone rectangulaire, commencez à taper au moins un mot-clé caractérisant le plus précisément possible le sujet qui vous intéresse et, dès que celui-ci s'affiche dans la liste des propositions faites par Google, cliquez dessus. Ainsi, vous échappez à la saisie des derniers caractères ! Bien sûr, si aucune suggestion ne convient, vous devez taper vos mots en entier.

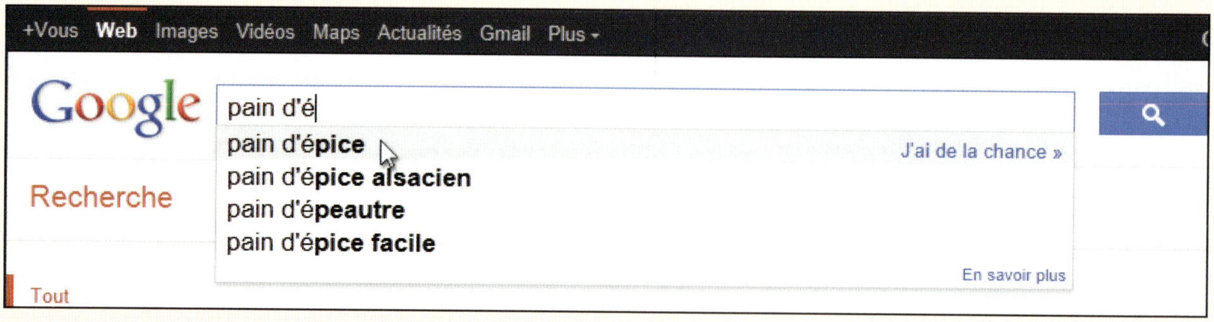

3 Google vous livre aussitôt une longue liste de réponses, normalement classées de la plus à la moins pertinente ; chacune commence par le titre de la page en bleu, suivi d'un résumé avec vos mots-clés affichés en gras, et de l'adresse de la page. Dès que vous repérez une page a priori vraiment intéressante, cliquez sur son titre (qui constitue en fait un lien).

Et si vous ne parvenez pas à vous faire une opinion d'après les seuls textes proposés, vous pouvez afficher un aperçu de n'importe quelle page en pointant la réponse correspondante, puis la grosse double flèche qui apparaît à droite. Génial, non ?

4 La page demandée apparaît ; parcourez-la. Si vous y trouvez votre bonheur, inutile d'aller plus loin ! Sinon, ou si vous voulez comparer les informations obtenues à celles d'une autre page, cliquez sur le bouton **Précédent** pour revenir à la liste des résultats de Google.

5 Répétez les étapes 3 et 4 autant de fois que nécessaires. Et si aucune page ne répond à vos attentes, cliquez sur **2** au bas de la page d'accueil de Google pour afficher la suite des résultats et découvrir d'autres pages peut-être plus pertinentes.

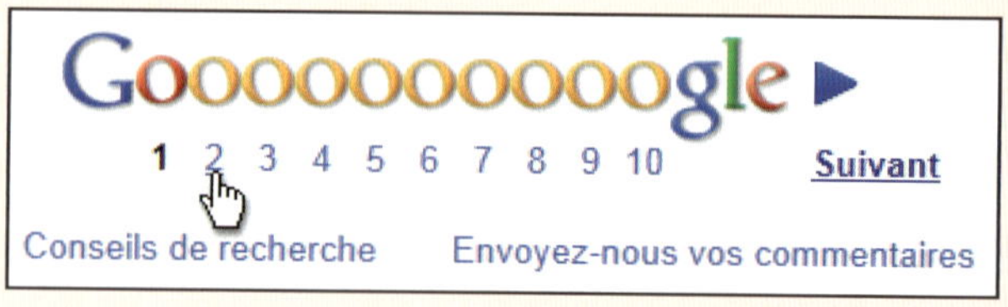

COUP DE POUCE !

Trouvez des images en plus des mots

Impressionné par l'efficacité de Google ? Pourtant, vous n'avez pas tout vu ! Car il excelle aussi dans la recherche de photos et de dessins. Mais attention : pas question d'utiliser les images trouvées à d'autres fins que des fins privées ; sinon, vous violeriez le copyright.

Cliquez sur le lien **Images** dans la page d'accueil ou une page de résultats de Google, puis tapez un ou plusieurs mots caractérisant l'illustration à trouver dans la zone centrale et cliquez sur **Recherche d'images**. Aussitôt, une série d'images correspondant à vos mots-clés apparaît. Cliquez sur une qui vous plaît pour en afficher une version plus grande. Et si elle n'apparaît pas alors dans sa page d'origine, cliquez sur le lien **Image taille réelle** à côté de la vignette en haut de la page (vous pourrez ensuite revenir aux résultats de la recherche d'un simple clic sur le bouton ⬅).

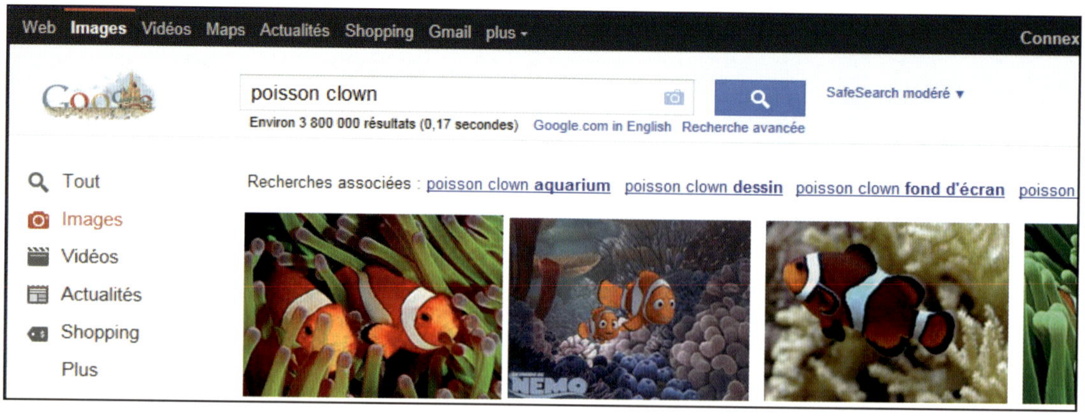

Le meilleur du Web à portée de souris

Un peu comme un quotidien que vous aimez lire tous les jours ou une émission de télévision que vous regardez très souvent, certaines pages Web vous plairont ou intéresseront tellement que vous aurez envie d'y revenir régulièrement ; je pense notamment à une page présentant la météo, les sorties cinéma de la semaine ou le cours de la bourse. Dans ce cas, consignez précieusement lesdites pages comme *favoris*, et la meilleure d'entre elles comme *page de démarrage* ; ainsi, vous pourrez y accéder à la vitesse grand V, sans taper leur adresse !

TOUT PREMIERS PAS

Enregistrez une page comme favori

1 Après avoir affiché une page que vous visitez souvent et que vous voulez ajouter à la liste de vos favoris, cliquez sur l'icône d'étoile ★ vers la fin de la barre d'outils, puis sur **Ajouter aux Favoris** en haut du panneau qui apparaît.

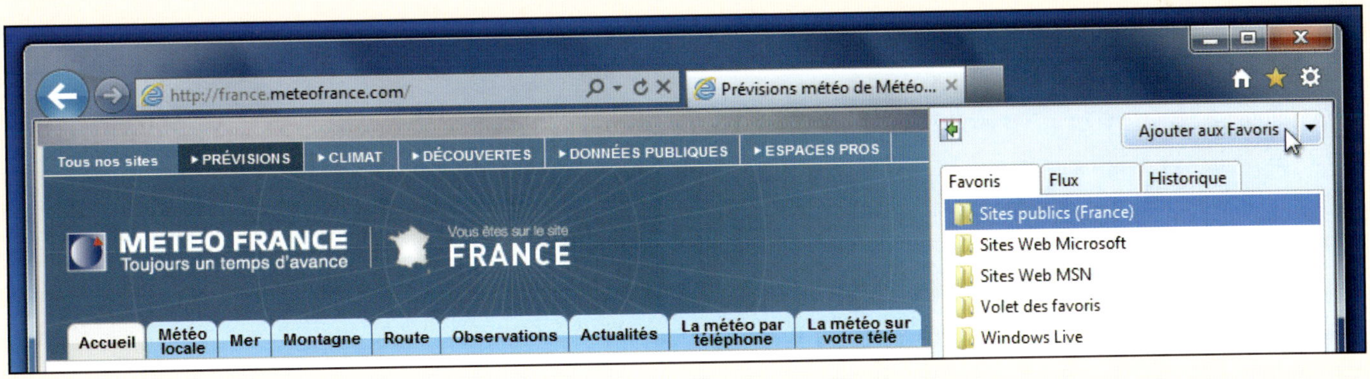

2 La boîte de dialogue **Ajouter un favori** apparaît, proposant gentiment un titre pour la page dans la zone **Nom** : s'il vous convient, passez directement à l'étape 3 ; sinon, tapez-en un autre.

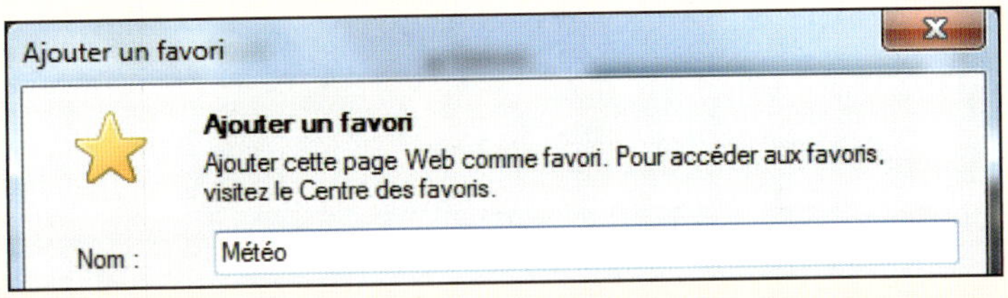

3 Cliquez sur **Ajouter**. Votre page est désormais bien au chaud. Mais ne vous arrêtez pas en si bon chemin : répétez dès maintenant ces trois étapes pour les principales pages que vous consultez très souvent.

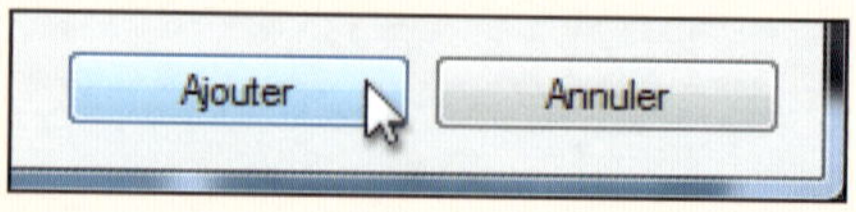

TOUT PREMIERS PAS

Affichez une page enregistrée comme favori

3 Cliquez de nouveau sur l'icône d'étoile ★ vers la fin de la barre d'outils, puis, dans le panneau **Favoris** qui apparaît, sur la page à afficher.

Celle-ci prend place aussitôt, et le panneau des favoris se ferme instantanément pour ne pas lui voler la vedette.

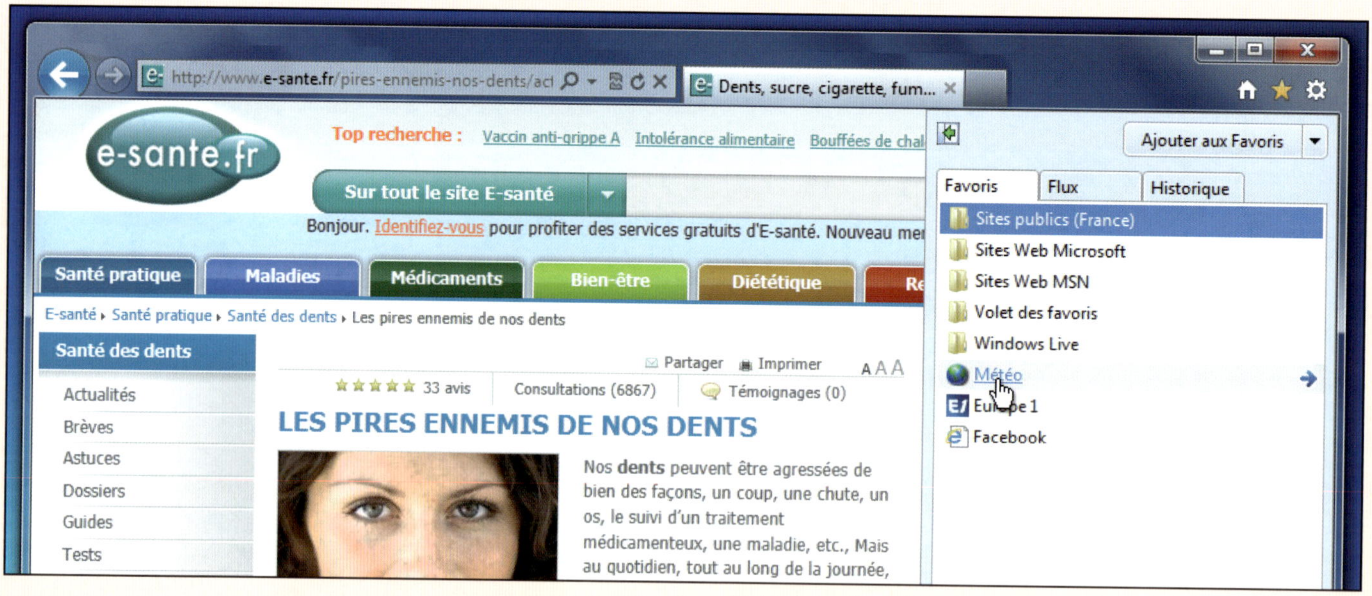

COUP DE POUCE !

Mettez votre page favorite sur le devant de la scène

Grâce aux favoris, vous pouvez consulter vos pages préférées à la vitesse de l'éclair. Mais une autre technique vous permet d'afficher votre page fétiche sans vous mettre du tout à contribution ! Il suffit de l'enregistrer comme *page de démarrage*. Ainsi, elle vous accueillera automatiquement au démarrage d'Internet Explorer ! Et ensuite, vous pourrez y accéder à tout instant d'un simple clic sur l'icône **Accueil** dans la barre d'outils.

Pour élire votre page préférée au rang de page de démarrage, donc, cliquez sur l'icône **Outils** complètement à droite dans la barre d'outils, et sur **Options Internet**. Dans l'onglet **Général** de la boîte de dialogue **Options Internet**, cliquez sur **Page actuelle**, puis sur **OK**.

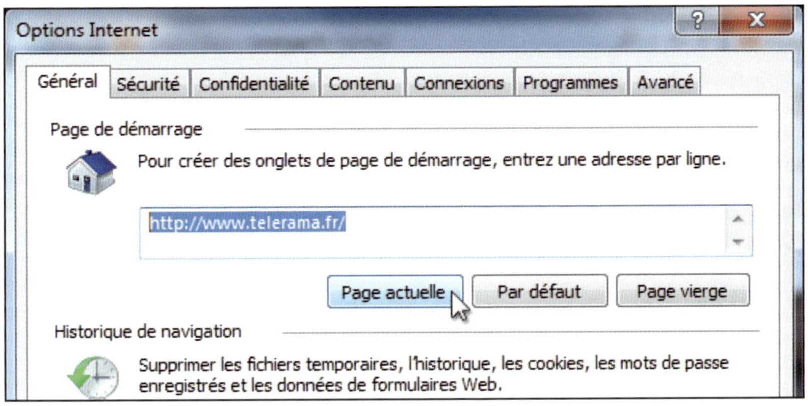

TESTEZ-VOUS !

Avez-vous retenu les trois mots essentiels de ce chapitre ?

1 **Le Web**

D'après vous, s'agit-il…

- **a** De l'outil qui vous permet de profiter de l'Internet sans passer un doctorat en informatique ?
- **b** Du câble qui permet de relier votre portable à l'Internet ?
- **c** De la société qui gère l'Internet ?

2 **Le Wi-Fi**

D'après vous, s'agit-il…

- **a** D'un site Web entièrement dédié à la musique ?
- **b** Du groupe d'ingénieurs qui a créé l'Internet ?
- **c** D'un type de connexion sans fil ?

3 **La page d'accueil**

D'après vous, s'agit-il…

- **a** De la page principale d'un site Web ?
- **b** Du premier écran où apparaît la mention « Windows 7 » après l'allumage de votre portable ?
- **c** Du schéma qui décrit votre portable dans son manuel d'utilisation ?

Réponses : 1 : a, 2 : c, 3 : a

Chapitre

8

Communiquez facilement grâce aux courriels

Vous avez apprécié votre connexion Internet pour vous balader sur le Web ? Gageons que vous l'aimerez encore plus quand vous aurez goûté à la messagerie électronique ! Car celle-ci constitue vraiment un formidable outil de communication.

Ainsi, à la fin de ce chapitre, vous saurez, entre autres :

- ➔ Récupérer et installer Windows Live Mail
- ➔ Échanger des courriels et des photos
- ➔ Éviter les pièges de la messagerie électronique

2 Windows Live Mail démarre, mais n'affiche pour l'instant que la boîte de dialogue **Ajouter un compte de messagerie**, afin de récupérer toutes les informations dont il a besoin pour vous permettre d'envoyer des courriels et vous livrer ceux qui vous seront adressés. Donc tapez l'adresse de messagerie et le mot de passe que vous avez définis sur le site `Windows Live`, cochez la case **Mémoriser le mot de passe** pour échapper à la saisie répétée de ce mot, et tapez le nom sous lequel vous voulez apparaître dans la boîte aux lettres de vos destinataires.

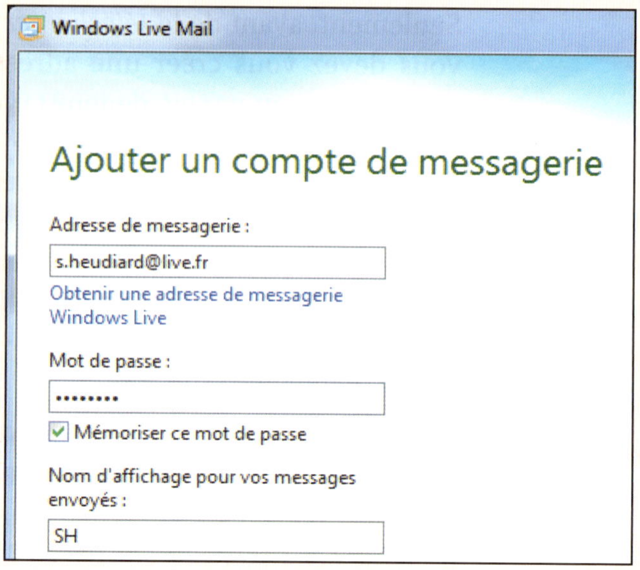

3 Cliquez sur **Suivant** pour que Windows Live Mail paramètre votre messagerie.

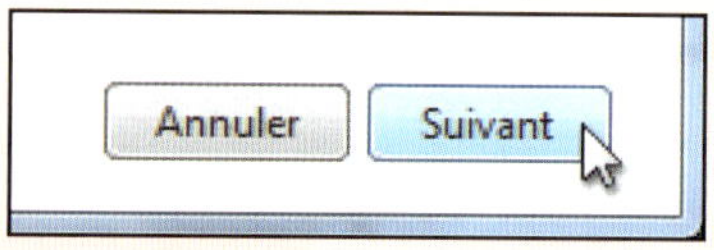

4 Une fois que tout est prêt, cliquez sur **Terminer**.

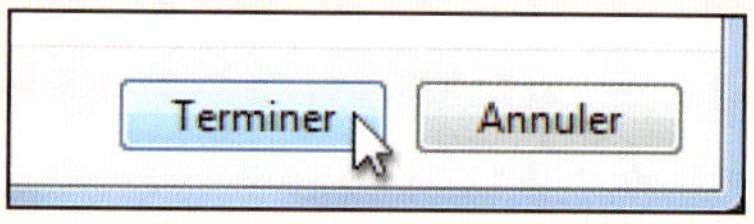

5 Windows Live Mail est maintenant devant vous. Mais toujours rien à l'horizon pour échanger des courriels… Cliquez donc sur le bouton **Télécharger** pour obtenir votre « kit de messagerie ».

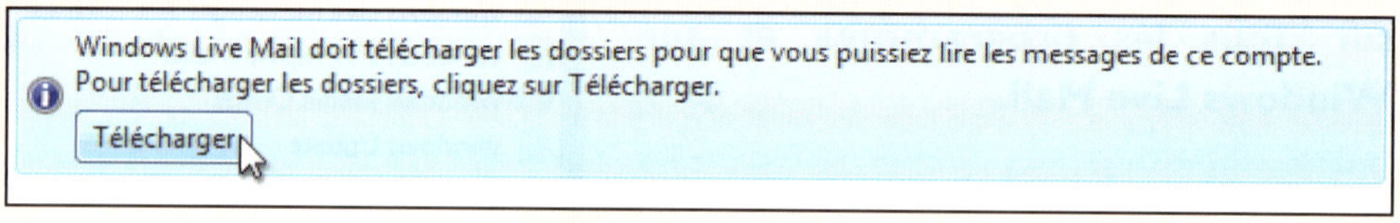

Un bon artisan devant d'abord avoir de bons outils et bien les maîtriser, ne vous aventurez pas plus loin sans avoir identifié les principaux composants de la fenêtre de Windows Live Mail. Celle-ci se scinde en quatre grandes zones verticales ; examinons-les, de la gauche vers la droite.

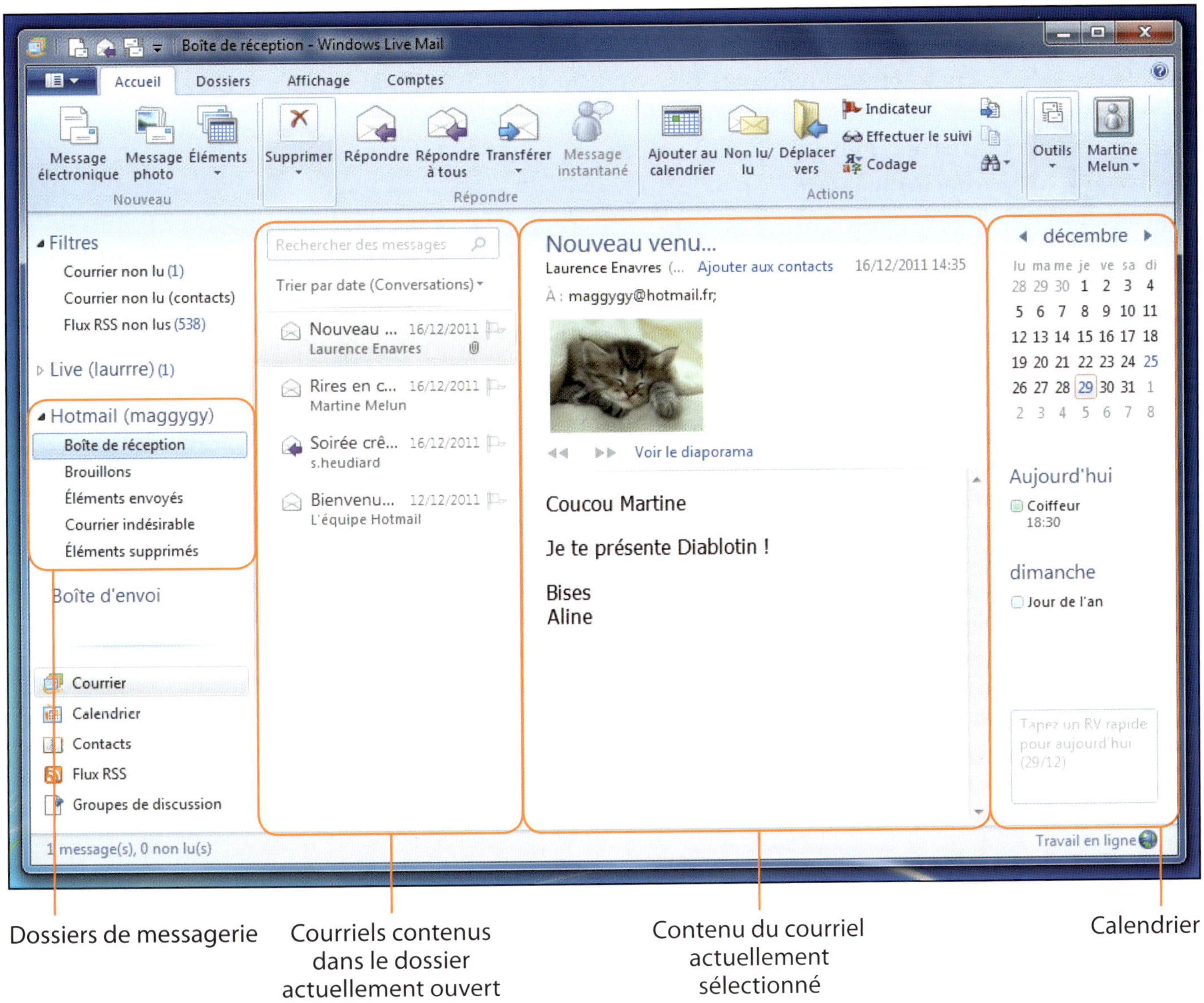

Comme un vrai bureau de Poste avec des boîtes aux lettres et des guichets pour les différents services, Windows Live Mail possède une fenêtre rigoureusement organisée qui permet de gérer correctement vos courriels.

- Nommée d'après votre adresse électronique, comme **Hotmail *(première partie de votre adresse)***, la **zone des dossiers** liste tous les dossiers qui stockent vos courriels en fonction de leur type. Vous pouvez ouvrir n'importe lequel d'entre eux en cliquant dessus, simplement.

  - La **Boîte de réception** accueille les messages que vous recevez et qui, a priori, ne constituent pas des *spams*, faux courriels souvent en anglais et de nature publicitaire, susceptibles de contenir un virus. Mais comme Windows Live Mail n'est pas infaillible, si vous repérez un message d'un expéditeur inconnu, avec un objet bizarre ou en anglais, supprimez-le aussitôt en cliquant dessus et en appuyant sur la touche **Suppr**, car il s'agit sûrement d'un spam.

  - Le dossier **Brouillons** sert à enregistrer les courriels que vous ne voulez pas envoyer tout de suite : il vous suffit de cliquer sur le bouton  du message, puis sur **Oui** dans la demande de confirmation. Ainsi, quand vous voulez expédier le courriel, vous n'avez plus qu'à le rouvrir en double-cliquant dessus, à le finaliser et à cliquer sur **Envoyer** .

  - Le dossier **Éléments envoyés** stocke une copie des messages que vous avez expédiés.

  - Le dossier **Courrier indésirable** accueille les messages que le programme considère comme des spams pour vous éviter de les ouvrir par erreur et de mettre en action tout virus qu'ils contiendraient. Mais vérifiez tout de même régulièrement qu'il ne contient pas à tort un « vrai » message ; si oui, glissez-déposez ce courriel de la colonne centrale sur le nom **Boîte de réception**, afin de le replacer au bon endroit.

  - Le dossier **Éléments supprimés** stocke tous les messages effacés dans les autres dossiers.

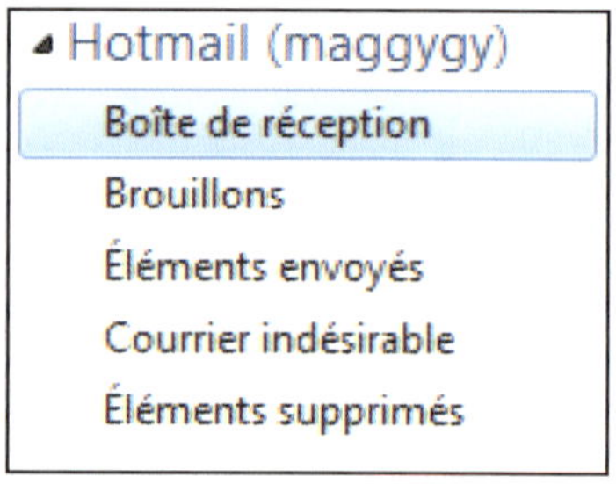

Windows Live Mail a prévu cinq dossiers dans lesquels il dispatche vos courriels en fonction de leur nature et de leur origine.

- La **zone des messages** affiche tous les courriels contenus dans le dossier en cours, qui apparaît donc sélectionné dans la zone des dossiers. Au départ, vous y trouvez un message de bienvenue de Windows Live Hotmail.

- Le **message** actuellement sélectionné dans la zone des messages vous dévoile son contenu à peu près au centre de la fenêtre du programme.
- Le **calendrier** affiche un calendrier du mois en cours avec les dates importantes et vos rendez-vous du jour.

COUP DE POUCE !

Deux adresses électroniques plutôt qu'une

Du moment que votre portable est relié à l'Internet, votre adresse électronique Hotmail ou Live vous permet de relever vos courriels et d'en envoyer de n'importe quel endroit de France et de Navarre. Mais mieux vaut la réserver à des utilisations liées à des inscriptions sur des sites Web où il est recommandé de ne pas dévoiler votre vraie identité, comme des blogs.

Pour tous les échanges que vous effectuez avec vos proches ou à titre professionnel ou administratif, utilisez plutôt l'adresse attribuée par votre FAI, qui intègre votre vrai nom.

Pour l'ajouter dans Windows Live Mail, cliquez sur l'onglet **Comptes** dans le ruban en haut de la fenêtre du programme, puis sur le bouton **Adresse de messagerie** . De retour dans la boîte de dialogue **Ajouter un compte de messagerie**, fournissez les renseignements demandés, et le tour est joué !

Des courriels de vous… et pour vous !

Envie d'inviter votre meilleure amie à dîner samedi prochain ? Ou de raconter votre dernier week-end à votre frère ? Inutile de décrocher le téléphone : envoyez-leur un petit (ou long !) courriel et guettez leur réponse !

TOUT PREMIERS PAS

Envoyez un courriel

1 Dans l'onglet **Accueil** au début du ruban de Windows Live Mail, cliquez sur le bouton **Message électronique** .

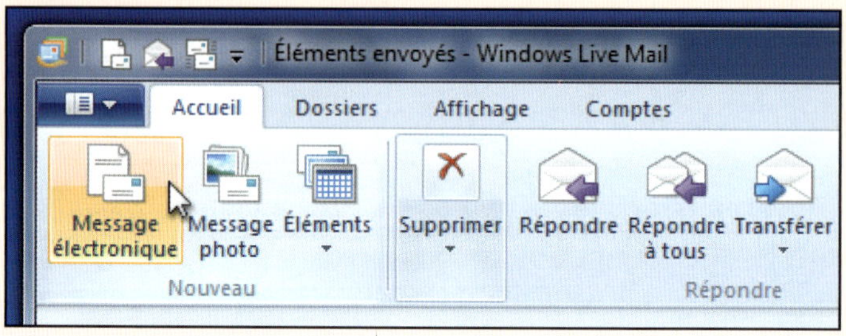

2 La fenêtre d'un nouveau courriel s'affiche, n'attendant plus que vos textes ! Cliquez donc dans la zone **À** et tapez l'adresse électronique du destinataire. Pour recevoir du courrier à coup sûr lors du prochain « Tout premiers pas », vous pouvez taper votre adresse personnelle. Mais si vous êtes prêt à attendre un peu la réponse, vous pouvez aussi m'écrire à l'adresse `s.heudiard@laposte.net`.

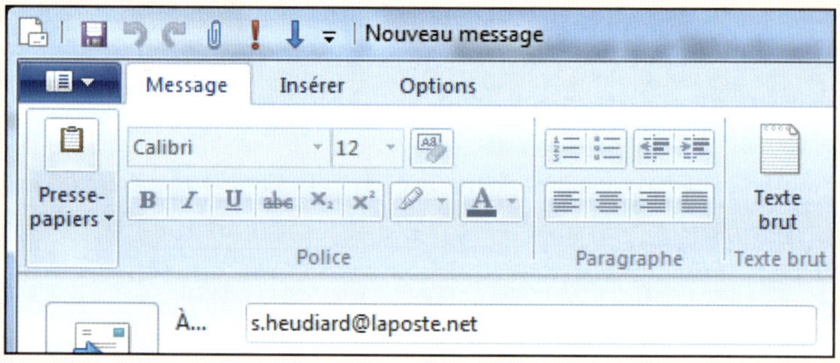

3 Dans la zone **Objet**, tapez le sujet de votre message. Mais attention ! quelques mots, pas plus : il s'agit juste d'indiquer brièvement le thème de votre courriel.

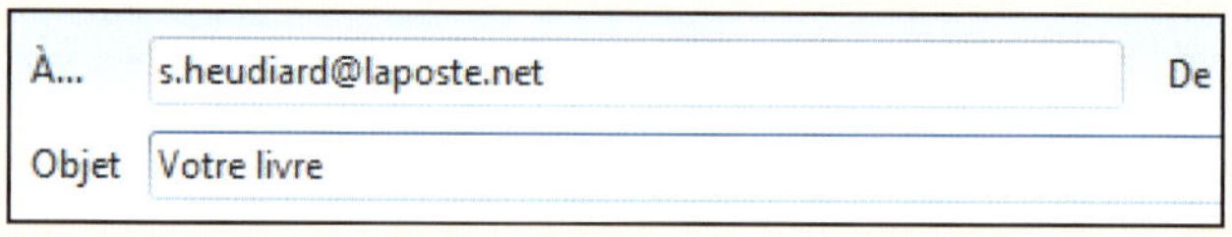

4 Cliquez dans la grande zone vide du message et tapez un texte pour votre correspondant, en respectant quelques règles essentielles.

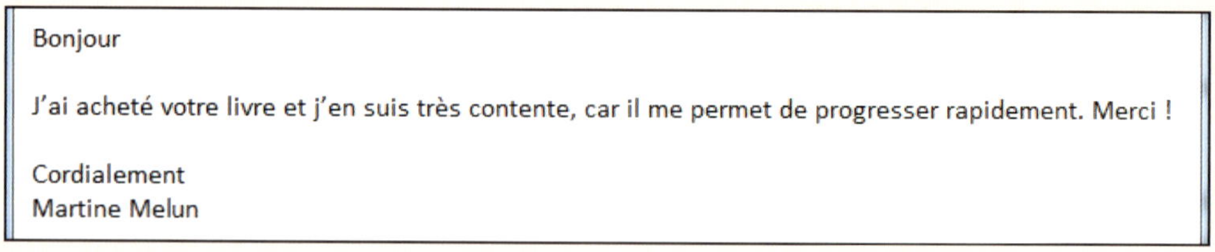

Commencez par un petit bonjour, faites des phrases complètes et créez des paragraphes avec la grosse touche **Entrée** pour aérer votre texte. N'utilisez pas de mots tout en majuscules, car ce type d'écriture équivalant à crier dans le langage Internet, il produit un courriel très agressif pour le destinataire. Enfin, terminez par votre nom, dans la mesure où les messages anonymes ne sont jamais très agréables…

5 Votre courriel est prêt à partir ! Mais si vous avez intégré plusieurs comptes de messagerie à Windows Live Mail, comme nous l'avons vu à la fin de la section précédente, vous pouvez choisir celui à utiliser en cliquant sur la liste **De** (à droite), puis sur l'adresse requise. Dans tous les cas, cliquez finalement sur le bouton **Envoyer** pour expédier le courriel.

6 Comme il s'agit de votre premier envoi de message, Windows Live Mail affiche un *code antispam*, texte tarabiscoté que seul un humain peut déchiffrer. Il s'assure ainsi que vous n'êtes pas un robot en train d'expédier un spam. Prouvez-lui donc que vous êtes bien une personne en tapant le code dans la zone **Caractères**, affiché juste au-dessus de lui.

7 Cliquez sur **OK**.

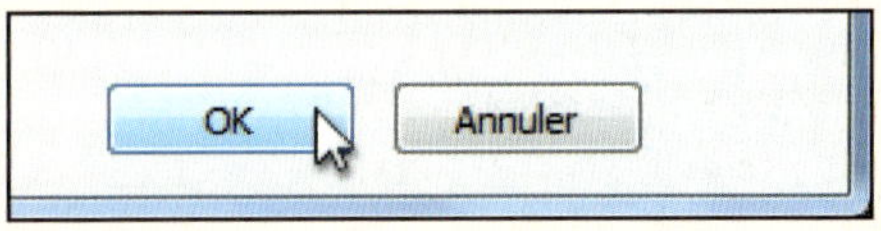

8 Votre message s'envole aussitôt vers la boîte aux lettres de son destinataire, où il atterrira dans quelques instants. La preuve ? Cliquez sur le dossier **Éléments envoyés** dans la partie gauche de la fenêtre : vous y trouverez en toute logique une copie de votre message témoignant que celui-ci a bien été expédié !

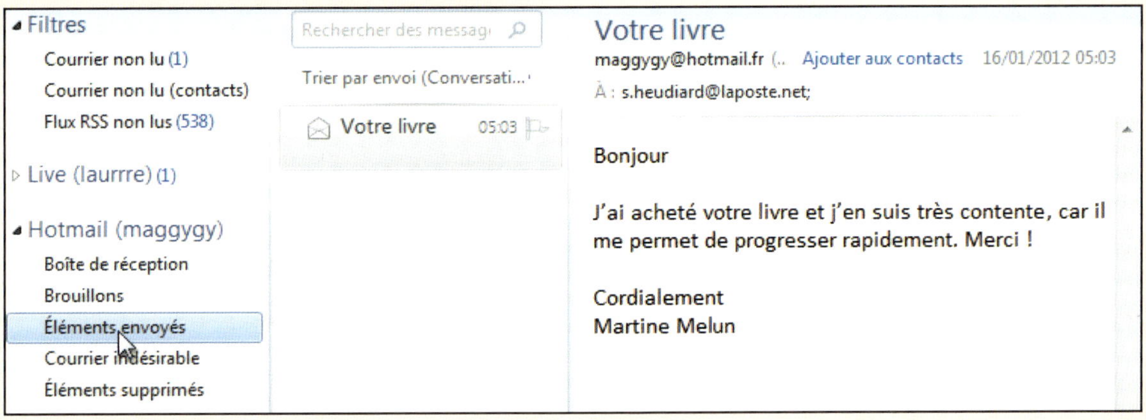

COUP DE POUCE !

Optimisez l'envoi de vos courriels

Windows Live Mail a résolument décidé de vous rendre la vie la plus agréable possible. Voyez un peu les trois techniques qu'il vous propose pour gagner du temps dans la préparation et l'envoi de vos courriels !

- **Créer un carnet d'adresses.** En enregistrant vos destinataires réguliers dans votre carnet d'adresses (faisant ainsi d'eux vos *contacts*), vous n'avez plus à taper leur adresse au moment de leur écrire : il vous suffit de saisir la ou les premières lettres de leur prénom dans la zone **À** du courriel et de cliquer sur le destinataire approprié dans la liste qui apparaît !

  Pour enregistrer un contact, donc, cliquez sur **Contacts** en bas à gauche dans la fenêtre de Windows Live Mail, puis sur le bouton **Contact** au début du ruban. Dans la fenêtre **Ajouter un contact**, tapez au moins les **Prénom**, **Nom** et **Adresse de messagerie perso** de la personne (sans faire de faute, surtout, sinon, aucun courriel n'arrivera à destination !), et cliquez sur **Ajouter aux contacts**.

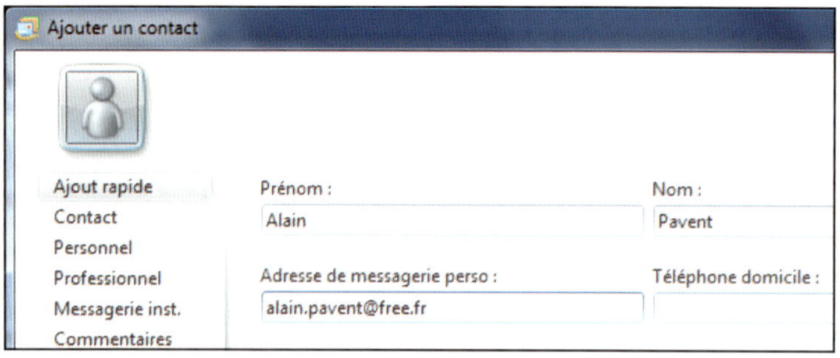

- **Écrire à plusieurs personnes en même temps.** Lorsque vous voulez inviter vos ami(e)s à votre anniversaire, inutile de créer un courriel pour chacun d'eux et de retaper le même texte à chaque fois : préparez votre message comme à l'accoutumée, mais indiquez les adresses de tous les destinataires dans la zone **À**, séparées par un point-virgule. Ensuite, cliquez sur le bouton **Envoyer**, et Windows Live Mail expédiera une copie du courriel à chacun de vos correspondants !

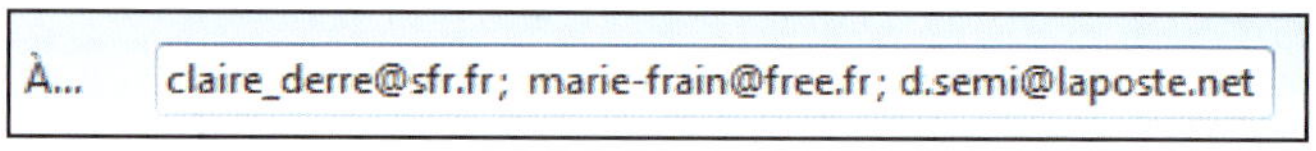

- **Partager un message reçu avec une tierce personne.** Quand vous recevez une histoire drôle et que vous avez envie d'en faire profiter des proches, pas besoin de la retaper dans un nouveau courriel : cliquez sur le bouton **Transférer** dans le ruban du message original, saisissez l'adresse des destinataires dans la zone **À** et, éventuellement, un texte d'accompagnement dans la grande zone centrale, puis cliquez sur le bouton **Envoyer**.

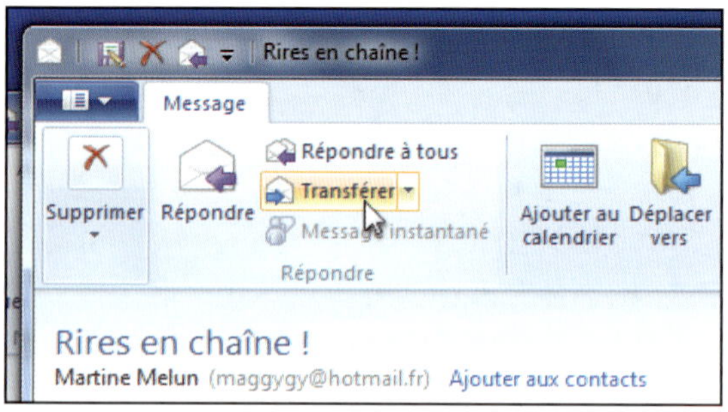

TOUT PREMIERS PAS

Récupérez votre courrier

1 À son démarrage, Windows Live Mail vérifie automatiquement auprès de votre FAI si vous avez du courrier et, si oui, il le transfère dans votre boîte aux lettres. Ensuite, vous pouvez à tout moment déclencher vous-même ces deux actions en cliquant sur le bouton **Tout mettre à jour** dans la barre **Accès rapide**, au début de la barre de titre du programme.

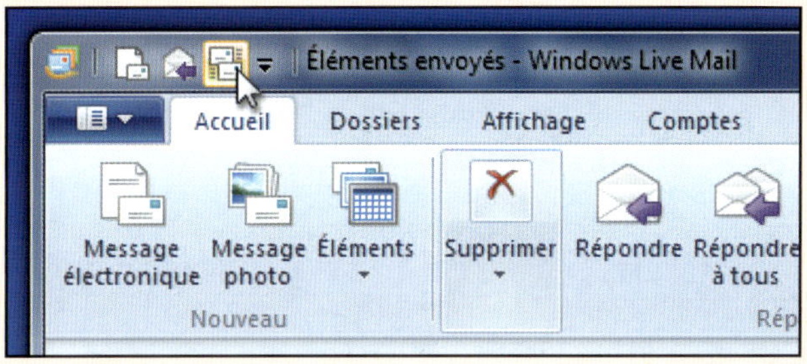

2 Le nombre de messages reçus s'affiche en bleu entre parenthèses à côté de **Boîte de réception** dans la partie gauche de la fenêtre ; cliquez sur ce dossier pour accéder aux précieux messages.

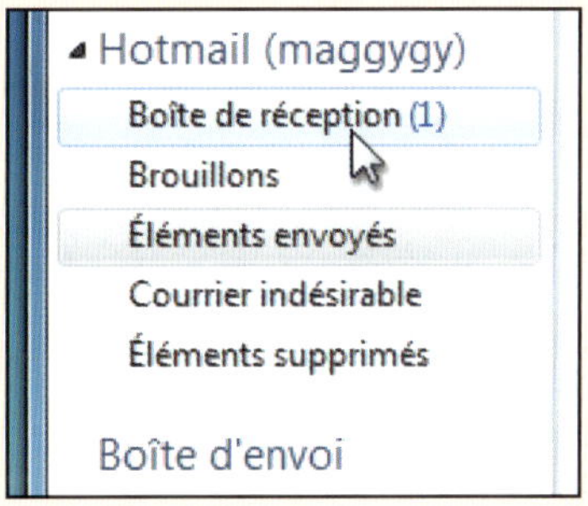

3 Les courriels fraîchement reçus sont maintenant visibles au centre de la fenêtre : impossible de les rater, car ils apparaissent en caractères plus épais, précédés d'une icône d'enveloppe orange, fermée ! Double-cliquez sur le premier que vous voulez lire. (Cliquer simplement sur un message donne certes un aperçu de son contenu dans la partie droite de la fenêtre, mais ne permet pas d'en prendre connaissance dans de bonnes conditions.)

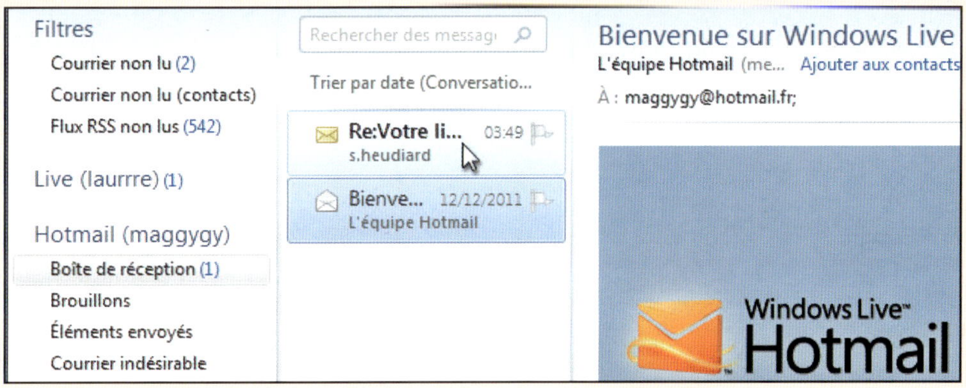

4 Le courriel s'ouvre dans sa propre fenêtre ; lisez-le (bien sûr !), puis fermez-le en cliquant sur son bouton . Dans la **Boîte de réception**, le message se retrouve inscrit en caractères plus fins et précédé d'une icône d'enveloppe blanche, ouverte : aucun risque de le confondre avec les nouveaux arrivants !

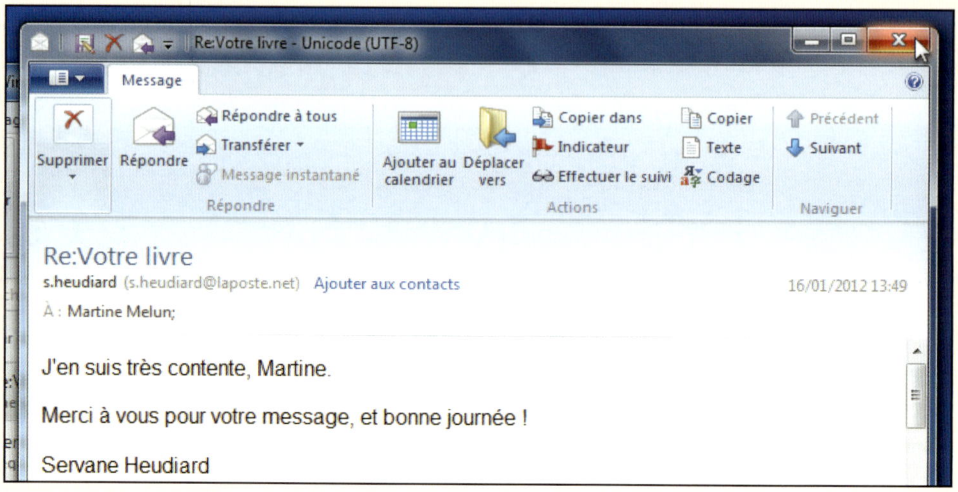

COUP DE POUCE !

Protégez votre boîte aux lettres

Comme l'Internet, la messagerie électronique a son côté obscur. Ainsi, vous risquez de recevoir de temps en temps de faux courriels, certains heureusement inoffensifs, mais d'autres terriblement dangereux. Alors, restez sur vos gardes !

- Les **spams**. Évoqués au début de ce chapitre, ils se cachent souvent sous des apparences publicitaires pour introduire des virus sur votre portable.
- Les **courriels pratiquant l'*hameçonnage* (ou le *phishing*)**. Particulièrement vicieux, ils semblent émaner d'un organisme reconnu, comme votre banque, et vous invitent à fournir des informations confidentielles, telles qu'un numéro de carte. Mais en fait, ils proviennent d'escrocs qui tentent de vous subtiliser des données personnelles.
- Les ***canulars* (ou *hoax*)**. Sans réel danger, ils visent d'abord à saturer l'Internet en véhiculant de fausses informations alarmistes (comme la disparition d'un enfant) et en incitant les destinataires à les transmettre à un maximum de gens. Si vous hésitez à les supprimer, vérifiez qu'il est bien référencé sur le site `Hoaxbuster` `www.hoaxbuster.com`, qui répertorie tous les canulars.

Dans la mesure du possible, n'ouvrez pas ces courriels. Et dans tous les cas, supprimez-les systématiquement en cliquant dessus et en appuyant sur la touche **Suppr**.

Pour que votre boîte aux lettres reste propre et fonctionnelle, effacez aussi régulièrement les « vrais » messages que vous n'avez pas besoin de garder dans la **Boîte de réception**, ainsi que la copie de ceux que vous avez expédiés et qui figurent dans le dossier **Éléments envoyés**.

Cela fait, cliquez sur le dossier **Éléments supprimés**, puis sur la petite croix juste à droite du nom du dossier, et finalement sur **Oui** dans le message qui vous demande de confirmer la suppression définitive de tous les messages effacés. Pour terminer, procédez de même avec le dossier **Courrier indésirable**, et votre boîte aux lettres sera rutilante !

TOUT PREMIERS PAS

Répondez à un courriel

1 La messagerie électronique n'est pas un service à sens unique : si vous aimez recevoir des réponses à vos courriels, vous-même devez répondre régulièrement à vos correspondants. D'autant que la procédure est d'une simplicité enfantine ! Après avoir lu leur courriel, donc, cliquez sur le bouton **Répondre** dans son ruban.

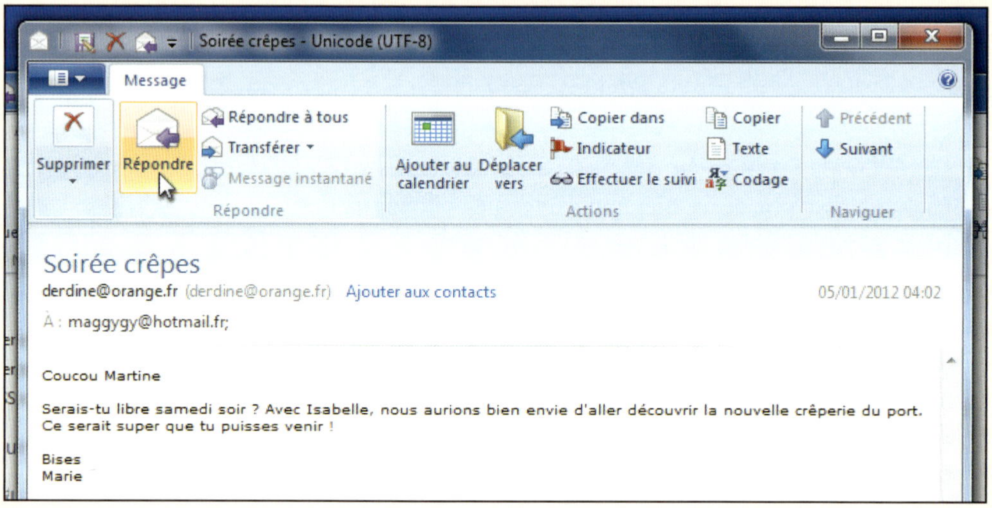

2 Métamorphose immédiate de la fenêtre du message : la zone **À** indique désormais l'adresse du destinataire, et la zone **Objet**, l'objet du message original, précédé de la mention **Re:** (comme « Réponse »). La grande zone principale du courriel reprend même les références et tout le texte du message d'origine : aucun risque de perdre le fil de la conversation ! Cliquez au-dessus de ce texte et tapez ce que vous souhaitez écrire à la personne.

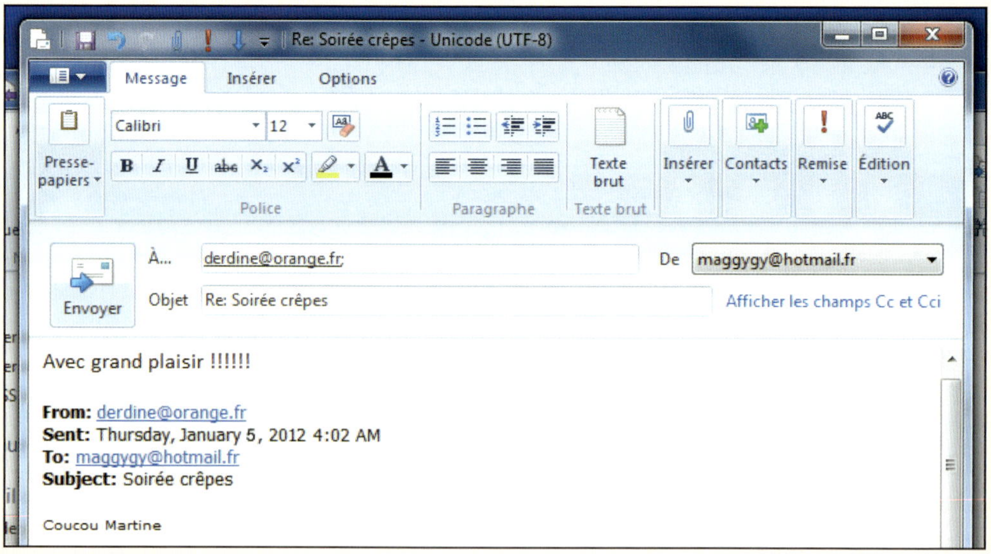

3 Cliquez sur le bouton **Envoyer** . Votre message arrivera bientôt à bon port !

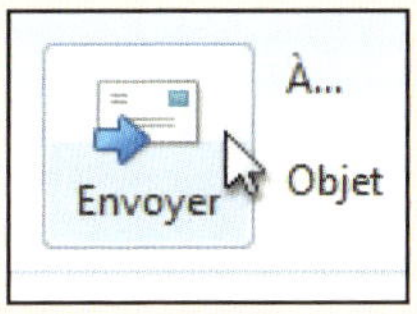

Passez des mots aux images

La messagerie électronique et le numérique font vraiment bon ménage, puisque les courriels vous permettent d'envoyer vos plus beaux clichés à vos parents et amis du monde entier sans avoir à faire de tirages coûteux sur papier glacé ni à attendre les longs délais postaux d'acheminement. En effet, quelques clics suffisent pour expédier vos chefs d'œuvre, qui arriveront à destination moins de 5 minutes plus tard.

Et le moment venu, vous-même pourrez savourer les photos de vos amis tout aussi facilement !

TOUT PREMIERS PAS

Envoyez des photos

1 Évidemment, pas besoin d'enveloppe ni de timbre pour envoyer une photo numérique ; mais il faut quand même un minimum de préparation ! Concrètement, vous devez la *joindre* à un courriel. Alors, créez celui-ci comme à l'accoutumée, en indiquant le destinataire et l'objet, et en tapant un texte d'accompagnement, puis cliquez sur le bouton **Insérer** dans l'onglet **Message** du ruban et sur **Joindre un fichier** .

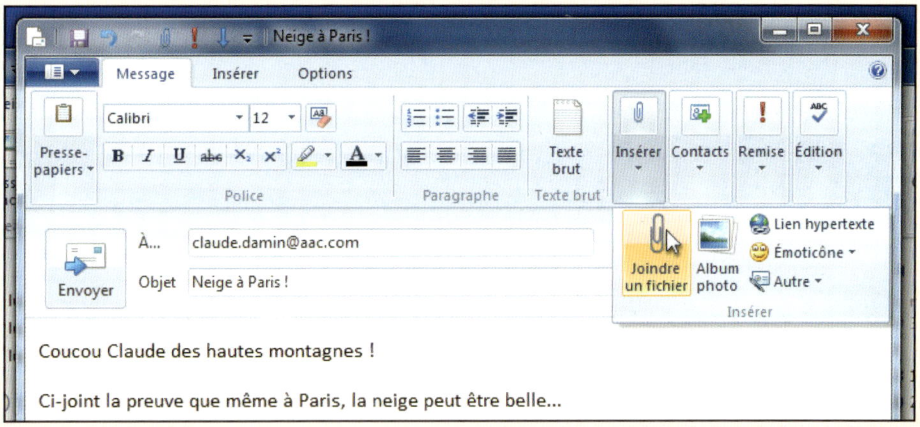

2 La boîte de dialogue **Ouvrir** apparaît ; ouvrez le dossier qui contient la photo à envoyer et double-cliquez sur cette dernière. Si vous stockez vos clichés comme il se doit dans des dossiers thématiques au sein de la bibliothèque **Images**, il suffit donc de cliquer sur cette dernière dans la partie gauche de la boîte, puis de double-cliquer sur le sous-dossier qui contient votre prise de vue.

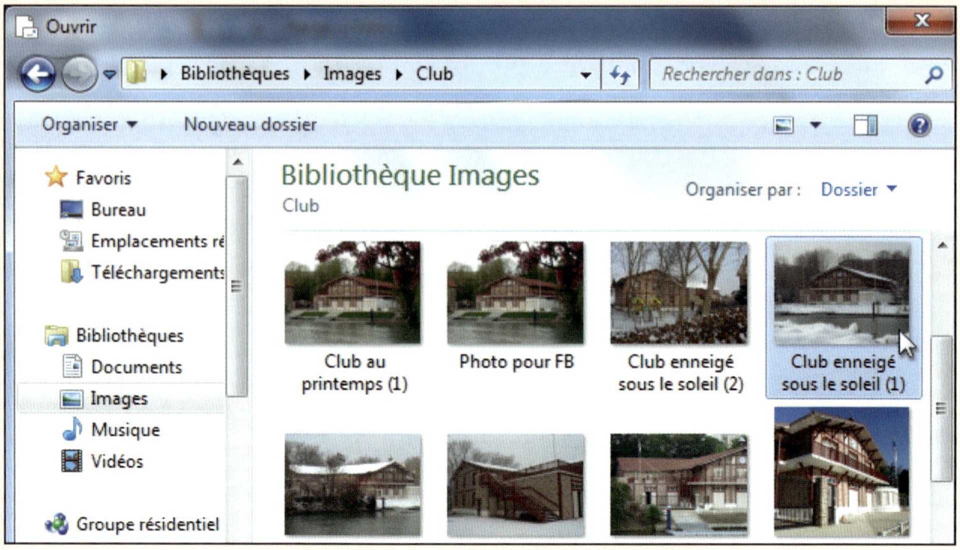

3 Windows Live Mail joint la photo au courriel et la référence sous la zone **Objet**. Votre courriel est prêt ! Alors, expédiez-le en cliquant sur le bouton **Envoyer** !

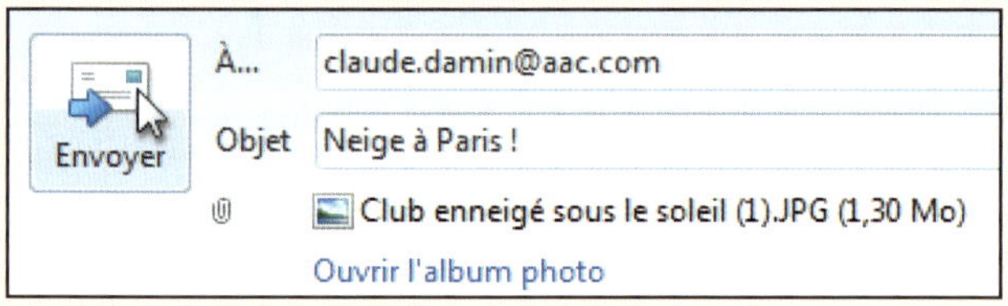

COUP DE POUCE !

Une petite image pour une grande émotion

Pour indiquer à votre interlocuteur que son message vous a fait beaucoup rire ou vous a attristé, inutile de taper de longues phrases : insérez juste un *smiley* (ou encore *trombine* ou *émoticône*) dans votre courriel, c'est-à-dire une petite icône de visage chargée d'exprimer un sentiment.

Pour ce faire, cliquez sur bouton **Insérer** dans l'onglet **Message** du ruban, puis sur **Émoticône** et, finalement, sur le smiley souhaité, comme pour indiquer que vous êtes heureux, ou si vous êtes triste.

TOUT PREMIERS PAS

Recevez des photos

1 Tous les courriels qui comportent une pièce jointe sont identifiés par une petite icône de trombone dans la colonne des messages, au centre de la fenêtre. Quand il s'agit d'une photo, un simple clic sur le courriel dans la **Boîte de réception** en affiche un aperçu dans la partie supérieure de la colonne droite de la fenêtre. Mais pour apprécier pleinement le cliché, mieux vaut ouvrir le courriel en double-cliquant dessus.

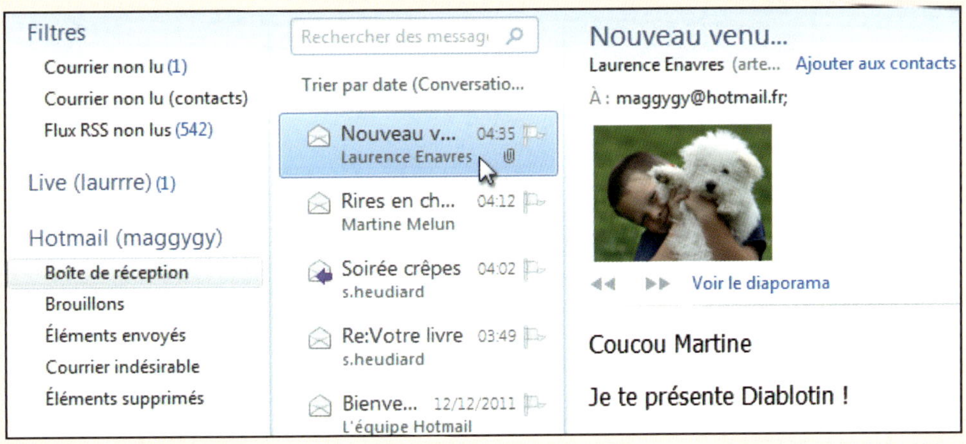

2 Le courriel s'ouvre et affiche dans sa partie supérieure une vignette de la photo jointe : cliquez sur le lien **Voir le diaporama**.

3 La Visionneuse de photos Windows démarre et met enfin votre cliché à l'honneur. Admirez-le, puis fermez le programme en cliquant sur son bouton X.

4 Et cliquez également sur le bouton X du message pour fermer celui-ci !

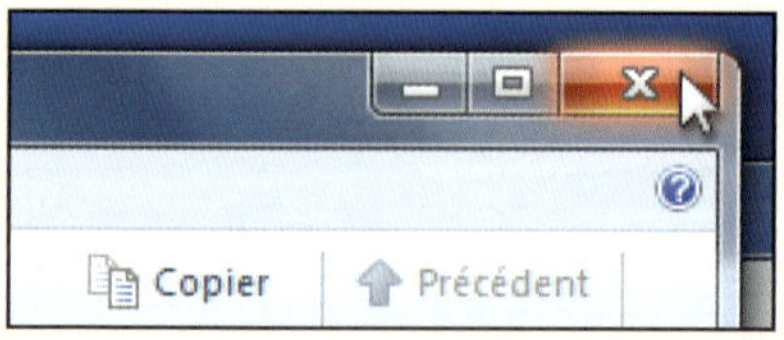

COUP DE POUCE !

Conservez les photos intéressantes

Quand vous recevez une photo que vous trouvez particulièrement jolie ou drôle, vous pouvez la stocker sur votre portable sans garder le courriel associé : une chance pour votre boîte aux lettres qui finirait sinon par déborder !

Cliquez du bouton droit sur la vignette du cliché affichée dans la partie supérieure du message, puis cliquez (avec le bouton gauche) sur **Tout enregistrer** dans le menu qui s'affiche. Si la zone **Enregistrer vers** au bas de la boîte de dialogue **Enregistrer les pièces jointes** ne se termine pas déjà par **Images** ou **Pictures**, cliquez sur **Parcourir**, puis sur le dossier **Mes images** et sur **OK** dans la boîte de dialogue **Rechercher un dossier**. Cliquez finalement sur **Enregistrer** dans la boîte **Enregistrer les pièces jointes**.

La précieuse photo figure désormais dans votre bibliothèque **Images** : vous pouvez supprimer sans risque et sans scrupule le courriel auquel elle était jointe !

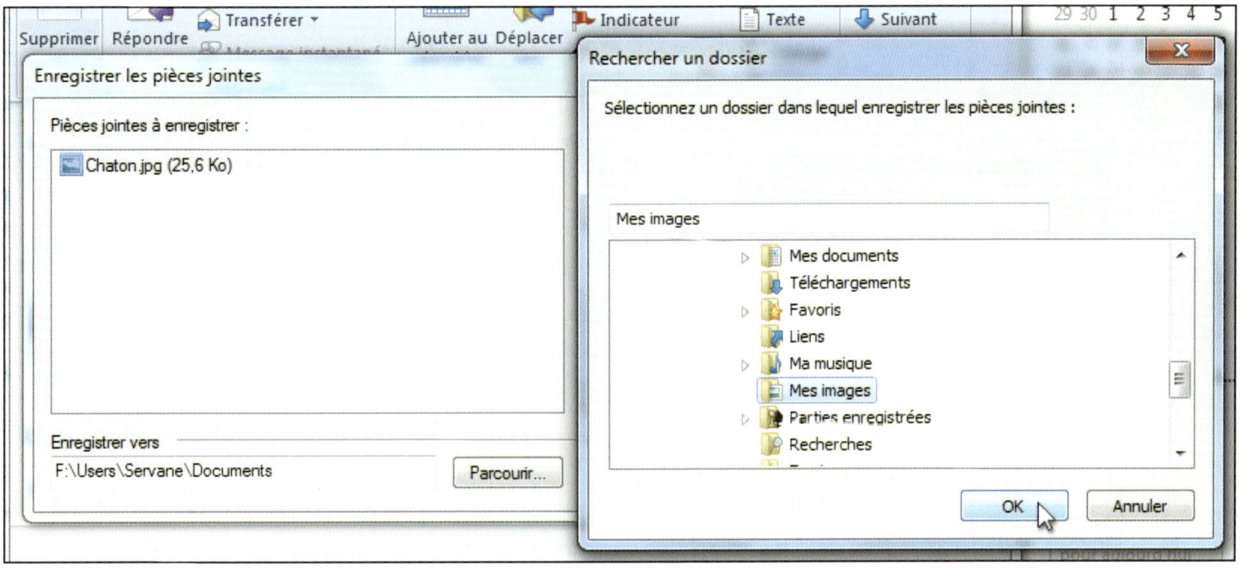

✓ TESTEZ-VOUS !

Avez-vous retenu les trois mots essentiels de ce chapitre ?

1 — La Boîte de réception

D'après vous, s'agit-il…

- **a** De la partie du disque dur où est enregistré Windows Live Mail ?
- **b** Du service d'assistance technique de votre FAI spécialisé dans les problèmes de messagerie électronique ?
- **b** Du dossier de Windows Live Mail qui stocke les courriels que vous recevez ?

2 — Un spam

D'après vous, s'agit-il…

- **a** D'un faux courriel qui, sous couvert publicitaire, vise souvent à infecter votre portable par un virus ?
- **b** D'un service de messagerie réservé aux parents d'internautes mineurs ?
- **b** D'un petit mot envoyé à un correspondant pour lui indiquer que vous avez bien reçu et lu son courriel ?

3 — Un smiley

D'après vous, s'agit-il…

- **a** D'un courriel écrit dans une langue étrangère ?
- **b** D'une imagette représentant un visage et utilisée pour exprimer une émotion ?
- **b** D'un outil qui permet d'envoyer plusieurs photos avec un seul courriel ?

Réponses : 1 : c, 2 : a, 3 : b

Chapitre 9

Prenez une pause en images et en musique

Un portable hostile au multimédia serait un bien piètre compagnon. C'est pourquoi leurs fabricants et Windows 7 ont vraiment fait le maximum pour vous permettre de profiter de vos photos numériques, vos morceaux de musique et vos vidéos.

Ainsi, à la fin de ce chapitre, vous saurez, entre autres :

- Copier et regarder vos photos numériques sur votre portable
- Lire des CD audio et des DVD vidéo
- Copier des chansons sur votre portable

Savourez vos photos

Votre portable est vraiment un complément idéal de votre appareil photo numérique, car sans lui, vos clichés ne pourraient pas s'épanouir pleinement. En revanche, avec lui, vous pouvez admirer vos prises de vue sur grand écran, les intégrer à des cartes de vœux personnalisées, les publier sur le Web, les partager grâce aux courriels (comme nous l'avons vu au chapitre 8), et que sais-je encore ! Seul préalable indispensable : copier vos clichés sur votre portable.

TOUT PREMIERS PAS

Copiez vos photos sur votre portable

1 Oubliez les pellicules, les négatifs et les labos photo, et profitez à 200 % de la liberté offerte par le numérique : retirez la *carte mémoire* de votre appareil photo (ce petit support rectangulaire d'un ou deux millimètres d'épaisseur), puis insérez-la dans la fente adaptée du lecteur de cartes de votre portable.

Et si celui-ci ne possède pas de lecteur adéquat, branchez votre appareil photo sur une prise USB (identifiée par l'icône •⭠⭢), basculez-le en mode Lecture (souvent en réglant une molette sur l'icône ▶) et allumez-le. Ensuite, patientez quelques instants, jusqu'à ce que Windows ait installé les programmes qui permettront à votre appareil photo de fonctionner avec votre portable.

2 Pour accéder au lecteur de cartes de votre portable (ou à votre appareil photo, le cas échéant), cliquez sur le bouton **Démarrer** dans la barre des tâches, puis sur **Ordinateur**.

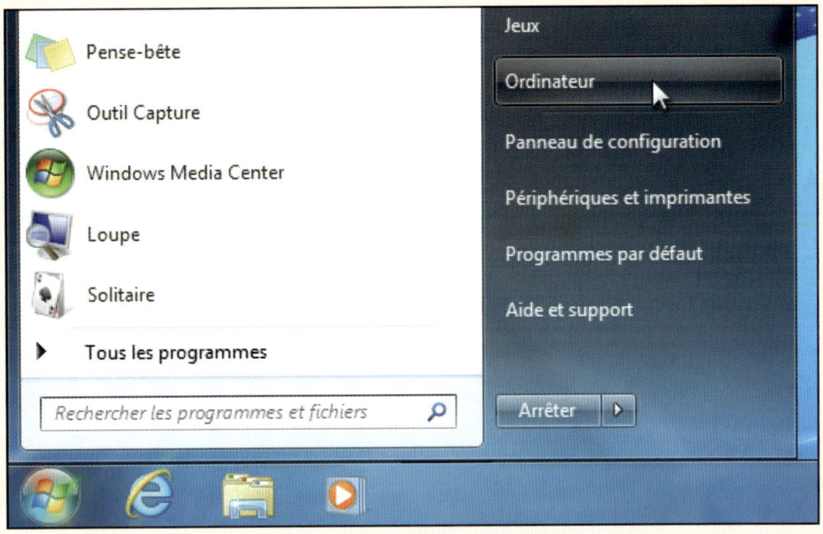

3 L'Explorateur de Windows s'ouvre et liste les lecteurs de votre portable. Dans le volet de navigation (à gauche), au-dessous d'**Ordinateur**, cliquez sur votre lecteur de cartes (ou votre appareil photo).

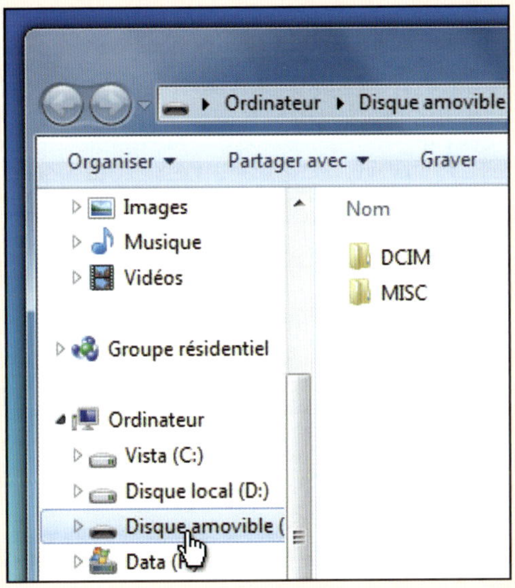

4 Le contenu de votre carte mémoire apparaît. Si vos photos sont déjà visibles, passez directement à l'étape 5 ; sinon, dans la partie centrale de la fenêtre, double-cliquez sur le dossier requis et, si nécessaire, sur le(s) sous-dossier(s) adapté(s), jusqu'à accéder à vos clichés.

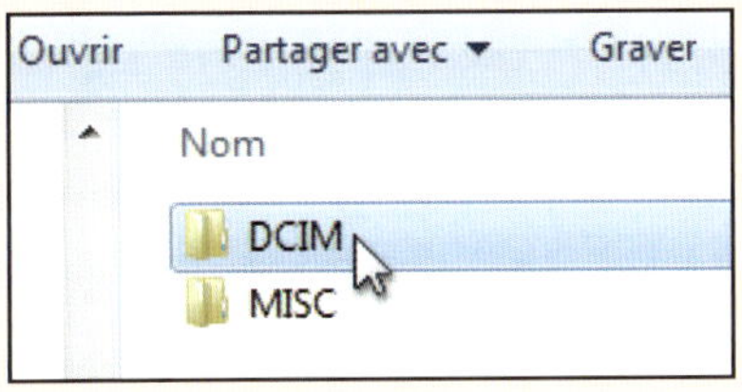

5 Vos photos sont toutes prêtes à rejoindre le disque dur ! Entamez donc leur copie comme vous l'avez appris au chapitre 5 : commencez par sélectionner l'ensemble des clichés en cliquant sur le bouton **Organiser** dans la barre d'outils, puis sur **Sélectionner tout**.

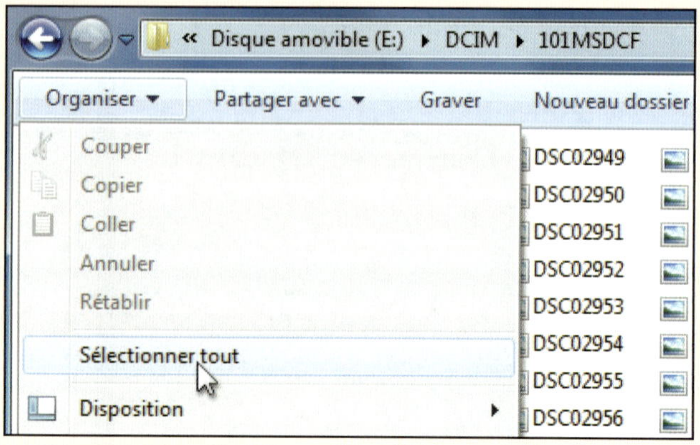

6 Et maintenant, effectuez la copie proprement dite. Mais comme vous connaissez toutes les ficelles de la technique, un petit rappel suffira, n'est-ce pas ? Cliquez sur le bouton **Organiser**, puis sur **Copier** et, ensuite, sur **Images** dans le volet de navigation, afin de stocker vos photos dans la bibliothèque **Images** que Windows a créée exprès ; cela fait, il ne vous reste plus qu'à cliquer de nouveau sur le bouton **Organiser**, puis sur **Coller**.

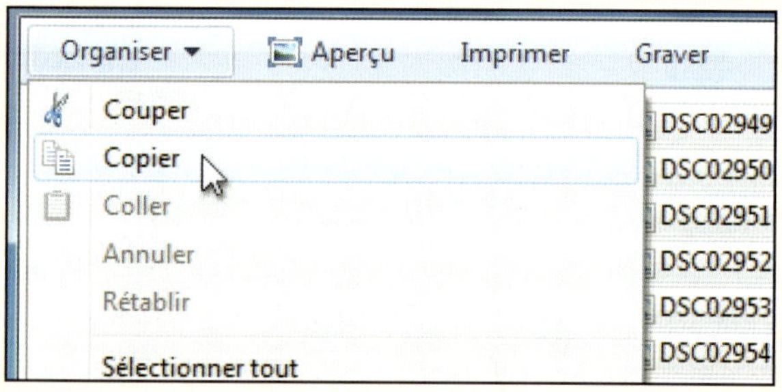

7 La bibliothèque **Images** contient désormais une copie de tous vos clichés : pour éviter les manipulations accidentelles, cliquez à côté d'eux pour les désélectionner.

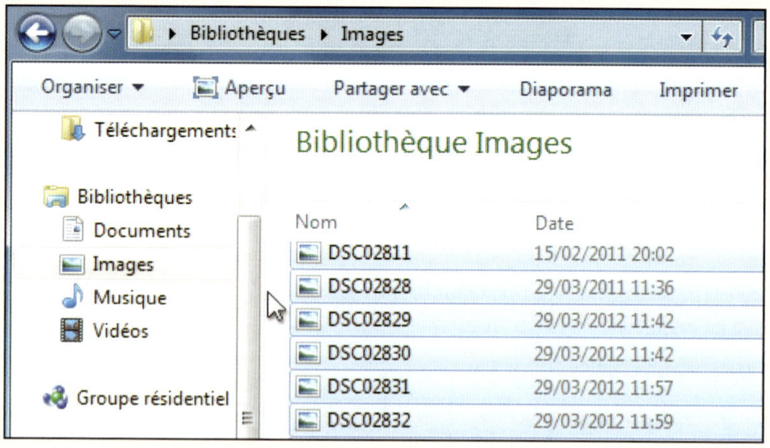

8 Retirez finalement la carte mémoire du lecteur (ou, si vous aviez branché votre appareil photo, éteignez-le et débranchez-le). Vous pouvez désormais en supprimer sans regret les clichés originaux pour offrir un maximum d'espace à vos prochaines photos !

TOUT PREMIERS PAS

Regardez vos photos

1 Puisque la bibliothèque **Images** vous tend les bras avec vos clichés fraîchement arrivés sur votre portable, profitons-en ! Double-cliquez sur la première photo à découvrir. (Par la suite, vous pourrez à tout moment rouvrir cette bibliothèque en cliquant sur le bouton **Démarrer** dans la barre des tâches, puis sur **Images**.)

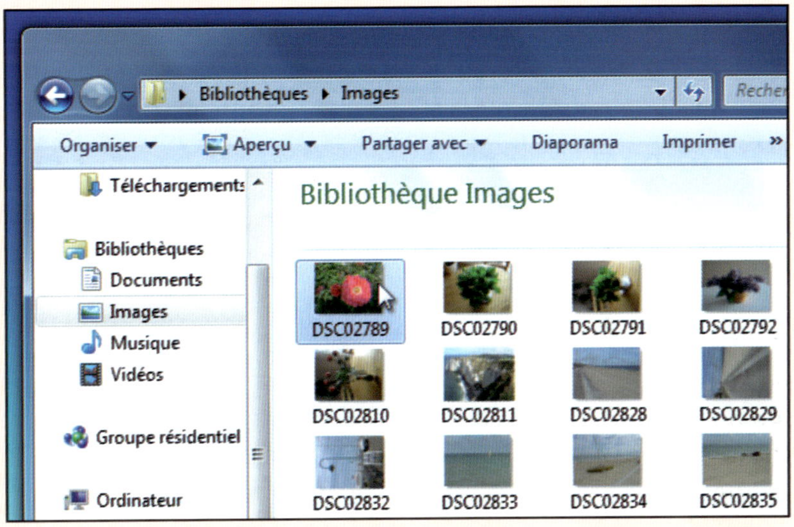

2 La *Visionneuse de photos Windows* démarre et met votre cliché sous les feux de la rampe. Ce programme inclus dans Windows est spécialisé dans l'affichage et la gestion des photos. Mais il arrive qu'un autre programme le court-circuite et présente votre prise de vue à sa place ; dans ce cas, fermez-le en cliquant sur son bouton X, puis cliquez du bouton droit sur le cliché à consulter, et cliquez finalement sur **Ouvrir avec**, puis sur **Visionneuse de photos Windows**.

Après avoir apprécié votre œuvre dans son ensemble, vous pouvez faire un gros plan en cliquant sur le bouton et en déplaçant le petit curseur qui s'affiche vers le haut (un simple clic sur le bouton ensuite vous permettra de retrouver l'intégralité du cliché). Mais pour ne pas rater une miette de votre photo, cliquez donc sur le bouton …

3 Votre photo évince tout autour d'elle pour s'approprier l'intégralité de l'écran. Mais sa folie des grandeurs ne dure pas, puisque le cliché suivant vient bien vite prendre sa place, pour disparaître à son tour quelques secondes plus tard au profit de la photo d'après. En fait, votre clic de l'étape 2 a déclenché un diaporama : vos clichés défilent donc automatiquement les uns après les autres.

Savourez le spectacle ! Et quand vous voulez l'interrompre, appuyez sur la touche **Echap** dans l'angle supérieur gauche du clavier.

4 Retour dans la Visionneuse ! Vous pouvez maintenant revoir vos clichés un par un aussi longtemps que vous le souhaitez grâce aux boutons et qui affichent respectivement l'image suivante et précédente du dossier.

Si l'un d'eux est mal orienté (s'il a la tête en bas, par exemple), cliquez sur le bouton ou pour le faire pivoter vers la gauche ou la droite. Et si l'une de vos photos est totalement ratée, cliquez sur le bouton pour la supprimer, puis sur **Oui** pour confirmer l'effacement.

5 Après avoir terminé, cliquez sur le bouton dans la barre de titre pour fermer la Visionneuse. Et ensuite, ne tardez pas à classer et renommer vos photos comme vous l'avez appris au chapitre 5 ; sinon, vous serez vite noyé dans une énorme quantité de clichés non identifiables !

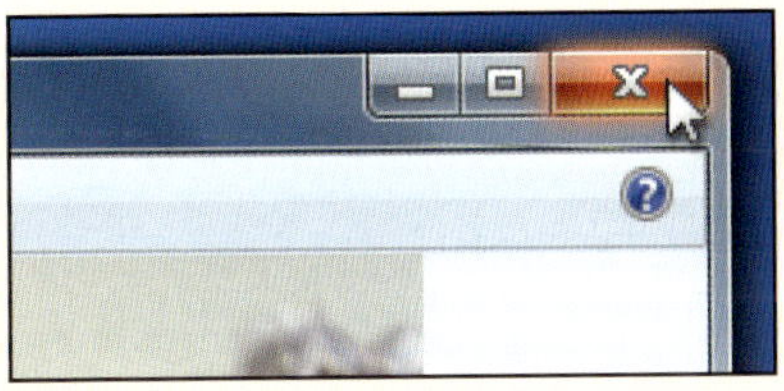

3 Si vous voulez passer à la chanson suivante ou revenir à la précédente, cliquez respectivement sur le bouton ⏭ ou ⏮. Et si vous souhaitez interrompre la lecture momentanément ou définitivement, cliquez sur le bouton ⏸ ou ⏹ (un simple clic sur le bouton ▶ ensuite suffira pour reprendre la diffusion). Enfin, pour réduire ou augmenter le volume, cliquez sur la petite flèche qui borde le bouton 🔈 et faites glisser le curseur respectivement vers la gauche ou la droite.

4 Poursuivez vos activités en cours en musique et, une fois la diffusion du CD finie, cliquez sur le bouton ✕ pour fermer la minifenêtre.

5 Retirez finalement le CD de votre portable.

COUP DE POUCE !

Regardez un bon film

Comme je vous le disais il y a quelques minutes, vous pouvez aisément vous offrir une soirée cinéma grâce à un bon film sur DVD et votre portable. Installez-vous confortablement, insérez le disque dans le lecteur optique… et profitez ! Car la diffusion du film démarre aussitôt en plein écran.

Néanmoins, vous pouvez pointer le bas de la fenêtre pour accéder aux mêmes contrôles de lecture que pour un CD, et accéder instantanément à une rubrique spécifique en cliquant sur le lien correspondant dans la fenêtre.

Et si vous avez besoin de faire une pause pour accéder à un autre programme, par exemple, cliquez sur le bouton dans l'angle inférieur droit de la fenêtre pour réduire temporairement cette dernière. Ensuite, vous pourrez reprendre la lecture en plein écran à tout moment en cliquant sur le bouton , toujours en bas à droite.

TOUT PREMIERS PAS

Copiez un CD audio sur votre portable

1 Première étape incontournable : insérez le CD à dupliquer dans le lecteur optique de votre portable.

2 Le Lecteur Windows Media démarre sur-le-champ et diffuse les premières notes du CD. Mais ne courez pas deux lièvres à la fois : arrêtez la musique en pointant le bas de la fenêtre pour afficher ses différents contrôles, puis cliquez sur le bouton .

3 Cliquez sur le petit bouton tout rond **Extraire le contenu du CD** dans l'angle supérieur droit de la fenêtre.

4 Pour suivre l'état d'avancement de la copie, cliquez sur le bouton **Basculer vers la bibliothèque** .

5 La fenêtre classique du Lecteur Windows Media apparaît, présentant les morceaux à copier sur le disque dur ; patientez gentiment jusqu'à ce que la colonne **État de l'extraction** indique **Extrait dans la bibliothèque** pour chaque chanson. Vous pouvez alors fermer le programme en cliquant sur le bouton X dans sa barre de titre, mais je vous invite plutôt à me suivre dans le prochain « Tout premiers pas » pour écouter ces morceaux dès maintenant.

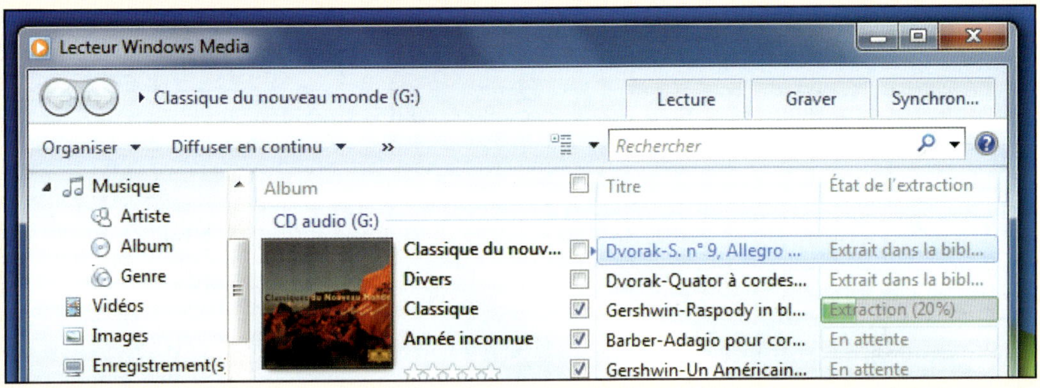

TOUT PREMIERS PAS

Écoutez de la musique stockée sur votre portable

1 Depuis le dernier « Tout premiers pas », le Lecteur Windows Media est ouvert sur sa *bibliothèque* (sinon, démarrez-le d'un petit clic sur l'icône vers le début de la barre des tâches). Cet outil réunit toutes les chansons et vidéos stockées sur votre portable, classées en plusieurs catégories (dont Musique et Vidéo, bien sûr), elles-mêmes subdivisées en sous-rubriques (comme Album et Genre).

Le morceau que vous souhaitez écouter maintenant s'y trouve donc forcément ! Alors, au-dessous de **Musique**, dans la partie gauche de la fenêtre, cliquez sur le critère d'après lequel vous voulez

localiser la précieuse chanson, comme **Artiste** ou **Album**.

2 Selon le critère choisi à l'étape 1, la liste des albums, artistes ou genres apparaît au centre de la fenêtre : double-cliquez sur la jaquette de l'album ou du groupe d'albums dont fait partie le morceau que vous souhaitez écouter.

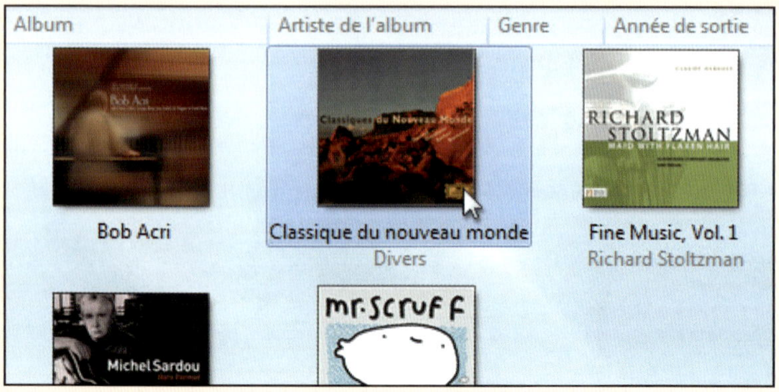

3 Tous les titres de l'album, de l'artiste ou du genre choisi s'affichent. Il ne vous reste plus qu'à double-cliquer sur celui que vous voulez écouter ou, si vous préférez entendre l'ensemble des morceaux, sur la jaquette. La lecture démarre aussitôt, et vous pouvez la contrôler comme nous l'avons vu à l'étape 3 du « Tout premiers pas - Écoutez un CD audio ».

4 Après avoir pris un grand bol de musique, cliquez sur le bouton  dans la barre de titre pour fermer le Lecteur Windows Media.

COUP DE POUCE !

Gardez votre bibliothèque en ordre

Si vous voulez pouvoir mettre rapidement la souris sur les chansons (ou vidéos, d'ailleurs) qui vous plaisent, pas de miracle : vous devez supprimer régulièrement les morceaux que vous n'aimez et n'écoutez pas ou plus.

Pour ce faire, cliquez sur l'un de ces titres et appuyez sur la touche **Suppr**. Dans le message qui s'affiche, cliquez sur **Supprimer de la bibliothèque seulement** si vous voulez conserver la chanson sur votre portable mais ne plus la référencer dans la bibliothèque, ou sur **Supprimer de la bibliothèque et de mon ordinateur** si vous préférez que le morceau disparaisse à la fois de la bibliothèque et du disque dur ; cliquez finalement sur **OK**.

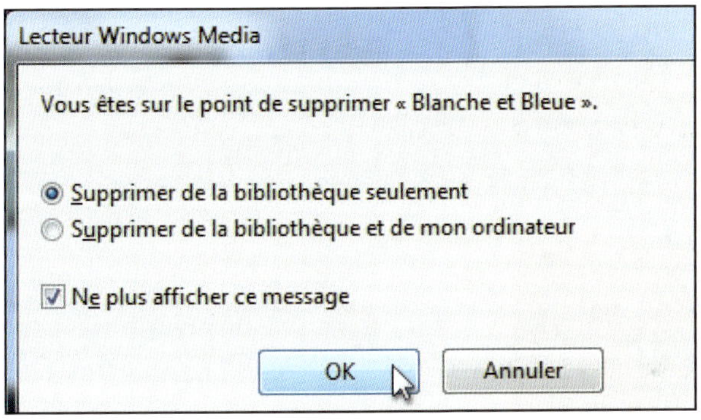

✓ TESTEZ-VOUS !

Avez-vous retenu les trois mots essentiels de ce chapitre ?

1 UNE CARTE MÉMOIRE

D'après vous, s'agit-il…

- **a** D'un tout petit support rectangulaire où un appareil photo enregistre les clichés ?
- **b** D'une carte à puce qui enregistre toutes les actions accomplies sur votre portable ?
- **c** D'un petit carton où sont notés les numéros de téléphone de différents services d'assistance informatique ?

2 Le Lecteur Windows Media

D'après vous, s'agit-il…

- **a** Du dispositif qui permet de réinstaller Windows 7 en cas de panne ?
- **b** Du programme de Windows 7 dédié au multimédia ?
- **c** Du programme qui permet de commander votre portable à la voix ?

3 Plein écran

D'après vous, s'agit-il…

- **a** D'un écran de portable monobloc ?
- **b** D'une expression employée quand l'affichage d'un élément occupe tout l'écran ?
- **c** D'un écran de portable dont le cadre mesure moins de 0,5 cm de large ?

Réponses : 1 : a, 2 : b, 3 : b

Chapitre

10

Repoussez les limites de votre portable

À ce stade du livre, vous avez votre portable bien en main. Je vous propose donc d'aller un peu plus loin, de façon qu'il soit encore plus agréable à utiliser.

Ainsi, à la fin de ce chapitre, vous saurez, entre autres :

- ➔ Installer de nouveaux programmes et appareils
- ➔ Personnaliser votre portable
- ➔ Résoudre les petites pannes

Élargissez les compétences de votre portable

Par rapport à la plupart des appareils électroniques qui ne vous apporteront jamais rien de plus que leurs fonctionnalités initiales, votre portable a l'avantage de pouvoir se bonifier au fil des mois. Ainsi, vous pouvez à tout moment l'enrichir en fonction de vos besoins en le dotant de nouveaux programmes ou dispositifs matériels. Par exemple, un scanner vous permettra de numériser vos diapositives, et un programme comme Microsoft Excel, de gérer vos comptes beaucoup plus facilement.

L'ajout d'un nouvel appareil s'effectue généralement de la manière la plus fluide qui soit, puisqu'en principe, une fois branché sur un port USB (identifié par l'icône) et allumé, il est automatiquement détecté par Windows.

Celui-ci affiche alors l'icône dans la zone de notification de la barre des tâches et installe les programmes indispensables au fonctionnement de l'appareil, tout en vous renseignant par des infobulles. Et quand, par malheur, il échoue, il vous suffit d'utiliser le CD d'installation fourni avec votre matériel et de suivre les instructions données dans la documentation papier jointe au dispositif.

Pour ajouter un nouveau dispositif sur votre portable, vous n'avez bien souvent qu'à le brancher sur le bon port ; ensuite, Windows se charge de tout !

L'ajout d'un nouveau programme n'est pas plus compliqué, mais la procédure implique quelques étapes spécifiques qu'il vaut mieux découvrir ensemble.

TOUT PREMIERS PAS

Installez un nouveau programme

1 En vous demandant d'insérer le CD ou DVD dans le lecteur optique de votre portable, j'enfonce évidemment les portes ouvertes. Pourtant, il faut bien commencer par là !

2 La boîte de dialogue **Exécution automatique** apparaît ; cliquez sur le lien affiché dans la section **Installer ou exécuter un programme**.

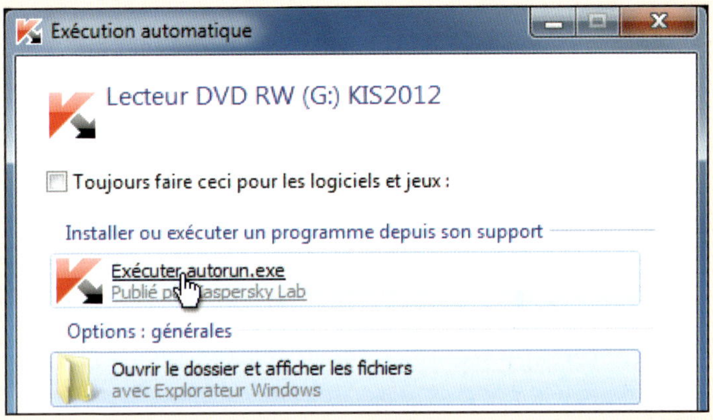

3 Une boîte de dialogue propre au programme apparaît, le plus souvent pour vous souhaiter la bienvenue ; selon le cas, cliquez juste sur un bouton du type **Suivant** ou **Continuer**, ou sur l'option d'installation du programme.

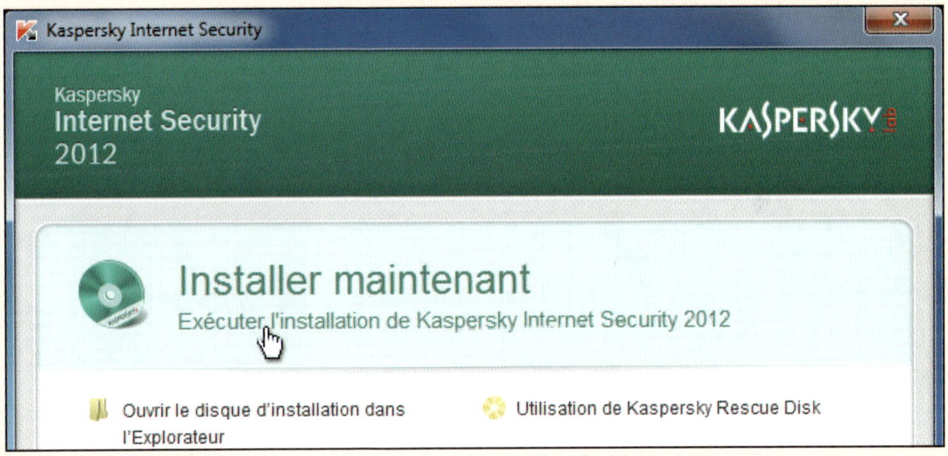

4 À partir de ce point, les étapes à franchir varient selon les programmes ; je vous invite donc à suivre scrupuleusement les instructions affichées à l'écran. Globalement, vous devrez répondre à différentes questions et cliquer à chaque fois sur un bouton du type **Suivant** ou **Continuer** pour passer à l'étape d'après, jusqu'à vous retrouver devant le précieux **Installer** qui vous permettra de déclencher effectivement l'installation.

En principe, vous serez toujours confronté au moins aux quatre étapes suivantes.

- Accepter le *contrat de licence*. Ce long texte définit les conditions d'utilisation du programme ; vous pouvez toujours le lire si vous ne voulez pas signer les yeux fermés, mais pas question de le refuser, car cela annulerait tout net l'installation du programme !

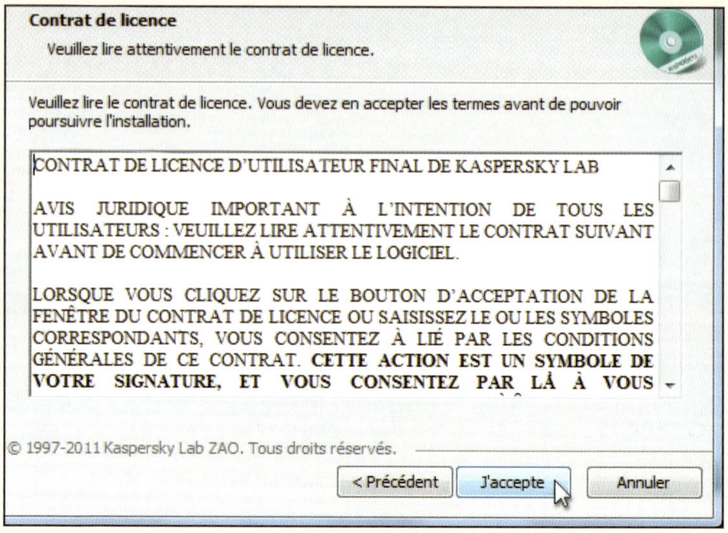

- Taper la *clé d'installation*. Ce code constitué à la fois de chiffres et de lettres (20 ou 25, en général), et apposé sur la pochette de votre disque, garantit que seuls les propriétaires du CD ou DVD original pourront installer le programme. En effet, si vous ne fournissez pas la bonne clé, l'installation s'arrête. Et essayez donc de deviner une telle suite de caractères !

- Choisir un type d'installation. Si le programme vous propose une installation soit « rapide » (voire « classique »), soit « personnalisée », cliquez sur la première pour ne pas vous compliquer la vie.

- Indiquer le dossier d'installation du programme. Acceptez sans hésiter celui qui est proposé, à savoir **Programmes** ou **Program Files**, car il contient la plupart des programmes installés sur votre portable.

5 Une fois que le programme possède toutes les informations dont il a besoin, l'installation démarre. Plusieurs messages défilent à l'écran et, finalement, l'un d'eux vous informe de la fin du processus ; cliquez alors sur un bouton du genre **Fermer** ou **Terminer**.

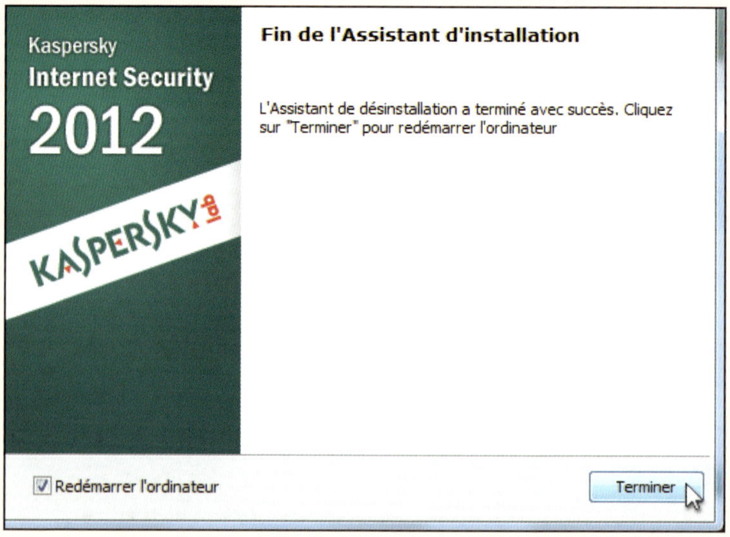

Ensuite, il se peut que vous soyez invité à redémarrer votre portable, à effectuer quelques réglages ou à activer le programme sur-le-champ (c'est-à-dire à l'enregistrer auprès de son éditeur pour prouver que vous en possédez bien une version légale, exactement comme nous l'avions vu avec Windows) ; dans ce cas, agissez en fonction de ce qu'indique l'écran.

6 Et après cette longue épopée, retirez le CD ou DVD du lecteur !

COUP DE POUCE !

Supprimez les programmes inutiles

Pour ne pas encombrer inutilement le disque dur, mieux vaut supprimer systématiquement les programmes dont vous n'avez plus usage. Mais pas vous-même ! Demandez à Windows de s'en charger ; ainsi, vous êtes sûr qu'il n'oubliera aucun fichier et qu'il n'en effacera pas un encore utilisé par d'autres programmes.

Cliquez sur le bouton **Démarrer** dans la barre des tâches, puis sur **Panneau de configuration**. Dans la rubrique **Programmes** du Panneau de configuration, cliquez sur **Désinstaller un programme**. La liste des programmes installés sur votre portable apparaît ; cliquez sur celui que vous voulez supprimer, puis, selon le programme, sur le bouton **Désinstaller/Modifier** ou **Désinstaller**.

La désinstallation commence aussitôt, ou une boîte de dialogue propre au produit s'affiche pour vous demander de confirmer vos intentions et, éventuellement, vous poser des questions supplémentaires ; soyez bon prince et répondez ! Une fois que tout est terminé, cliquez sur le bouton pour fermer le Panneau de configuration.

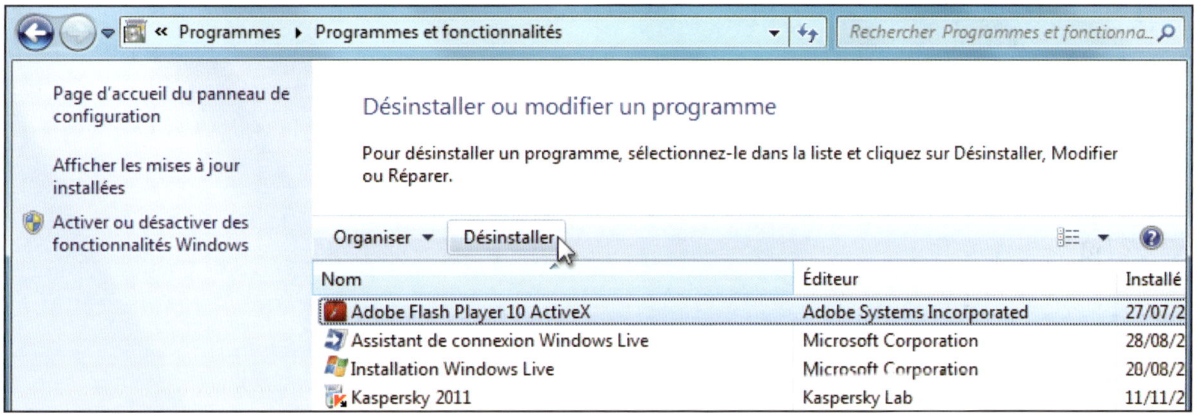

Mais les appareils et les programmes ne sont pas la seule manière d'enrichir votre portable : et si vous lui offriez quelques accessoires complémentaires ?

- **Une souris.** Même si vous avez fini par apprivoiser le dispositif de pointage, vous apprécierez le confort offert par une vraie souris, surtout si vous effectuez des tâches graphiques. L'idéal est de vous offrir un petit modèle sans fil.

- **Une batterie de rechange.** Une seconde batterie se révèle bien utile quand vous emmenez souvent votre portable en déplacement, car elle augmente votre autonomie et vous évite de courir après les prises de courant : un point particulièrement appréciable si vous n'avez pas la possibilité de recharger facilement la batterie d'origine.

- **Une station d'accueil (ou encore réplicateur ou duplicateur de ports).** Ce dispositif sédentaire est surtout pratique si vous emmenez souvent votre portable en déplacement, car il vous évite de nombreux branchements et débranchements à chaque retour chez vous. En effet, vous y connectez les appareils du type imprimante ou haut-parleurs et, dès que votre portable retrouve ses pénates, vous n'avez qu'à l'installer sur la station pour qu'il soit immédiatement relié à tous ces dispositifs externes. À l'inverse, au moment du départ, il vous suffit de retirer votre ordinateur de la station pour le débrancher de tout. Génial !

Si vous avez l'habitude de connecter plusieurs appareils externes à votre portable, comme un scanner ou une imprimante, une station d'accueil vous facilitera grandement la vie en vous épargnant des branchements/débranchements répétés.

Relookez votre portable

Lorsque vous achetez un portable, vous n'avez souvent pas l'occasion de choisir sa couleur, et jamais votre mot à dire sur l'image appliquée au bureau de Windows. Mais après coup, libre à vous d'enjoliver ces deux aspects !

D'abord, vous pouvez styliser et égayer votre ordinateur en le recouvrant d'un *skin*, « habillage » amovible et doté d'un joli motif ou d'une image, comme une photo d'animal, le dessin d'un héros de BD... ou même l'un de vos clichés personnels ! Un revêtement décoratif qui aura en plus le mérite de protéger votre ordinateur contre les rayures et les tâches ! Alors, si vous êtes intéressé, rendez-vous sur un site comme Coovz www.coovz.com, SkinFlips www.skinflips.fr ou SkinMania www.skinmania.fr.

Rien de mieux qu'un skin pour ajouter une touche de gaieté à votre portable noir !

Ensuite, vous pouvez personnaliser votre environnement « intérieur » en affichant une photo de votre choix (proposée par Windows ou réalisée par vous-même) sur le bureau de Windows. Voyons cela en détail.

TOUT PREMIERS PAS

Changez l'image du bureau

1 Avant de relooker le bureau, cliquez dessus du bouton droit (ailleurs que sur une icône) pour afficher un précieux menu contextuel avec la commande **Personnaliser**, et cliquez sur cette dernière (du bouton gauche, cette fois).

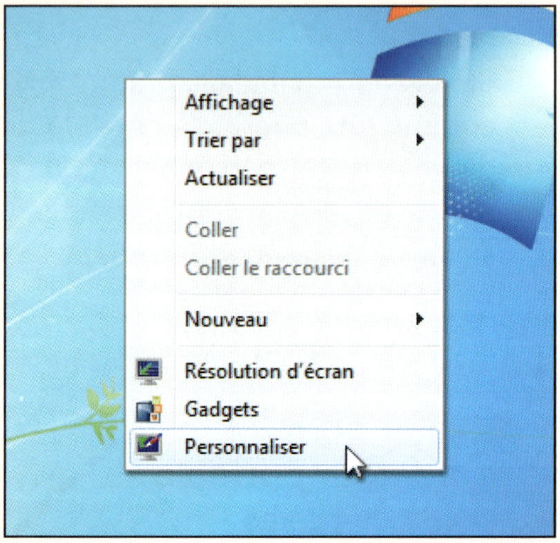

2 La fenêtre **Personnalisation** apparaît ; tout en bas, cliquez sur le lien **Arrière-plan du Bureau**.

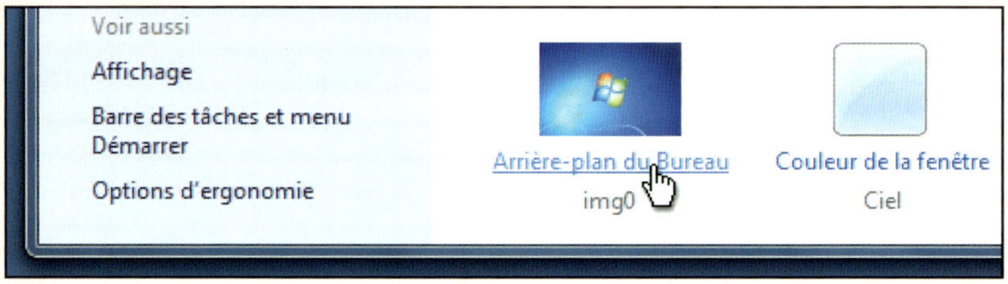

3 La fenêtre **Arrière-plan du Bureau** s'affiche, et Windows applique sans attendre un autre arrière-plan au bureau à titre d'exemple. Vous pouvez utiliser n'importe quelle image existante en cliquant dessus au centre de la fenêtre et en passant directement à l'étape 4. Mais si vous préférez choisir une photo personnelle, cliquez sur la liste **Emplacement de l'image**, puis sur **Bibliothèque d'images**, afin d'accéder à tous vos clichés stockés dans la bibliothèque **Images**.

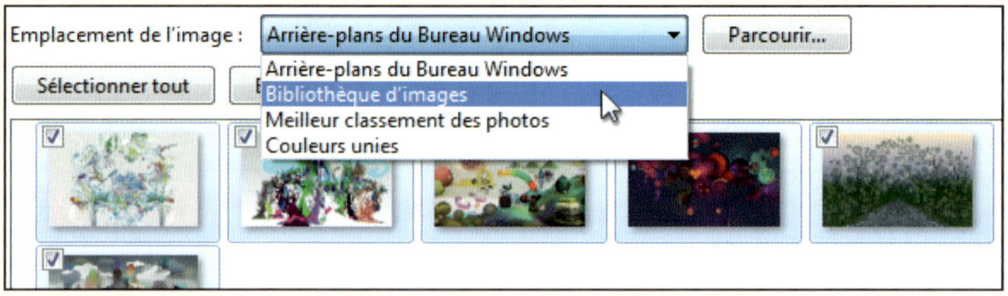

4 Cliquez sur la photo à afficher sur le bureau. Comme Windows l'applique aussitôt, vous pouvez tout de suite cliquer sur une autre image si vous êtes déçu par votre choix de départ.

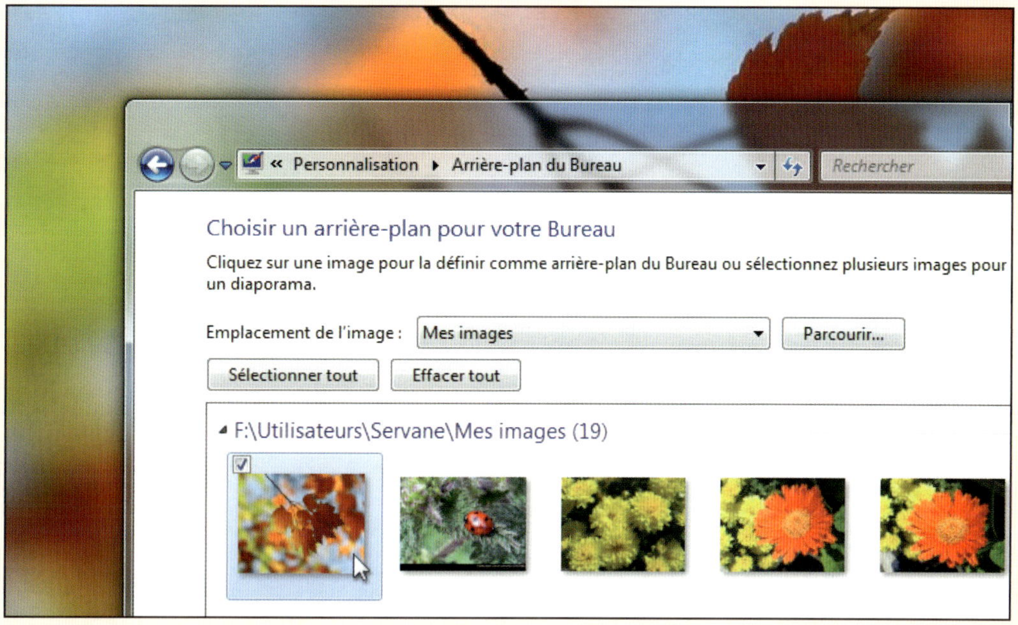

Et si vous n'arrivez vraiment pas à vous décider entre plusieurs photos que vous adorez, sélectionnez chacune d'elles en cliquant dessus avec la touche **`Ctrl`** enfoncée ; ainsi, elles défileront automatiquement sur le bureau ! Vous pouvez même indiquer leur durée d'affichage en cliquant sur la liste **Changer d'image toutes les**, puis sur la fréquence de remplacement souhaitée.

5 Cliquez sur la liste déroulante au-dessous de la zone des images, puis sur la manière dont vous voulez disposer la photo sur le bureau. Plutôt que de vous assommer par de longues explications, je vous invite à tester chaque option successivement pour juger de visu de l'effet obtenu et choisir ainsi en toute connaissance de cause !

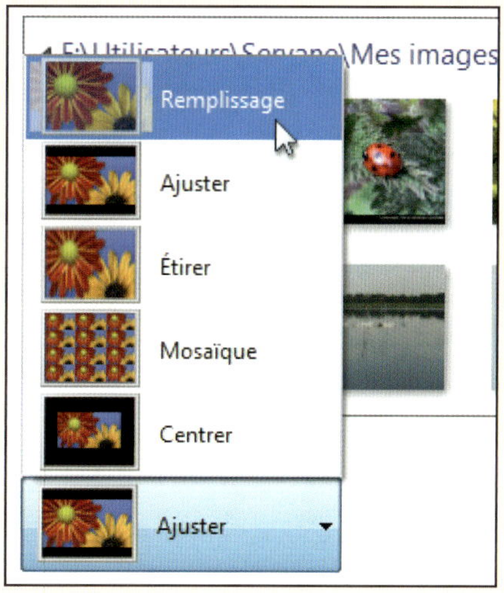

6 Cliquez sur **Enregistrer les modifications**.

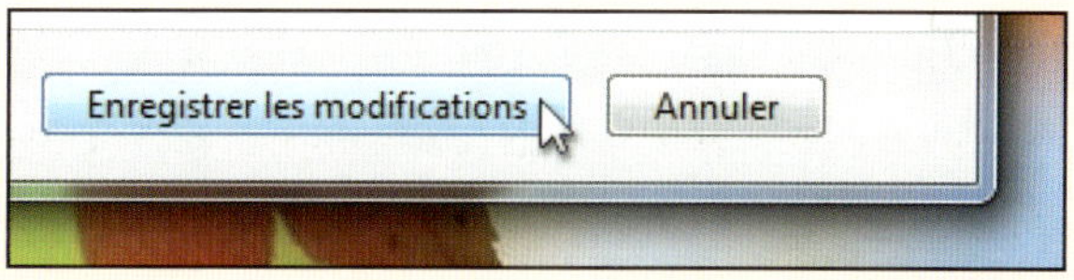

7 Fermez finalement la fenêtre **Personnalisation** en cliquant sur son bouton et admirez votre bureau relooké !

À chaque problème sa solution !

Même si vous dorlotez votre portable, il pourra lui arriver de faire sa mauvaise tête. Caprice d'enfant gâté ? Peu importe ! Que le dysfonctionnement provienne d'un composant matériel, d'un programme ou de Windows, l'outil *Résolution des problèmes* vous aide à le diagnostiquer et à le résoudre.

TOUT PREMIERS PAS

Solutionnez les problèmes

1 L'accès à l'outil Résolution des problèmes, intégré à Windows, s'effectue par le biais du *Panneau de configuration*, véritable centre névralgique pour la protection, le réglage et la personnalisation de votre portable (d'ailleurs, vous l'avez déjà croisé en apprenant à supprimer un programme). Pour afficher ce lieu stratégique, cliquez sur le bouton **Démarrer**, puis sur **Panneau de configuration**.

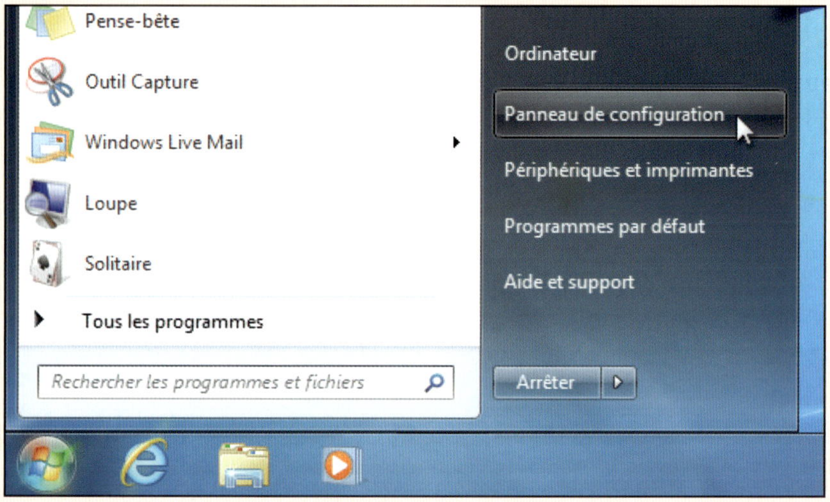

2 Le Panneau de configuration apparaît : parcourez rapidement des yeux ses différentes rubriques, afin de mesurer l'importance de cet outil, puis cliquez sur **Rechercher et résoudre des problèmes** dans la section **Système et sécurité**.

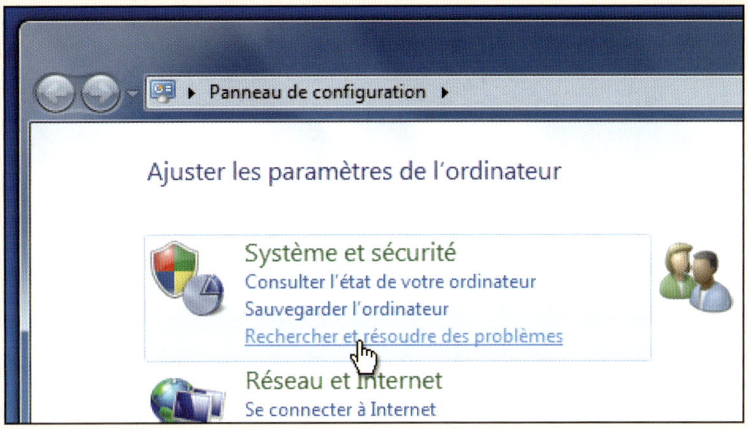

3 La fenêtre **Résolution des problèmes** s'affiche ; prenez connaissance des rubriques proposées, puis cliquez sur le lien correspondant à la catégorie de problème que vous rencontrez.

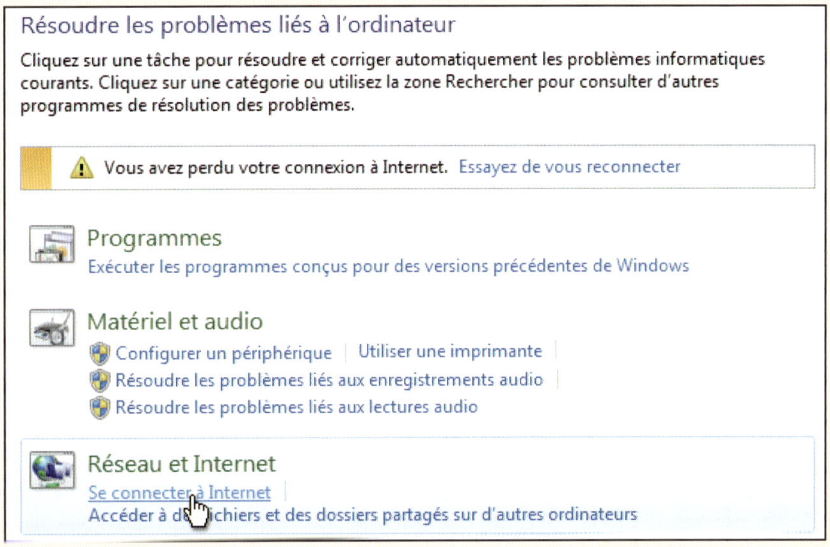

4 Une boîte de dialogue dédiée à votre type de problème apparaît. Cliquez sur **Suivant**, puis patientez gentiment pendant que Windows identifie le dysfonctionnement et y cherche des solutions ; agissez ensuite en fonction des instructions données à l'écran.

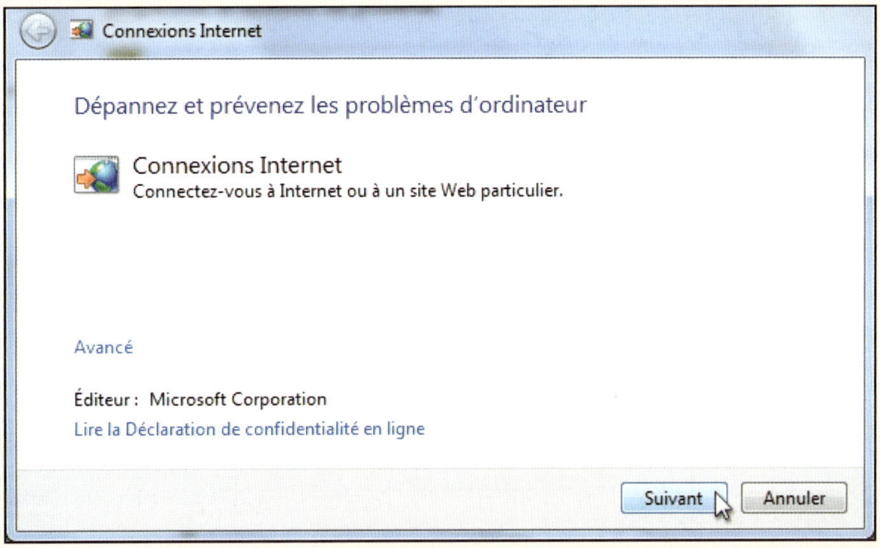

5 Une fois le problème résolu, fermez la fenêtre **Résolution des problèmes** en cliquant sur son bouton [X].

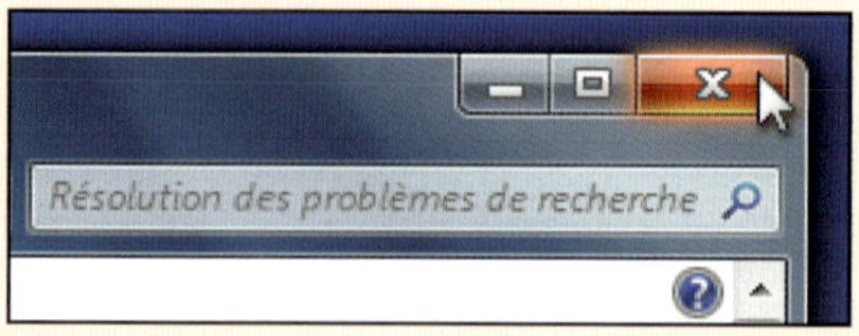

COUP DE POUCE !

Cliquez sans difficulté !

Si vous n'êtes pas très à l'aise avec le dispositif de pointage, vous pouvez, bien sûr, vous offrir une souris indépendante. Mais sans aller jusque là, un petit réglage salutaire pourrait vous faciliter la vie en assouplissant le double clic.

Cliquez sur le bouton **Démarrer** dans la barre des tâches, puis sur **Panneau de configuration**, sur **Matériel et audio** et, finalement, sur **Souris** dans la rubrique **Périphériques et imprimantes**. La boîte de dialogue **Propriétés de Souris** apparaît, avec l'onglet **Boutons** affiché. Parfait !

Dans la rubrique **Vitesse du double clic**, faites glisser le curseur vers la gauche, afin de réduire le tempo des doubles clics (autrement dit, de pouvoir laisser un peu plus de temps entre les deux « clics »), puis double-cliquez sur l'icône de dossier située juste à droite. Si le dossier s'ouvre, c'est gagné ! Sinon, déplacez encore un peu le curseur vers la gauche pour réduire davantage la vitesse et double-cliquez de nouveau sur le dossier, jusqu'à trouver la bonne cadence. Cliquez finalement sur **OK**, puis sur le bouton [X] du Panneau de configuration.

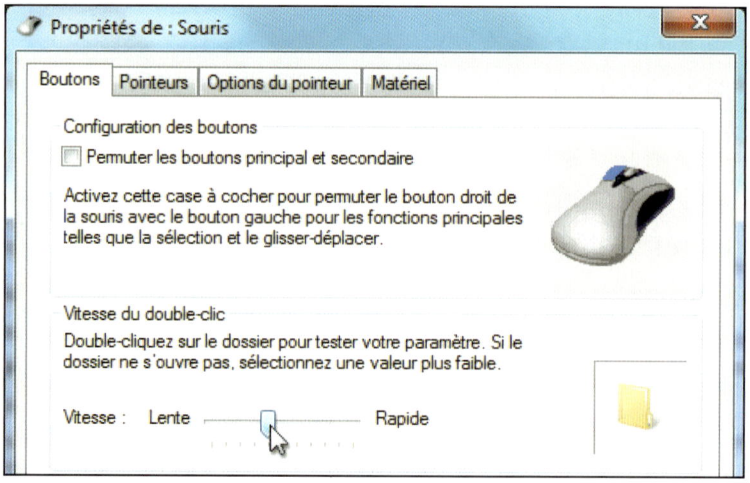

TESTEZ-VOUS !

Avez-vous retenu les trois mots essentiels de ce chapitre ?

1

Le Panneau de configuration

D'après vous, s'agit-il…

- **a** D'une plaque métallique à laquelle sont reliés tous les composants internes de votre portable ?
- **b** D'un fascicule livré avec votre portable et qui décrit l'organisation de ses composants ?
- **c** D'un outil de Windows qui donne notamment accès à des outils de réglage et de protection de votre portable ?

2

Une station d'accueil

D'après vous, s'agit-il…

- **a** D'un point d'accueil assuré par des employés de Microsoft dans certains magasins d'informatique ?
- **b** D'un dispositif où vous installez votre portable, afin de le connecter aisément à différents appareils externes ?
- **c** D'un gros boîtier sur lequel vous branchez votre portable pour recharger sa batterie trois fois plus vite ?

3

Un skin

D'après vous, s'agit-il…

- **a** D'un revêtement décoratif qui recouvre au moins le capot de votre portable ?
- **b** D'une mallette de protection contre le vol, verrouillable par un code numérique ?
- **c** D'un produit anti-allergène à pulvériser sur les touches ?

Réponses : 1 : c, 2 : b, 3 : a

Glossaire

activation

Enregistrement d'un programme installé sur votre portable auprès de son éditeur.

Aero

Fonctionnalité qui dynamise l'apparence et certaines fonctions de *Windows 7*.

barre de défilement

Barre qui apparaît dans la partie droite et/ou inférieure d'une *fenêtre* quand une partie du contenu de cette dernière est masqué et qui permet d'afficher le contenu non visible.

barre de titre

Barre située en haut d'une *fenêtre*, qui affiche au moins le nom du programme et comporte des boutons pour redimensionner et fermer cette fenêtre.

barre des tâches

Longue barre située au bas du *bureau*, qui permet notamment d'accéder aux programmes présents sur votre portable *via* le bouton **Démarrer**, et de connaître les programmes ouverts, la date et l'heure.

barre d'outils

Barre située dans la partie supérieure d'une *fenêtre* et qui donne accès aux principales commandes du programme par le biais de boutons.

bibliothèque

Dossier spécial, créé par Windows à votre intention, pour le stockage de vos *fichiers* personnels.

boîte de dialogue

Fenêtre spéciale qui vous permet de choisir différentes options et de régler ainsi l'exécution de certaines commandes.

bureau

Image de fond de votre écran au-dessus de laquelle s'affichent les programmes.

clé USB

Petit dispositif de stockage amovible qui se branche sur un port *USB* de votre portable.

cliquer

Enfoncer une fois brièvement le bouton gauche du *dispositif de pointage* (ou d'une souris).

cliquer du bouton droit

Enfoncer une fois brièvement le bouton droit du *dispositif de pointage* (ou d'une souris).

Corbeille

Emplacement sur votre portable où sont conservés tous les éléments que vous supprimez (jusqu'à leur effacement définitif).

courriel (ou message électronique)

Courrier textuel (éventuellement accompagné d'un *fichier*) qui s'échange par l'intermédiaire de l'*Internet* grâce à un programme spécialement conçu pour ce type de messages.

dispositif de pointage

Composant de votre portable situé au-dessous du clavier et qui, comme une souris d'ordinateur fixe, permet de manipuler visuellement des éléments affichés à l'écran en *pointant* et en *cliquant*.

disque dur

Dispositif qui renferme un disque où sont stockés des programmes, vos *fichiers* personnels et des informations indispensables au fonctionnement de votre portable.

dossier

Emplacement délimité sur le disque dur ou sur un autre support de stockage, et destiné à contenir des *fichiers* et, éventuellement, d'autres dossiers (alors appelés *sous-dossiers*).

double-cliquer

Enfoncer deux fois de suite brièvement et très vite le bouton gauche du *dispositif de pointage* (ou d'une souris).

Explorateur

Programme inclus dans *Windows 7*, qui permet d'afficher et de manipuler le contenu de votre portable.

fenêtre

Objet rectangulaire dans lequel s'affichent les programmes.

fichier

Élément qui regroupe des informations dont la nature varie en fonction du type du fichier. Par exemple, un document renferme essentiellement du texte, tandis qu'une image peut correspondre à une photo ou un dessin.

glisser-déposer

Faire glisser un élément ou un texte sélectionné à l'écran d'un endroit à l'autre en maintenant le bouton gauche du *dispositif de pointage* (ou d'une souris) enfoncé tout en déplaçant votre doigt sur le pavé tactile (ou la souris sur son tapis).

hotspot (ou borne Wi-Fi, ou point d'accès)

Lieu offrant un accès gratuit ou payant au réseau *Wi-Fi* et, par l'intermédiaire de celui-ci, à l'*Internet*.

icône

Petite image qui représente un élément de votre portable (comme un programme ou un *fichier*) ou un événement qui vient de se produire (tel que l'arrivée d'un *courriel*).

infobulle

Petit encadré ou bulle qui vous informe sur une procédure en cours ou sur un élément visible à l'écran. Certaines infobulles s'affichent automatiquement, d'autres apparaissent quand vous pointez des objets spécifiques.

Internet

Gigantesque ensemble d'ordinateurs reliés entre eux et situés dans le monde entier.

jump list

Liste dynamique qui apparaît quand vous cliquez du bouton droit sur l'icône d'un programme au début de la *barre des tâches*.

lecteur optique

Dispositif conçu pour la lecture/et ou la gravure de CD et/ou de DVD.

menu

Ensemble de commandes textuelles réunies dans un petit panneau. Certains menus s'affichent à la suite d'un clic sur une commande située dans un menu et constituent alors des *sous-menus*. D'autres (les *menus contextuels*) apparaissent quand vous cliquez du bouton droit sur certains éléments.

mise à jour

Correction ou amélioration apportée à un programme.

mise en veille

Arrêt momentané de certains dispositifs et de diverses fonctions de votre portable pour économiser de l'énergie.

mode de gestion de l'alimentation

Ensemble de réglages qui déterminent le meilleur compromis entre la consommation de votre portable et son niveau de performances.

netbook

Mini-ordinateur portable doté d'une très grande autonomie.

point d'insertion

Dans un document ou un *courriel*, petit trait vertical noir qui indique où apparaîtront les prochains caractères tapés.

pointer

Placer le *pointeur* sur un élément à l'écran, sans enfoncer aucun bouton du *dispositif de pointage* (ou de la souris).

pointeur

Petite *icône* (généralement une flèche blanche orientée vers la gauche) qui indique l'élément que vous allez manipuler à l'écran si vous utilisez le *dispositif de pointage* (ou la souris).

port

Connexion (« prise », en quelque sorte) de votre portable.

ruban

Longue bande placée dans la partie supérieure de certaines *fenêtres* de programmes, et qui offre un accès rapide aux principales commandes de ces programmes par le biais de boutons.

sélectionner

Mettre en évidence un ou plusieurs éléments (comme des *fichiers* ou du texte) à l'intention de *Windows 7* et des programmes pour indiquer que vous allez les manipuler.

USB

Type de connexion identifié par le symbole , et sur lequel se branchent la plupart des dispositifs actuels.

Web

Partie de l'*Internet* constituée de documents conviviaux (les *pages Web*), eux-mêmes regroupés en *sites Web*.

Wi-Fi

Technologie qui permet de créer des réseaux sans fil dont les composants (des ordinateurs, principalement) communiquent par ondes radio.

Windows Update

Fonctionnalité de *Windows 7* qui veille à la mise à jour permanente de ce dernier.

Windows 7

Super programme qui dirige votre portable, assure la bonne coopération des différents programmes et matériels, et vous permet d'utiliser votre machine en toute convivialité.

Index

Pour trouver facilement la page où est traité le sujet qui vous intéresse, recherchez d'abord le mot-clé qui caractérise principalement ce sujet. Par exemple, pour toutes les tâches liées à la batterie, commencez par trouver le terme « batterie » dans la rubrique des B.

Ensuite, si plusieurs rubriques dépendent du terme en question (elles apparaissent alors en retrait au-dessous), localisez l'action qui vous intéresse et reportez-vous, dans le livre lui-même, à la page indiquée en face de la sous-rubrique dans l'index. Par exemple, si vous voulez savoir comment économiser la batterie, rendez-vous à la page 128.

A

B

C

S

T

U

V

W

Z